지은이¦클리

20세기 후반 〔…〕

레비스트로스〔…〕한

미국의 인류학〔…〕서

태어났고, 안트오크〔…〕드 대학

사회관계학과 대학원에 진학했다. 1952년부터 1954년까지 인도네시아
자바 섬의 모조쿠토에서 현지조사를 수행했고, 이를 바탕으로 1956년
인류학 박사학위를 받았다. 1957년부터 1958년까지 인도네시아 발리
섬과 수마트라 섬에서, 1964년부터 1966년까지 모로코에서 현지조사를
진행했다. 여러 대학의 교수 및 특별연구원을 거쳐 1960년 시카고 대학
교수로 임명되었다. 1970년부터 프린스턴 대학에서 연구와 강의를
계속했고, 2000년 은퇴 후 명예교수가 되었다. 2006년 심장수술 후
합병증으로 세상을 떠났다. 주요 저서로『자바의 종교』(1960),『농업의
내향적 정교화』(1963),『행상인들과 왕자들』(1963),『문화의 해석』
(1973),『극장국가 느가라』(1980),『저자로서의 인류학자』(1988),
『사실 이후』(1995) 등이 있다.

　기어츠는 언어철학과 문학적 분석이 사회과학에서 힘을 발휘할 수
있다는 것을 처음으로 역설한 인물 중 하나다. 고전적인 민족지 문법에
충실한 저작들을 발표한 초기와 달리, 점차 전통적인 인류학 이론과
틈을 벌려나가면서 해석적인 방법론을 내세웠다. 그는 기존 인류학의
실증주의적 경향을 비판하며, 인류학은 과학이 아니라 현상 이면에 놓인
의미와 상징을 해석하는 인문학적 작업이라고 주장했다. 그의 입장은 당시
사회과학을 주도하던 과학만능주의에 경종을 울리며, 인류학, 역사학,
문학비평, 정치학, 철학 등 광범한 분야에 반향을 일으켰다.『저자로서의
인류학자』(1988)는 레비스트로스, 에번스프리처드, 말리노프스키,
베네딕트의 민족지에 나타난 상상력과 은유를 분석한 책으로, 인류학이 단
하나의 진리를 발견하는 과학이 아니라 다층적 해석을 이끄는 글쓰기라는
주장을 담고 있다. 이 책으로 그는 1989년 전미도서비평가협회상
(문예비평부문)을 수상했다.

옮긴이¦김병화

서울대학교 고고학과를 졸업하고, 동대학원 철학과 박사과정을 수료했다.
번역 기획 네트워크 '사이에'의 일원으로 활동하고 있다. 옮긴 책으로
『투게더―다른 사람들과 함께 살아가기』,『나머지는 소음이다』,『HOW
TO READ 비트겐슈타인』,『무신예찬』,『파리 모더니티』,『역사가
사라져갈 때―왜 우리에게 역사적 진실이 필요한가』,『얼마나 있어야
충분한가』등이 있다.

저자로서의 인류학자

문학동네
인문 라이브러리

7

저자로서의 인류학자

레비스트로스, 에번스프리처드, 말리노프스키, 베네딕트

클리퍼드 기어츠 ┆ 지음
김병화 ┆ 옮김

문학동네

일러두기

1 이 책은 아래의 원서를 완역한 것이다.

Clifford Geertz, *Works and Lives: The Anthropologist as Author* (Stanford University Press, 1988).

2 원서의 주는 미주로, 옮긴이 주는 각주로 표기했다.

3 본문 중 인용문에 삽입된 [ ]은 저자 자신이 보충한 것이다.

4 원서에서 이탤릭체로 강조한 부분은 본문에서 고딕체로 표기했다.

5 단행본·잡지는『 』로, 시·단편·논문은「 」로, 공연·영화·방송 등은〈 〉로 구분했다.

6 「인명 소개」는 한국 독자의 이해를 돕기 위한 참고자료로, 원서에는 없는 것이다.

7 외래어 표기는 국립국어원의 표기 원칙을 따르되, 관습으로 굳어진 표기의 경우는 관례를 존중했다. (예: 루스 베니딕트 → 루스 베네딕트, 프란츠 보애스 → 프란츠 보아스)

서문

이 책에서 제4장까지의 글은, 형태는 약간 다르지만 1983년 봄 스탠퍼드 대학에서 진행했던 해리 캠프 재단의 기념강의*를 수록한 것이다. 그중 제3장은 그해 가을 계간지 『래리턴』에 먼저 발표한 바 있다.

이제 와서 별 도움도 안 되는 변명을 하자는 것은 아니지만, 분명하게 해두기 위한 몇 가지 단서를 미리 달아두고자 한다. 먼저, 이 책에서 '인류학anthropology'이라는 용어는 주로 '민족지ethnography' 혹은 '민족지를 바탕으로 하는 연구'와 같은 뜻으로 쓰인다. 이러한 용법이 표준이라고 여겨질 만큼 통상적으로 쓰이기는 하지만, 정확히 맞는 것은 당연히 아니다. 민족지를 바탕으로 삼지 않는 연구 또는 반드시 민족지를 토대로 삼아야 하는 것은 아닌 고고학, 비교언어학, 형질인류학 등 여러 가지 다른 연구 형태가 존재하며, 이들도 '민족지'만큼이나 '인류학'이라는 범주에 정당하게 포함될 수 있다는 것을 나는 안다. 또 이들 연구가 저마다 고유한 담론의 쟁점을 다루고 있다는 것도 안다. 이 글에서 '인류학'이라는 용어를 사회문화인류학sociocultural anthropology, 그중에서도 문제제기의 편의를 위해 민족지를 지향하는 부분에 한정하여 사용한다고 해서, 내가 논의하

---

*샌프란시스코의 기업인 해리 캠프를 추모하기 위해 설립된 재단에서 주최하고 스탠퍼드 대학이 주관하는 공공 강연.

는 종류의 작업이 그 방면의 연구를 망라한다거나 다른 종류의 연구보다 더 가치 있다고 암시하는 것은 아니다.

두번째 단서는, 많은 부분에서 전기적 문제와 역사적 문제를 논의하긴 해도, 이 연구 자체는 전기나 역사가 아닌, '인류학자들이 글을 쓰는 방식'에 주로 관심을 가진다는 것이다. 즉 이 책은 텍스트 지향적이다. 나는 온전히 자율적인 '존재론적' 텍스트를 지지하는 그런 학자는 결코 아니다. 전기적·역사적 문제가 인류학적 조사에 대한 해석과 결코 무관하지 않다는 것 또한 분명하다. 그러나 여기에서 내가 강조하려는 것은 약간 다른, '문학적'이라 할 만한 성격의 문제로, 평소 인류학 논의에서 별 관심을 받지 못했던 것이다.

찬성이든 반대든 아니면 또다른 입장에서든, 원고의 이러저러한 면에 대해 의견을 보내준 이들이 많다. 그 가운데 캐런 블루, 어밀리 로티 교수에게 특히 (특별히 진심 어린) 고마움을 전한다. 두 사람은 이 책이 지금과 같은 모습을 갖추기까지 대단히 애써주었고 더없이 실제적인 도움을 주었다. 난관을 벗어나는 나만의 방식을 찾을 수 있게 도와준 모든 이에게도 감사의 마음을 전한다.

마지막으로 외람되긴 하지만 헌사를 대신하여, 이 책의 본문에는 나오지 않는 한 사람, 케네스 버크의 이름을 언급해두고 싶다. 그가 이 책이나 나와 직접 관계가 있는 것은 아니지만, 그의 작업은 집필 과정 목목이 영감의 원천이 되어주었다.

뉴저지 주, 프린스턴 대학 고등학문연구소
1987년 2월
클리퍼드 기어츠

차례

그곳에 있기

인류학과 글쓰기의 현장

민족지民族誌가 기이하고 변칙적인 사실을 친숙하고 질서정연한 범주로—이것은 마법이고 저것은 과학기술이라는 식으로—분류하는 일이라는 오해는 이미 깨진 지 오래다. 그러나 그것을 대신해서 들어선 것이 다소 흐리터분하다. 민족지에 관한 글을 쓰거나 소비하는 사람들, 혹은 양쪽 모두에 해당하는 사람들 사이에서는 민족지가 세계를 종이에 담아내는 글쓰기의 일종일 수도 있다는 생각이 한 번씩 떠올랐다. 하지만 그에 대한 검토는 타당한 측면이라고는 단 하나도 없는 여러 가지 이유로 가로막혀왔다.

관련 전문가들에게는 그런 검토가 그야말로 비인류학적이라는 것이 중요한 이유로 작용했다. 사실 제대로 된 민족지학자라면 현지에 나가서 그곳 사람들이 살아가는 모습에 대한 정보를 가지고 돌아와 그것으로 전문가 공동체가 활용할 만한 실용적 형태의 정보를 만들어내야지, 게으르게 도서관에 앉아 문학적인 문제만 궁리하고 있어서는 안 될 터이다. 어떤 관심사든 그렇게 보이기 마련이긴 하지만, 실제로도 민족지 문헌이 구성되는 방식에 대해 과도한 관심을 보이는 것은 병적인 자기몰입으로, 기껏해야 시간 낭비이고 최악의 경우 건강염려증의 징후로 여겨진다. 우리가 알고 싶은 것은 레이먼드 퍼스의 서술 전략이나 마이어 포티스의 수사학적 기법이 아니라 티코피아족이나 탈렌시족에 대한 이야기인 것이다.

11

대부분 독자 편에서 제기되는 또다른 반대 의견은, 그처럼 섬세한 관심을 기울일 만한 가치가 있는 인류학 문헌이 없다는 것이다. 콘래드, 플로베르, 발자크가 구사하는 기법에 대한 연구는 중요하다. 하지만 (고인들에 한정해서 예를 들자면) 로위나 래드클리프브라운의 저작을 대상으로 그런 작업을 하는 것은 우스꽝스러워 보인다. 몇몇 인류학자—사피어, 베네딕트, 말리노프스키, 최근의 레비스트로스—는 어쩌다 문장력을 발휘하는 수준을 넘어 특징적인 문장 스타일이 있다고 인정받을 만하기는 하다. 하지만 이는 드문 경우이며, 어떤 면에서는 그들에게 불리하게 작용하기도 해서, 어딘가 자극적인 책략으로 여겨질 때도 있다. 훌륭한 인류학 저작은 평이하고 꾸밈없는 문장으로 되어 있다. 그런 글은 문학비평을 하듯 꼼꼼하게 읽을 필요가 없으며, 그렇게 읽어봤자 아무 소용이 없다.

하지만 곳곳에서 제기된 그 무엇보다 강력한 반대 의견은, 지식이 전개되는 방식에 관심을 쏟다보면 어떤 주장을 진지하게 받아들이는 우리의 능력이 약화된다는 것이다. 사실 오늘날의 지적 생활에서는 이런 식의 반대가 일반적이다. 심상이나 은유, 어법, 어조 같은 문제에 관심을 기울이는 것은 어쩐지 타락한 상대주의에 빠지는 것으로, 그런 모든 것이 자기 견해의 교묘한 표현수법으로 여겨지고 있다. 말하자면 시와 소설이 그러하듯 민족지도 그저 말장난이 되어간다는 것이다. 일하는 방식이 드러난다는 것은, 조수가 반으로 톱질당한 마술쇼처럼, 일이 제대로 안 되었다는 말이다.

이런 의견들은 부당하다. 현재 실제로 위협받은 경험이 있거나 이제 곧 닥칠 위기를 예측해서가 아니라, 언제든 일어날 수 있는 돌연한 상황을 상상한 것에 불과한 의견이기 때문이다. 인류학자들이 아프리카와 폴리네시아에서 벌어진 일들에 대한 보고를 중단한다면, 그리고 그들이 앨프리드 크로버 저작에서 이중플롯을 찾거나 맥스 글럭먼 책의 불확실한 화자를 찾아내느라고 시간을 허비한다면, 또 에드워드 웨스터마크의 모로코 이야기와 폴 볼스의 모로코 이야기가 주제 면에서 통할 뿐만 아니라 수단이나 목적에 있어서도 동일하다고 진지하게 주장한다면, 상황은 정말 위태로워질 것이다.

하지만 인류학자의 글쓰기가 글쓰기 활동으로 진지하게 다루어진다면 이 모든 위험이 현실화될 것이라는 말은 받아들이기 어렵다. 사람들이 느끼는 두려움의 근원은 분명 다른 곳에 있으리라. 가령 인류학의 문학적 성격이 더 잘 이해된다면, 인류학이 설득력을 얻게 되는 방식에 관한 일부 직업적인 신화는 아마 설자리를 잃을 것이다. 특히 민족지 문헌은 오로지 사실 내용의 순수한 힘을 통해서만 설득력을 얻을 수 있다는 주장은 위태로워질 수도 있다. 그런 글이 진리처럼 보이는 외관, 즉 핍진성逼眞性을 얻기 위해 시도한 방식은 주로 매우 구체적인 문화적 세부 사항들을 나열하는 일이었다. 기이한 내용 때문에 독자들이 품을지도 모르는 의심을 실제 자료를 퍼부어 해소시키겠다는 것이다. 하지만 말리노프스키나 레비스트로스, 혹은 어느 누가 쓴 민족지도, 적어도 애초에는 그런 자료에 기대어 신빙성을 획득하지는 않았다. 실제 신빙성의 정도가 높건 낮건 간에 말이다. 만약 그랬다면, J. G. 프레이저나 오스카 루이스는 왕이 되었을 것이다. 또한 (나를 포함한) 많은 사람이 자료가 빈약한 에드먼드 리치의 『버마 고원지대의 정치체계』혹은 마거릿 미드의 인상주의적인 에세이 『발리인의 성격』을 어지간하면 믿어주려는 현상에 대해서도 설명하기 어려울 것이다. 실제 민족지학자들은 광범위한 기술을 해야 신뢰받을 것이라고 생각할지도 모른다. (리치는 스리랑카에 관한 사실로 빽빽하게 채운 책을 한 권 더 써서 버마를 다룬 자신의 책에 대한 경험주의자들의 공격에 응수하려 했지만, 이 책이 받은 관심은 이전의 책에 훨씬 못 미쳤다. 미드는 그레고리 베이트슨이 찍은 사진 수백 장이 자신의 의견을 입증한다고 주장했지만, 베이트슨 본인을 포함한 대부분이 그의 주장에 동의하지 않았다.) 아마도 민족지학자들은 광범위한 기술로 신뢰받아야한다고 생각하는 듯하지만, 내가 볼 때는 꼭 그런 것 같지만은 않다.

대체 왜 이런 생각들이 계속 남아 있는지 딱 꼬집어 설명하기는 어렵다. 어쩌면 보다 엄밀한 과학에서 '발견하기'가 '구축되는' 낡은 사고방식과 관련되어 있는지도 모른다. 어쨌든 인류학 작업이 설득력을 갖는 방법에 관한 사실 존중주의자의 이론, 다시 말해 이론적 논의의 힘으로 설득력을 얻는다는 주장을 대체할 주요 대안의 입지 역시 그다지 튼튼하지 않다. 한때 대단한 위상을 차지했던 말리노프스키의 이론적 장치는 대부분 무너졌지만, 그는 여전히 최고의 민족지학자로 인정받고 있다. 심리학적이면서도 문화와 인성*적인 미드의 성찰(『발리인의 성격』이 정신분열증 연구기금 지원을 받아 집필되었던 것은, 발리인들이 그 증세의 실제 사례로 여겨졌기 때문이다)은 다소 구식이 되어버린 것 같지만, 그렇다고 해서 발리인에 대한 그의 독보적인 관찰력이 지닌 권위까지 실추된 것은 아니다. 레비스트로스의 저술 가운데 일부는, 구조주의가 해체되어 열성적인 후계자에게 밀려나더라도 살아남을 것이다. 『누에르족』이 독단적인 학설로 종족 분파 이론을 고착화하는 경향을 보인다 해도 사람들은 여전히 이 책을 읽을 것이다.

진지한 이야기를 우리에게 전하는 인류학자의 능력은 정확한 시선이나 개념의 정밀성 여부와는 별로 관련이 없다. 그보다는 그들이 실제로 다른 생활 세계에 침투해보았고(혹은 침투되었다고 하는 편이 더 나을지도 모른다), 이런저런 방식으로 실제 '그곳에 있어본' 결과라고 믿게 만드는 능력이 더 중요하다. 글쓰기는 이러한 무대 뒤에서 일어난 경이로움을 우리가 이해하는 지점에서 등장한다.

*culture and personality. 개인과 문화 사이의 상호작용을 연구하는 문화인류학의 한 분야. 심리학적 인류학이라고도 한다.

●

민족지 글쓰기의 결정적인 특징은 예의 도둑맞은 편지처럼 이목을 끌지 않기 위해 오히려 눈앞에 활짝 펼쳐져 있다는 점이다.* 이를테면 많은 부분이 수정 불가능한 단언으로 이루어져 있다. 상황에 구애되는 민족지 서술의 본질—지금, 이곳에서, 이러한 정보원들을 만나 이와 같은 참여와 경험을 하는, 특정 문화를 대표하고 특정 계급에 속하는 민족지학자의 서술이라는 것—로 인해, 서술된 내용 대부분의 성격은 '믿기 싫으면 읽지 말든가'라는 식이다. 잭 펄이 연기한 뮌하우젠 남작이 강한 독일어 억양으로 "셜리, 당신이 거기 있었던가?"라고 말하는 식이다.†

더구나 이런 일은 점점 더 빈번해지고 있다. 같은 지역이나 집단에서 작업한 사람들이 있어 어느 정도는 전반적인 검토가 가능해졌다 하더라도, 문외한처럼은 보이지 않는 사람이 한 말을 반증하기란 무척 어렵다. 아잔데족에게 다시 가볼 수는 있다. 하지만 에번스프리처드가 그곳에서 발견했다고 하는 열정, 지식, 인과관계로 엮인 복잡한 이론을 찾지 못한다 하더라도, 우리는 그의 능력보다 우리 자신의 능력을 의심할 공산이 더 크다. 아니면 그저 아잔데족이 예전 같지 않다고 간단히 결론지어버릴 것이다. 지금의 우리가 쿨라 교환‡의 성격을 어떻게 여기고 있든, 물론 그 생각도 빠른 속도로 변해가겠지만,『서태평양의 항해자들』에 기록된 장면은 사실

───

*에드거 앨런 포Edgar Allan Poe(1809~1849)의 단편「도둑맞은 편지」를 염두에 둔 표현이다.
†자신의 모험담을 터무니없이 부풀려 말하는 독일군 뮌하우젠 남작이 등장하는 미국의 라디오 방송극을 빗댄 것이다. 이 드라마에서 잭 펄이 연기한 남작은 누군가 모험담의 진위를 따지려고 들 때마다 "당신이 거기 있었던가?"라고 말했다고 한다.
‡멜라네시아 트로브리안드 제도의 주민들이 바이과라고 불리는 두 종의 물품을 의례적으로 교환하는 제도. 말리노프스키가『서태평양의 항해자들』에서 연구한 주제이다.

상 잊히지 않은 채 남아 있다. 그 영향력을 약화하고자 하는 사람은 우리의 관심을 다른 장면으로 돌리는 방안을 강구해야 할 것이다. 많은 경험적 연구가 정면으로 상충할 때도(가령 로버트 레드필드와 오스카 루이스의 테포슬란 연구),* 두 학자 모두 평판이 좋다면, 각기 다른 의도로 각기 다른 코끼리 부위를 포착하기 때문에 발생하는 문제로 여기는 것이 추세이다. 제3의 의견은 당혹감을 더 부추길 뿐이다. 그렇다고 해서 민족지학자들이 하는 모든 말이 단번에, 액면 그대로 받아들여진다는 뜻은 아니다. 천만다행히도 그렇지는 않다. 그것이 받아들여지거나 받아들여지지 않는 근거는 지극히 개인적 특성에 달려 있다. 경험적 재조사를 위해 현장조사의 직접성을 복원할 수 없는 이상, 어떤 목소리에는 귀를 기울이고 어떤 목소리는 무시하기 마련이다.

그저 변덕이나 습관 때문에, 아니면 (요즘 선호하는 설명인) 편견이나 정치적 욕구 때문에 어떤 사람의 말은 듣고 어떤 사람의 말은 무시한다면—물론 그 기준은 상대적일 터이다—물의를 일으키게 될 것이다. 하지만 먼 곳의 삶을 가까이서 겪고 그 인상을 산문으로 전달하는 능력이 훨씬 더 뛰어나다는 이유로 몇몇 민족지학자에게 주목하더라도 그리 큰 문제가 되지는 않는다. 이런저런 논문이나 기사를 통해 그러한 인상이 어떻게 만들어지는지 찾아가는 과정에서 그것들을 판단할 기준도 동시에 발견하게 될 것이다. 소설과 시에 대한 비평이 작품이 지향해야 하는 바에 대한 외부 개념에 의지하기보다는 작품 그 자체에 상상적으로 참여하면서 발전되어야 하듯이, (엄밀한 의미에서는 과학도 문학도 아니고, 넓은 의미에서는 과학이기도 하고 문학이기도 한) 인류학적 글쓰기에 대한 비

---

*미국의 인류학자 로버트 레드필드는 규범적 규칙이 사회적 행위를 지배한다는 가정하에 멕시코의 여러 지역을 조사했고, 남부의 작은 마을 테포슬란을 평화롭고 조용한 장소로 묘사했다. 반면 오스카 루이스는 이 지역을 파벌주의가 만연하고 술주정과 싸움이 난무하는 사회로 묘사했다.

평도 민족지가 과학으로서의 자격을 얻으려면 어떤 모습을 갖추어야 하는지에 대한 선입견에 사로잡힐 것이 아니라, 문학비평과 마찬가지로 인류학적 글쓰기 자체에 참여하면서 발전해나가야 한다.

이런 문제에 관한 판단의 본질이 개인적 특성에 달렸다는 점('사적'이라는 말이 아니다)을 감안할 때, 인류학에서 그런 참여는 '저자author'란 무엇인가라는 물음에서 시작한다. 다른 담론 영역에서 저자라는 개념은 (인간, 역사, 자아, 신, 그 밖의 중산계급적인 부속물들과 함께) 죽어가고 있는지도 모른다. 하지만 인류학자들 사이에서 저자는 여전히 생생하게 살아 있다. 으레 지식episteme을 그 배후에 두고 있는 우리의 솔직담백한 인류학 분야에서, 말하는 이에 대한 문제는 여전히 무척 중요하다.

불손하게도 나는 미셸 푸코의 유명한 논문「저자란 무엇인가?」를 암시하고 있다.(사실 나는 전제와 결론, 기질을 제외하면 대체로 그에게 동의한다.) 권력의 분산을 위해 온갖 형태의 담론이 '익명의 중얼거림'으로 환원되는 세계에 대해 우리가 어찌 생각하든, 혹은 말라르메가 문학사에 결정적인 균열을 냈고 그후 문학작품의 개념은 또다른 텍스트 지배양식의 개념으로 차츰 대체되었다는 견해에 대해 뭐라고 생각하든, 그 논문은 내가 제기하는 물음을 상당히 정확하게 지적하고 있기 때문이다. 푸코는 여기서 두 가지 논의 범주를 다소 지나치다 싶을 만큼 예리하게 구별한다. 즉 '저자 기능'*이라고 부르는 것이 아직은 어느 정도 강하게 남아 있는 영역과 거의 남아 있지 않은 영역이다. (역사, 전기, 철학, 시를 포함하여) 특

---

*author-function. 한 사회 내부에서 담론들이 존재하고 순환하고 기능하는 방식을 특징짓는 저자의 한 면을 가리킨다. "한 담론이 저자의 이름을 가지고 있다는 사실, '그것의 저자는 누구다'라고 말할 수 있다는 사실은 그 담론이 일상의 무관심한 말, 지나쳐 흘러가버리는 말, 즉시 소모되는 말이 아니라는 것을 의미하며, 어떤 양식에 의거해서 받아들여져야 할 말, 주어진 문화 속에서 어떤 위치를 차지해야 할 말이라는 것을 의미한다."(미셸 푸코,『미셸 푸코의 문학비평』, 김현 편역, 문학과지성사, 1991, 249쪽.)

히 소설이 전자에 속하고, (개인 서신, 법률 계약서, 정치적 문건을 포함하여) 특히 과학이 후자에 속한다. 하지만 우리 자신의 전통만 보아도, 상황이 항상 동일하지는 않았다. 중세 때는 대부분의 이야 기—가령 『롤랑의 노래』—에 저자가 없었다. 반면에 거의 모든 과학 논문—가령 『알마게스트』—에는 저자가 있었다. 하지만

17세기 또는 18세기에 들어서며 반전이 일어났다. 과학 논문은 확립되었거나 언제나 재증명 가능한 익명의 진리로 그들에게 받아들여졌다. 누가 발명해냈는가를 밝히기보다는 체계적 총체에 속하는 것으로서의 지위가 그들을 보증해주었다. 저자 기능은 사라졌고 발명가의 이름은 원리나 명제, 특정한 효과, 자산, 덩어리, 원소군이나 병적 증상을 명명할 때만 사용되었다. 같은 기준에서, 문학적 논의는 저자 기능이 갖추어져 있을 때만 받아들여지게 되었다. 이제 우리는 시나 소설 텍스트를 볼 때마다 이렇게 묻는다. 어디서 비롯되었으며, 누가 썼는가, 어떤 상황에서 집필되었으며, 첫머리는 어떻게 고안되었는가? 그것에 부여된 의미, 매겨진 가치나 지위는 이런 물음에 대답하는 우리의 태도에 달려 있다. ……그리하여, 저자 기능은 문학 작품을 대하는 우리의 입장에서 오늘날 [푸코의 견해를 따르면, 또다시 점점 약화되고 있기는 하지만 여전히] 중요한 역할을 담당하고 있다.[1]

이런 기준에서 보면 인류학은 분명 '과학적' 담론보다는 '문학적' 담론 편에 전적으로 의존하고 있다. 인류학 저서와 논문뿐 아니라, 사유 체계에도 개인의 이름이 붙는다.('래드클리프브라운의 기능주의', '레비스트로스의 구조주의' 등) 극소수의 예외를 제외하면 그것들은 발견이나 소유권, 법률 개정안과 상관없다.(그렇게 불

릴 만한 자격이 있는 것은 '머독식 결혼'*이라는 논쟁적인 농담, 혹은 '웨스터마크 효과'†—그 현실성은 제쳐두고—정도인지도 모른다.) 이러한 것들이 우리를 소설가로 만들어주지는 않는다. 착각하는 사람도 있는 것 같지만, 가설을 세우거나 공식을 써내려간다고 해서 우리가 물리학자가 되지 않는 것과 마찬가지다. 다만 평판이 좋은 한쪽은 내세우고 그렇지 않은 쪽은 억압하는 우리는, 이를테면 말이 자신의 어미라는 것은 자랑스러워하면서도 당나귀가 아비라는 사실은 모른 척 무시하고 싶어하는 북아프리카 노새와 어떤 면에서는 가족처럼 닮았는지도 모른다.‡

●

그렇다면 적어도 민족지가 실험 보고서로 보이는 것만큼 연애소설로 보이는 경향도 있음을 인정한다면(비록 노새처럼 실제로는 어느 쪽과도 닮지 않았지만), 곧장 두 가지 질문이, 혹은 양면적인 질문 하나가 제기된다. (1) '저자 기능'은 어떤 식으로 텍스트에 뚜렷하게 드러나는가?(또는 이 문제에 대해 문학적인 태도를 취한다고 해서 '저자'라고 간단히 표현해버려도 되는지 물을 수도 있다.) (2) 저자가 저술하는 것—명백한 동어반복을 넘어, '작품'—은 정확히 무엇인가? 서명signature의 물음이라 부를 수 있는 첫번째 질문은 저자의 정체성 구축에 대한 문제다. 담론discourse의 물음이라 할 수 있는 두번째 질문은 그 정체성에 결부된 실제 장치—어휘, 수사, 논의 유형—를 사용해서 그것이 지성에서 나온 발언으로 들리게 하는 방식을 개발하는 것에 대한 문제다.

* 미국의 인류학자 조지 피터 머독은 결혼을 여성과 남성이 성관계를 맺으면서 경제적으로 협력하는 보편적인 제도라고 정의했다. 반면 기어츠는 실제로 이와 다른 형태의 결혼이 많이 있다고 본다.

† 유아기에 함께 자란 이성들은 상대방의 성적 매력을 느끼기 어려워진다는 이론이다.

‡ 이솝우화 「노새와 버새」를 빗댄 것이다.

서명의 물음, 즉 텍스트 내부에서 저자의 존재감을 확립하는 문제는 애초부터 민족지학을 따라다녔다. 대부분 위장된 형태를 취하기는 했지만 말이다. 위장이라고 표현한 것은, 그 문제가 대체로 서사학적 사안이 아닌 인식론적 사안으로 제기되어왔기 때문이다. 즉 솔직한 이야기를 솔직하게 하는 최선의 방법으로서가 아니라 주관적 견해가 객관적 사실을 오염시키지 않도록 예방하는 차원에서 다루어져온 것이다. 저자가 강하게 드러나는 텍스트의 표현 관습과 민족지 기획의 특수한 성질에서 비롯된, 저자가 부재하는 텍스트의 표현 관습 간의 충돌은 사물을 소유하려는 입장과 그것을 있는 그대로 보겠다는 입장 간의 충돌로 여겨졌다.

민족지 문헌이 어떻게 '저술되는가' 하는 물음을 이처럼 주관성에 대한 염려(내가 보기에는 다소 과장된 염려)로 묻어버리는 바람에 여러 가지 불행한 결과가 나타났다. 그중에는 사회과학의 기준에서 보더라도 극단적인 경험주의도 있다. 하지만 더 나쁜 것은, 그 질문이 암시하는 중의성을 지속적으로 강하게 의식해왔음에도 그것을 직접적으로 제기하기가 지독히 어려웠다는 사실이다. 인류학자들은 민족지 서술과 관련된 중요한 방법론적 사안들이 지식 메커니즘에 관한 것이어야 한다는 생각에 사로잡혀 있었다. 즉 '공감', '통찰력' 등이 인지 형태로서 적절한지, 타인의 생각과 감정에 대한 내재주의적 설명이 입증 가능한지, 문화의 존재론적 지위는 무엇인지 하는 것들이 검토되어야 한다는 것이다. 이에 따라 그들은 민족지 서술을 구성하는 데서 겪는 어려움의 원인이 담론의 문제가 아니라 현지조사의 복잡다단한 문제들에 있다고 보았다. 관찰하는 자와 관찰 대상의 관계(친밀한 관계)를 통제할 수 있다면 저자와 텍스트 간의 관계(서명)는 저절로 따라올 것이라고도 생각했다.

타자를 대면하는 일이, 아무리 섬세하게 대한다 할지라도 종이 위의 글을 대면하는 것과는 다르다는 말은 단지 거짓인 것에 그치지 않는다. 광범위한 전기적 경험을 과학적 외형을 갖춘 텍스트로 구축한다는 괴상한 사실이 철저하게 묻혀버린다는 것이 더 곤란한 문제다. 그리고 민족지학자들이 하는 모든 일이란 결국은 이런 것이다. 민족지학자가 그것을 대면하든 아니면 그것이 민족지학자를 대면하든 간에, 서명에 관한 문제는 저자이기를 주장하지 않는 물리학자의 다신주의와 저자라는 의식이 넘치도록 충만한 소설가의 주권 의식을 모두 요구하지만, 실제로는 둘 중 어느 것도 허용하지 않는다. 첫번째 태도는 사람들을 대상으로 다루고, 가사는 듣지만 음악은 듣지 못한다며 둔감하다는 취급을 받는다. 물론 민족중심주의라는 비난도 받는다. 두번째 태도는 사람을 꼭두각시로 취급하며 실재하지도 않는 음악을 듣는, 인상주의적이라는 비난을 듣는다. 이때도 역시 민족중심주의라는 비난을 받는다. 민족지학자 대부분이 자신들의 저서에서 입장을 통일하지 못하거나, 혹은 한 권의 책 속에서도 갈팡질팡하는 것은 크게 놀랄 일이 아니다. 친밀한 관점과 냉정한 평가를 동시에 갖추어야 하는 텍스트에서 연구자가 어디에 서야 하는지 알아내는 것은 애당초 그런 관점을 취해 평가를 내리는 것과 마찬가지로 엄청난 과제인 것이다.

　순례자인 동시에 지도 제작자의 입장에 서려면 어떻게 해야 하는가 하는 식의 도전의식, 그리고 그로 인한 곤혹스러움을 의식하는 것과 더불어, 그것이 얼마나 자아/텍스트 간보다는 자아/타자 간 협상의 복잡성에서 발생하는 것으로 묘사되는지를 인지하는 것은 물론 민족지 자체를 보아야 가능하다. 또 그 도전과 곤혹스러움은 표지를 넘길 때부터 명백하게 느껴지므로, 민족지를 읽을 때 눈여겨보아야 할 지점은 다름 아닌 시작 부분—장면을 설정하고, 과제를 설명하고, 자신을 소개하는 첫 장—이다. 이제 내가 무엇에 대해 이야기하고자 하는지 좀더 분명히 하기로 하자. 두 가지 사례가 있다. 하나는 모범 연구라 할 법한 차분하고 권위 있는 고전 민족지에서 가져온 것이며, 다른 하나 또한 매우 잘 수행한 더 최근 연구로 불안한 현재의 분위기를 반영하고 있다.

고전적 사례는 1936년에 처음 출간된 레이먼드 퍼스의 『우리, 티코피아인』이다. 이 책에는 말리노프스키와 퍼스가 쓴 서문 두 편이 실려 있는데, 여기에서 말리노프스키는 퍼스의 책을 두고 "문화인류학이 강령이나 꼬리표로 뒤범벅된 것이나 인상주의적 지름길을 만들어내는 공장, 혹은 추측에 의한 재건축이 아니라 사회과학이라는 확신을 공고히 한다"라고 말했으며, 퍼스 자신은 "연구대상인 종족 개인들과 장기간 접촉할 필요가 있다"라고 강조하고, "이 설명이 어제의 현지조사가 아니라 7년 전의 것"임을 사과한다. 본문은 제1장 「원시적 폴리네시아에서」로 시작한다.

해 뜨기 직전 쌀쌀한 이른 아침, 남십자성의 머리 부분이 동쪽 지평선을 향해 있다. 지평선 위로 자그마한 암청색 윤곽이 희미하게 보인다. 그 윤곽은 서서히 커져 울퉁불퉁한 산괴가 되더니 바다 위로 반짝이며 솟아올랐다. 몇 마일 더 나아가자 식물이 풍성하게 자라고 있는, 나지막하고 좁다란 띠 모양의 지형으로 둘러싸인 평지가 보였다. 잔뜩 찌푸린 회색 하늘에는 구름이 낮게 깔려 있어서, 황량한 바다 위로 불쑥 솟아오른, 거칠고 폭풍우 휘몰아치는 외딴 봉우리인 그 섬의 음울한 인상을 더해주었다.

한 시간 남짓 더 가서 기슭에 닿을 만큼 가까워지자, 조수가 낮아진 남쪽의 산호초 밖으로 돌아서 나오는 카누들이 보였다. 외부 지지대가 달린 배들이 다가왔다. 배에 있는 남자들은 상의를 입지 않은 채 나무껍질로 만든 치마를 두르고 커다란 부채를 허리띠 뒤쪽에 꽂았고, 거북껍질 고리나 잎사귀 목걸이를 귓불과 코에 걸고 있었다. 수염은 길게 길렀고 긴 머리타래가 어깨까지 흘러내렸다. 만듦새가 거친 무거운 노를 부지런히 놀리는 사람들이 있는가 하면, 섬세하게 엮은 판다누스 잎사귀 매트를 배 옆쪽 가로대에

23

걸쳐둔 사람도 있었으며, 손에 커다란 곤봉과 창을 쥐고 있는 사람도 있었다. 우리는 산호초에서 멀리 떨어진 곳에 펼쳐져 있는 만에 배들을 멈춰세운 뒤 짧은 닻을 내렸다. 쇠사슬을 채 내리기도 전에 현지인들이 배 위로 몰려들기 시작했다. 그들은 온갖 수단을 동원하여 배 옆쪽으로 올라오면서 서로에게, 또 우리에게 맹렬히 고함을 질러댔지만, 모타어를 할 줄 아는 선교사조차 한마디도 알아듣지 못했다. 나는 저렇게 소란스러운 인간적 자료를 어떻게 과학적 연구 대상으로 이끌어낼 수 있을지 의심스러워졌다.

내 '심부름꾼'인 바히할로아는 위쪽 갑판에서 측면을 내려다보다가 "정말 무섭다"라고 했다. 그러고는 떨리는 목소리로 웃으면서 "이 사람들이 날 맛있게 카이카이kaikai 할 것 같다"라고 말했다. 카이카이는 '먹다'라는 뜻의 피진 잉글리시*다. 아마 그는 이렇게 거칠어 보이는 미개인들로 둘러싸인 먼 곳에서 1년간 나와 함께 지내려고 자신이 문명이라고 여겼던, 이곳에서 400마일 떨어진 정부 소재지 툴라기 섬을 떠난 것이 현명한 판단이었는지 처음으로 의심했던 것 같다. 우리 앞에 어떤 상황이 기다리고 있을지 나 자신도 확신할 수 없었지만(그래도 잡아먹히지 않는다는 것은 알았다) 나는 그를 안심시킨 뒤 저장소 밖으로 나갔다. 얼마 뒤 우리는 카누 한 대를 타고 상륙했다. 썰물 때여서 산호초 가장자리에 닿자 배가 멈추었다. 우리는 산호초 위로 올라간 뒤 섬 주민의 손을 잡고 물가를 걸어 기슭으로 올라갔다. 마치 파티에 간 아이들처럼, 당장은 그보다 더 분명하고 직접적인 행동은 할 수 없어 그저 미소만 주고받았다. 벌거벗은 차림의 시끌벅적한 아이들이 우리를 에

*영어를 모어로 사용하지 않는 사람들이 상호이해를 위해 습관적으로 사용하는, 자신들의 언어와 혼합하여 간략화한 영어를 가리킨다.

위쌌다. 보기 좋게 밝은 갈색으로 그을린 그들의 피부는 벨 벳처럼 매끄러웠고, 머리칼은 우리가 떠나온 멜라네시아 인들과는 전혀 다르게 직모였다. 그들은 작은 물고기떼처 럼 물장난을 하면서 뛰어다녔고, 몇 명은 신이 나서 물웅덩 이에 첨벙 뛰어들었다. 마침내 긴 행군이 끝나 가파른 기슭 을 올라간 우리는 부드럽고 바싹 마른 모래밭을 가로질러 갔다. 모래밭에는 목마황 나무의 갈색 바늘잎이 흩어져 있 었고 소나무 숲길을 걸어가는 것 같아, 집에 온 듯한 기분 이 들었다. 잠시 후 우리는 안내를 받아 추장에게 갔다. 그 는 흰 상의와 허리 두르개 차림을 하고 대단히 위엄 있는 모습으로, 넓은 그늘을 드리운 나무 아래 의자에서 우리를 기다리고 있었다.[2]

이 글을 보면 퍼스가 말 그대로 '그곳'에 있었다는 것은 의심의 여지가 없다. 세밀한 묘사, 디킨스적인 활기와 콘래드적인 운명론 을 열거한 서술(푸른 산괴, 낮게 깔린 구름, 흥분해서 떠드는 소리, 벨벳처럼 매끄러운 피부, 경사진 해변, 바늘잎이 깔린 길, 의자에 앉 아 있는 추장)은 그다음 500쪽에 이르는, 사회적 관습에 대한 강한 객관적 서술(티코피아 섬 주민들은 이렇게 행동하고, 저것을 믿는 다)이 사실이라는 확신을 하도록 이끈다. "저렇게 소란스러운 인간 적 자료를…… 과학적 연구 대상으로 이끌어낼 수 있을지"에 대한 퍼스의 불안은 그의 '심부름꾼'이 잡아먹힐까봐 걱정한 것만큼 지 나친 것이었음이 드러난다.

하지만 그런 불안은 역시 결코 완전히 사라지지 않는다. '이 일 이 내게 일어났다'라는 강조를 주기적으로 반복하면서, 텍스트 전 체에 걸쳐 초조한 듯 서명하고 또 서명한다. 퍼스는 마지막 문장에 이르기까지 현지조사 방법이라는 기준에 입각하여 자신이 쓴 내용 과 자신의 관계를 두고 분투한다. 마지막 문장은 이렇게 쓰여 있다.

"오늘날 사회과학에서 가장 필요한 것은 더 정련된 방법론, 최대한 객관적이면서 선입견을 배제한 방법론이다. 조사자가 처한 여건이나 개인적 관심에서 비롯된 가정은 그가 발견한 내용에 영향을 주기 마련이지만, 이러한 방법론을 통해 조사자는 자신의 선입견을 의식할 수 있게 될 것이며, 또다른 초기 가설이 가능함을 깨닫게 되어, 분석 과정에서 그것들 각각을 고려할 수 있게 될 것이다."[3] 더 깊은 층위에서는 그와 그의 '심부름꾼'이 느낀 불안이 사실 크게 다르지 않았을 것이다. 그는 자신의 현지조사 기술, 언어 능력, 섬에서의 생활양식 등을 재검토한 뒤 사과하는 투로 이렇게 쓴다. "나는 이 내용을 다소 내 본위로 소개했다. 인류학이 가벼운 읽을거리가 되어야 한다고 여겼기 때문은 아니다. ……인류학자와 그가 연구하는 종족의 관계에 대한 설명은 그가 내놓은 조사 결과의 특성과 관련이 있다고 여겼기 때문이다. 그것은 그들의 사회적 소화 능력, 말하자면 어떤 종족은 외부인을 용납하지 못하고 어떤 종족은 외부인을 쉽게 흡수한다는 것을 보여주는 지표이다."[4]

나는 최근에 쓰인 문헌의 첫 장을 사례로 삼아, 전기적 경험이라는 재료로 과학적 텍스트를 만들어내야 하는 저자가 느끼는 곤혹스러움을 보여주고자 한다. 그 책은 바로 젊은 민족지학자 로링 댄포스가 쓴 『그리스 농촌의 장례의식』이다. 수많은 그의 동료 연구자와 마찬가지로 반식민주의와 실증주의 비평Positivismuskritik의 영향을 받은 댄포스는 자신의 연구 대상이 자신을 집어삼키는 것보다는 자신이 대상을 삼키는 것에 더 관심이 있는 것 같긴 하지만, 본질적인 문제는 여전히 인식론적인 것으로 보인다. 다음은 '자아와 타자'라는 제목이 붙은 그의 서문 중 많은 부분을 생략한 인용문이다.

> 인류학은 필연적으로 타자와의 만남을 포함한다. 그러나
> 인류학 문헌을 읽는 독자와 인류학자 본인을 타자로부터
> 갈라놓는 민족지의 거리는 대개 엄격하게 유지되며 가끔

은 인위적으로 과장되기도 한다. 많은 경우 이러한 거리 두기는 타자를 원시적이고 기괴하며 이국적인 존재로만 주목하는 현상으로 이어지기도 한다. 친숙한 '우리'와 이국적인 '그들'의 간극은 타자를 의미 있게 이해하는 데 굉장한 방해가 되기 때문에, 이를 극복하려면 타자의 세계에 어떤 형태로든 참여하는 수밖에 없다.

　이런 민족지적 거리 유지는…… 죽음에 대한 인류학적 탐구의 편협화parochialization 혹은 민속화folklorization라는 결과로 이어져왔다. 인류학자들은 죽음의 보편적 의미를 직면하기보다는 죽음에 수반되는 여러 사회의 이국적이고 신기하며 가끔은 난폭하기도 한 제례적 관습에만 관심을 가짐으로써 죽음을 경시하기도 했다. ……하지만 만약 인류학자와 타자의 거리를 줄일 수 있다면, 우리와 그들 사이에 다리를 놓을 수 있다면, 진정으로 인간적인 인류학의 목표를 달성할 수 있을 것이다. ……이 [접근법을] 채택하도록 [나를] 자극한 것, 자아와 타자의 거리를 무너뜨리고자 하는 [이] 욕구는 현지조사에서 싹튼 것이다. 그리스 농촌에서 장례의식을 볼 때마다 나는 거리감과 가까움, 타자성과 일체성의 동시성이라는 모순적 감각을 첨예하게 인식했다. ……장례식의 비탄, 검은 상복, 시체 발굴 예식은 내 눈에 이국적으로 보였다. 하지만…… 나는 죽음이 타자에게만 찾아오는 것이 아님을 항상 의식하고 있었다. 내 친구들과 친척들도 죽고 나도 죽을 것이며, 죽음은 누구에게나, 자아와 타자에게 똑같이 찾아오는 것이다.

　현지조사를 하는 내내 이런 '이국적인' 예식은 의미를 지니게 되었고, 심지어 내가 알고 있던 죽음에 대한 의미 있고 매력적인 대안이 되기도 했다. 나는 몇 시간 전에 죽은 남자의 시신 곁에 앉아서 그의 아내와 누이들과 딸들이

슬퍼하는 소리를 들으면서, 내 친척이나 나 자신이 죽었을 때 사람들이 이런 제례를 거행하면서 만가輓歌를 부르는 모습을 상상했다. ……죽은 이의 동생이 방에 들어오자 여자들은…… 나뭇가지에 매달려 서로를 붙들고 있다가 급류에 휩쓸려 갑자기 헤어지게 된 형제를 애도하는 노래를 부르기 시작했다. 나는 내 동생을 떠올리면서 울었다. 자아와 타자 사이의 거리는 정말로 줄어들었다.[5]

위의 두 문헌에서 드러난 장면 배치와 자기 위치 설정에는 엄청난 차이가 있다. 하나는 리얼리즘 소설의 모델(남태평양의 트롤럽이라 할 만한 저술)이며 다른 하나는 철학적 성찰의 모델(이를테면 그리스에 간 하이데거)이다. 하나는 초연함이 불충분하다는 점을 들며 과학적인 우려를 하고 있고, 다른 하나는 참여가 불충분하다는 점을 두고 인문주의적인 우려를 하고 있다. 1936년에는 수사학적 광대함이, 1982년에는 수사학적 진지함이 강조된 것으로 보인다. 하지만 공통적인 토포스*에서 기인한 그 모든 것에는 유사한 점이 훨씬 더 많다. 우리 것에 가깝고 익숙한 감수성을, 흥미롭기는 하지만 우리와는 전혀 다른 이질적인 장소에서 섬세하고도 성공적으로 입증한다는 점에서는 마찬가지인 것이다. 퍼스의 입국 드라마는 마치 왕을 알현하듯 추장과 만나는 것으로 마무리된다. 그뒤에는 그들이 서로를 이해하고, 모든 게 다 잘되리라는 것을 우리는 안다. 타자성에 대한 댄포스의 고뇌에 찬 감상은 슬픔에 공명하는 것으로 마무리되는데, 그것은 공감이라기보다는 환상에 가깝다. 그후로 그들 사이의 간극은 메워질 것이며, 친교를 나눌 것임을 우리는 안다. 민족지학자들은 (위의 두 사람이 매우 효과적으로 그렇게 했던 것처럼) 자신들이 정말로 '그곳에 있었다'는 것뿐만 아니라, (두

*topos. 그리스어에서 유래한 비평 개념으로, 몇 개의 모티프가 반복되면서 이루어내는 고정된 형태 또는 진부한 문구를 지칭한다.

사람 또한 그렇게 했던 것처럼, 그렇게 명백하게는 아니라 해도) 만약 우리가 그곳에 있었더라면 자기들이 본 것을 우리도 보고, 자기들이 느낀 것을 우리도 느끼며, 자기들이 내린 결론을 우리도 내릴 것이라고 설득해야 한다.

민족지학자들 모두 또는 대부분이 처음부터 이렇게 서명의 물음이 처한 딜레마 가운데 어느 한 극단을 단호한 어조로 주장하지는 않는다. 오히려 대부분은, 서두에서 자연 환경이나 인구 등에 대해 지나칠 정도의 세세한 설명을 늘어놓거나, 아니면 다시 언급하지도 않을 이론적 논의를 전개하는 식으로 그 문제와 거리를 두는 편이다. 저자의 존재가 명백하게 드러나는 부분은 그 밖의 다른 난처한 요소들과 함께 서문, 주석, 부록으로 따로 처리되곤 한다.

하지만 아무리 저항하고 위장해보아도 그 문제는 항상 드러난다. '서아프리카의 여행자' 마이어 포테스는 탈렌시족에 대한 연구서(아마 위대한 민족지 가운데서도 가장 철두철미하게 객관화된 책일 것이다. 이 책은 마치 식물학자가 쓴 법전처럼 읽힌다)의 첫장에서 "남쪽에서 이 지역에 들어오는 사람은 남쪽의 수풀 지대와 대조적인 모습에 감명을 받게 된다. 거대한 숲의 음울함을 맛보고 난 뒤에는, 각자의 선호에 따라 즐거움이나 실망감을 느끼며 이 경치를 바라보게 될 것이다"[6]라고 쓴다. 그 '여행자'가 누구인지, 그것이 누구의 양가감정인지, 혹은 우리가 이 숨죽인 어조에 대해 다시 듣게 되리라는 것은 의심의 여지가 없다. 미국 남부 지방의 흑인 음악가들을 다룬 윌리엄 페리스의 훌륭한 저서 『삼각주 지역의 블루스』는 "61번 고속도로는 미시시피 삼각주로 알려진, 200마일에 이르는 비옥한 흑토지대를 가로지르며 뻗어 있다"라는 문장으로 시작한다. "포장도로 옆으로 펼쳐진 1마일 길이의 목화 이랑과 콩 이랑이 룰라, 앨리게이터, 팬서 번, 니타 유마, 앵귈라, 아콜라, 온워드 등 군데군데 보이는 마을을 둘러싸고 있다."[7] 그 고속도로를 따라 움직이고 있는 것이 누구인지는 아주 분명히 드러난다.(페리스가 미시시피 삼각주 지역 출신이라는 사실을 모른다 하더라도 말이다.)

그들이 텍스트 속으로 들어가는 일(즉 대변자로서 텍스트 속으로 들어가는 일)은 민족지 기록자들이 그 문화 속으로 들어가는 일(상상적으로 문화 속으로 들어가는 일)만큼 어려울지도 모른다. 어떤 사람에게는 이것이 더 힘들 수도 있다.(그레고리 베이트슨이 문득 떠오른다. 그가 쓴 독특한 고전『네이븐』은 끊임없이 출발을 잘못했다가 다시 생각해보는 일로 가득한 것 같다. 이를테면 머리말 앞에 또 머리말이 있고 맺음말 뒤에 또 맺음말이 붙는 식이다.) 하지만 어떤 식으로든, 아무리 무분별하더라도, 또 그 모든 타당성이 의심스럽다 하더라도 민족지학자들은 어떻게 해서든지 그것을 해낸다. 인류학에서 무척 지루한 책은 있을지 몰라도 익명의 중얼거림은 거의 없다.

●

(저자는 무엇을 저술하는가에 대한, 혹은 내가 담론 문제라 칭했던) 또다른 예비적 질문은 푸코의「저자란 무엇인가?」라는 논문, 그리고 그보다 10년 전에 출간된 롤랑 바르트의「저자와 작가」(내 생각으로는 이쪽이 좀더 예리하다)에서 더 종합적인 형태로 제기된 바 있다.[8]

푸코는 이 문제를 "텍스트, 저서, 작품 한 편의 생산자로 정당하게 간주될 수 있는" 저자들(우리 대부분)과, "저서 한 권을 저술한 것 이상의" 좀더 중요한 존재들을 구분하여 다룬다. 후자는 "다른 저서들과 저자들의 형성을 유도하는 하나의 이론, 전통, 학문 분야를"[9] 저술한다. 그는 이러한 현상에 대해 논쟁의 여지가 있는 주장을 여럿 제시했다. 19세기와 20세기의 표본들(마르크스, 프로이트 등)이 그전의 표본들(아리스토텔레스, 아우구스티누스 등)과 워낙 근본적으로 다르기 때문에 비교할 수 없다는 주장이라든가, 소설쓰기에서는 그런 일이 일어나지 않는다는 주장, 갈릴레이, 뉴턴, 또 (현명하게도) 언급하지는 않았지만 아인슈타인 같은 사람들은 적절한 사례가 아니라는 주장이 그러한 예이다. 하지만 그가 말하는 '담론성discursivity의 창시자'인 그들, 즉 '자신의 저작뿐만 아니라 자신의 저작을 펴내는 과정에서 뭔가 다른 것, 즉 다른 텍스트의 형성 가능성과 규칙도 만들어낸 사람들'의 경우, 지적 분야의 발전뿐만 아니라 그 분야의 본성 자체에도 결정적인 영향을 미친다는 사실은 일단 언급되고 나면 대단히 분명해진다. "프로이트는 단지 『꿈의 해석』과 『농담과 무의식의 관계』의 저자이기만 한 것이 아니다. 마르크스 또한 그저 『공산당 선언』과 『자본론』의 저자이기만 한 것이 아니다. 그들은 모두 담론의 무한한 가능성을 확립했다."[10]

어쩌면 무한해 보이는 것은 겉모습뿐인지도 모른다. 하지만 그의 의도가 무엇인지 우리는 안다. 바르트는 '저자'와 '작가'를 구별하는 방법으로 이 모든 문제를 해결하고자 했다.(또다른 저서에서는 저자가 만들어내는 '작품work'과 작가가 만들어내는 '텍스트'를 구별한다.)[11] 그의 설명에 따르면 저자는 기능을 수행하고 작가는 활동을 한다. 저자는 사제 역할을 하고(그는 저자를 마르셀 모스가 연구한 주술사에 견준다) 작가는 서기 역할을 수행한다. 저자에게 '글쓰기'는 자동사이다. "그는 세계의 왜를 어떻게 쓰는가 안에 철저히 흡수하는 사람이다." 작가에게 '글쓰기'는 타동사이다. 그는 무엇인가를 쓴다. "그가 어떤 목표를 설정할 때(증거를 제시하고, 설명하고, 전달할 때) 언어는 그 목표를 위한 수단에 불과하다. 그에게 언어는 실천을 떠받칠 뿐 실천을 하지는 않는다. ……[그것은] 의사소통 수단의 본질, '사유' 수단의 본질로 복원된다."[12]

이 모든 이야기는 어쩐지 랜들 재럴이 쓴 풍자소설 『어느 대학 풍경』에 등장하는 인물, '창조적 글쓰기'를 가르치는 한 여교수를 생각나게 한다. 그는 사람들을 '저자'와 '대중'으로 나누고, 저자는 사람이고 대중은 사람이 아니라고 여긴다. 하지만 인류학 내부에서는 어떤 개인이, 그 개인을 어떻게 부르든 간에, 담론의 기준을 설정하면, 다른 이들도 자기 나름의 방식으로 한동안 그 기준을 활용해 설명하게 된다는 사실을 부정하기는 어렵다. 그러한 기준을 통해 대학의 전통적 관례를 되돌아보면 우리가 다루는 문제 전체의 성격이 달라진다. 눈에 띄는 지난 시대의 인류학자 몇 명만 꼽아보아도 보아스, 베네딕트, 말리노프스키, 래드클리프브라운, 머독, 에번스프리처드, 그리올, 레비스트로스의 이름은 특정한 작품들(『문화의 패턴』, 『사회구조』, 『야생의 사고』)뿐 아니라 인류학적인 것을 대하는 방식 전체를 가리킨다. 그들은 지적 지형을 표시하고 담론의 장을 구분짓는다. 세월이 흐른 뒤 그들의 이름을 떼어버리고 성姓을 형용사화하는 경향이 생기는 것은 이 때문이다. 보아스 인류학, 그리올 인류학, 혹은 내가 정말 좋아하는 탤컷 파슨스(바르트식으로 말하자면 파슨스 본인도 사회학 분야의 저자다)의 냉소적인 신조어로 표현하자면, 베네딕트 인류학 등이 되는 것이다.

이러한 '저자'와 '작가'의 구분, 혹은 담론성의 창시자와 특정 텍스트의 제작자라는 푸코식의 구분이 본질적 가치에 따른 것은 아니다. 다른 사람들이 '저술했던' 전통적인 '글쓰기' 대부분이 그것의 모델을 압도적으로 능가한다. 최고의 말리노프스키주의자는 말리노프스키가 아니라 퍼스일 것이다. 포티스는 래드클리프브라운을 능가한다. 도대체 왜 그가 래드클리프브라운을 스승으로 여기는지 의아할 지경이다. 크로버는 보아스가 약속하는 데 그친 것을 실행했다. 이런 현상은 학파라는 안일한 개념으로 잘 포착되지 않는다. 학파라는 개념은 새롭게 밝혀진 표현 가능성을 활용하고자 분야를 형성한다기보다는, 마치 선두 물고기를 따라 헤엄치는 듯한 무리를 형성하는 것으로 보이게 하기 때문이다. 결정적으로, 그것은 순수하고 절대적인 유형들 간의 충돌도 아니다. 바르트는 「저자와 작가」라는 논문을 '저자-작가'라는 혼외자녀 같은 유형이 우리 시대 문학을 특징짓는다는 주장으로 끝맺는다. 이 '저자-작가'는 마법 같은 언어적 구조물을 창조하고 싶은 욕구, '언어의 극장'에 입장하고 싶은 욕구, 사실과 이념을 소통하게 하고 정보를 상품화하고 싶은 욕구, 이 욕망 또는 저 욕망에 대한 발작적인 탐닉 사이에 끼여 있는 전문 지식인이다. 실천으로서의 언어나 수단으로서의 언어 중 어느 한쪽을 분명하게 지향하는 것으로 보이는 철저한 문학이나 과학적 담론의 사정이 어떻든 간에, 인류학적 담론은 마치 노새처럼 이도 저도 아닌 상태에 머물러 있는 것이 분명하다. 또 서명의 기준에서 볼 때 한 텍스트를 어느 정도까지 어떻게 침범하는가 하는 방식으로 나타나는 그 불확실성은, 담론의 기준에서는 그것을 어느 정도까지 어떻게 창의적으로 구성하는가 하는 것으로 나타난다.

●

이 모든 것을 감안하여, 나는 저마다 서로 다른 네 사람을 사례로 삼고자 한다. 누가 뭐라 해도 담론 양식의 '자동사적 창시자'라 할 수 있는 '저자들'인 클로드 레비스트로스, 에드워드 에번 에번스프리처드, 브로니슬라프 말리노프스키, 루스 베네딕트가 그들이다. 이들은 자신들의 텍스트에 확실한 족적을 남겼으며, 수많은 이가 그 무대에서 대부분 납득이 가는 방식으로 공연했고 지금도 공연하고 있으며 앞으로도 한동안 계속 공연할 것이 틀림없는, 언어의 극장을 건설한 학자들이다.

어떤 경우든 나는 이 표본들을 각각 약간 다른 방식으로 다루려 한다. (파리의 거물, 옥스퍼드 교수, 방황하는 폴란드인, 뉴욕 지식인인) 그들이 서로 다르기 때문만이 아니라 그들을 통해 각기 다른 주제를 따져보고 싶기 때문이다. 제일 먼저 논의할 레비스트로스는 네 사람 중 가장 최근 인물로, 가장 심오하면서도 문학적인 기준에서 볼 때 가장 급진적인 인물이다. 그는 『슬픈 열대』라는 화식조火食鳥 같은 저서를 통해 순식간에 독자를 자신의 주제로 붙잡아들인다. 집중해서 읽으면 특히 더 그렇다. 극단적인 원문주의자

textueliste의 본질과, 틈날 때마다 전면에 내세우는 문학성, 다른 장르를 차례로 시험해보면서도 어떤 범주에도 속하지 않는 고유함을 근거로, 그 책은 우리가 아는 것 중 가장 눈에 띄는 자기지시적인 인류학 텍스트라 할 수 있을 것이다. 이 책은 세계의 '왜'를 가장 노골적으로 '어떻게 쓰는가' 속으로 흡수해들인다. 더 나아가서 이 텍스트는 레비스트로스의 다른 모든 저작과 마찬가지로 '문화적 실재'와 맺는 관계가 불투명하고, 거리감이 있으며, 복잡한 곁가지를 지니고 있고, 다가오는 것 같지만 실제로는 물러서는 것이어서, 민족지의 특성이 구축한 개념에 대해 유용한 질문을 제기한다. 레비스트로스가 '그곳에 있는' 방식은 정말 독특하다. 인류학자들이 『슬픈 열대』를 어떻게 생각하든 간에 (재미있는 이야기라고 보든, 뜻깊은 전망이라고 보든, 프랑스인이 일을 그르친 또하나의 사례라고 보든) 그 책을 읽고 최소한 어느 정도 해체되어버리는 느낌을 받지 않는 사람은 거의 없다.

물론 에번스프리처드의 문제는 완전히 다르다. 그는 자신 있고 직설적이고 체계적인 스타일을 지녔다. '눈부신 명료함'이라는 굉장한 모순어법이 마치 그를 위해 만들어진 것처럼 보일 정도다. 이 모험가적인 민족지학자는 제국주의 세계에서 잘 훈련받은 관찰자이자 배우로서 능숙하게 운신하면서, 부족사회를 마치 잘 다듬어진 나무나 가축우리처럼 눈에 잘 띄게 만들고자 했다. 하지만 그는 또 자신의 저서들을 책으로 표현한 그림, 삶에 대한 토막극으로 만들고 싶어했다. 인류학적 글쓰기에 관한 최근의 실험들을 검토한 조지 마커스와 딕 쿠시먼이 '민족지적 리얼리즘'*이라 칭했던 것의 모범으로 여겨질 만한 그의 저서들이 인류학 전체에서 가장 수수께끼 같은 텍스트가 되었다는 사실―다각도로 읽히고 끊임없이 논의되

그곳에 있기

* 자신이 현지에 있었다는 점과 자신의 민족지가 현지인의 관점을 충실하게 재현한다는 점을 강조하면서 타문화를 전지적全知的 화자의 입장에서 총체적으로 설명하는 전통적인 민족지 서술방식이다.

었으며 고등과학이나 순수예술로 간주되기도 했고, 주류 고전으로 일컬어졌는가 하면 이교도적인 실험으로 여겨졌으며, 철학자의 본보기로 삼거나 생태학자들의 찬양을 받기도 하는 텍스트가 되었다는 사실—은 그 저서들이 나름 장식적인 방식으로, 즉 레비스트로스의 저서들만큼 정교하게 구축되었으며 그만큼 교훈적임을 시사한다.[13] 견고한 대상이 해체되는 과정을 주시하는 것은 비실재적인 대상이 구축되는 과정을 지켜보는 것 못지않게 흥미롭겠지만, 아마 좀더 심란할 것 같다.

말리노프스키를 다루는 장에서는, 인물보다 그가 쓴 글에 더 주의를 기울일 것이다. 인물에 대해서는 이미 너무 많은 책이 나와 있기 때문이다. 참여 관찰을 하는 바르트적인 '저자'이자 '나는 그곳에 있기만 했던 것이 아니라 그들 중 하나였고 그들의 목소리로 말했다'라는 식의 민족지 글쓰기 전통(물론 그가 이 전통을 최초로 실천한 인류학자는 아니다. 제임스 조이스가 의식의 흐름 기법을 최초로 시도했다거나 세르반테스가 피카레스크 소설을 최초로 집필했다고 하지 않는 것과 마찬가지다)을 개척한 그는, 민족지를 기묘한 자기 내부의 문제, 자기시험과 자기변형에 대한 의심으로 만들었고, 글쓰기를 자기폭로의 한 형태로 만들었다. 최근에 출간된 그의 『일기』에서 볼 수 있는 것처럼, 겉으로만 온갖 엄포를 놓았던 그를 기점으로 시작된 인식론적(또한 도덕적) 확신의 와해는 이제 비슷한 식으로 설명에 대한 확신의 와해를 일으켰다. 여러 가지 치유법이 밀물처럼 쏟아졌지만, 그런 건 별 도움이 되지 않는다. 로링 댄포스의 「서문」에서 보이는, 골똘히 생각에 잠긴 듯한 어조는(이런 이야기를 하고 있는 나는 어떤 사람인가, 무슨 권리로, 어떤 동기에서, 어떤 방식으로 내가 그들에게 정직하게 말해낼 수 있을까) 중요하게 여겨지는 정도는 다르지만 이제 다양한 방식으로 널리 알려져 있다. 말리노프스키에게 '토착민의 관점에서' 민족지를 쓰는 일은 자기 초월에 대한 기대를 극적으로 표현하게 해주었으나, 그를 충실하게 계승한 후계자들에게는 자기기만에 대한 공포를 극적으로 불러일으킨다.

마지막으로, 베네딕트의 개략적인 묘사와 개괄적인 평가에서는 자기성찰의 또다른 측면, 나는 어디 있는가, 그들은 어디 있는가라는 물음, 즉 인류학적 글쓰기의 특성이 기이한 명료성을 드러낸다. 다른 사회에 대한 그런 식의 글쓰기는 언제나 동시에 자기 사회에 대한 이솝우화식 비평이 되는 것이다. 미국인이 주니족, 콰키우틀족, 도부족, 일본인을 통째로 온전하게 요약한다는 것은 동시에 미국인들을 통째로 온전하게 요약한다는 것으로, 다시 말해 그들을 촌스럽고 이국적이며 우스꽝스럽고 주술사나 사무라이처럼 독단적인 존재로 표현한다는 것이다. 저 유명한 베네딕트의 상대주의는 체계적으로 옹호되거나 일관성 있게 유지되는 철학적 입장이라기보다는 타자를 묘사하는 특수한 방식의 산물이었다. 그러한 방식에서 비롯된 생경함은 자국 내에서 통용되는 가설에 의문을 제기하게 했다.

저자로서 '그곳에 있기Being There'는 책장마다 저자 자신의 존재를 강하게 드러내는, 어떤 면에서는 개인적으로 '그곳에 있기'를 성취하기 위한 힘겨운 묘책이라 할 수 있다. 그렇게 하기 위해서는 어쨌든 여행 예약과 착륙 허가서라는 최소한의 요건이 필요하다. 그런 다음에는 일정 정도의 외로움을 기꺼이 감내하려는 태도, 사생활의 침해, 신체적 불편함, 이상한 종양과 정체불명의 열병을 느긋하게 받아들이는 태도, 예술적 모욕을 동요 없이 감당할 능력, 눈에 보이지도 않는 바늘을 찾아 어마어마한 건초더미를 끝없이 뒤질 수 있는 인내심 등이 필요하다. 게다가 저자로서 그곳에 존재하기란 점점 더 어려워졌다. 우리가 관심을 일부나마 돌려서, 우리를 그토록 구속해왔던 현지조사에 대한 매혹으로부터 글쓰기의 매혹으로 눈을 돌린다면, 이 어려움을 더 잘 이해할 수 있을 뿐만 아니라 더 통찰력 있는 독해를 할 수 있게 될 것이다. (인류학의 창시자를 타일러로 본다면) 115년은 단언적인 산문과 문학적 순진무구함에 머무르기에 충분히 긴 시간이다.

2 **텍스트 속의 세계**

『슬픈 열대』를 읽는 방법

구조주의의 도래('도래advent'란 적절한 단어다. 말하자면 그것은 믿어지지 않았던 것이 현전現前으로 다가온, 갑작스러운 해명과도 같았다)는 인류학의 주제보다는 인류학 자체의 의미를 수정하는 쪽으로 작용해왔다. 여성의 교환이나 신화소, 이원적 사유, 구체의 과학 등이 무엇으로 변하든, 구조주의가 인류학, 그 무엇보다도 민족지에 가져온 지적 중요성(레비스트로스는 '모든 연구의 원리' 자체를 민족지에서 발견했다고 선언한 바 있다)의 의의는 그렇게 빨리 사라지지 않을 것이다. 이 학문 분야는 이전에도 일반 문화생활 곳곳에 영향을 미친 바 있다. 엘리엇은 프레이저를 읽었고 엥겔스는 모건을, 프로이트는 유감스럽게도 앳킨슨을 읽었으며, 적어도 미국에서는 대부분이 미드를 읽었다. 하지만 이웃 분야(문학, 철학, 신학, 역사, 예술, 정치학, 정신의학, 언어학, 심지어 생물학과 수학의 일부)에 대한 전면적인 침투 같은 것이 일어났던 적은 전혀 없었다. 그렇게 주변적인 형편이던 것이 핵심적인 것으로 자리잡아가는 움직임이 워낙 급작스럽다보니 우리보다 더 위대한 지성인들의 관심을 끌었던 것이고, 그것이 남긴 영향(내가 좀 삐딱하게 말하기는 했지만 전적으로 나쁜 영향만은 아니다) 또한 어느 정도는 영원히 우리에게 남아 있을 것 같다.

그러나 이 모든 움직임에서 가장 두드러지는 것은 그것이 본질적으로 수사학적 업적이었다는 사실이다. 수사학적이라는 말을 트집잡을 의도로 사용하는 것은 아니다. 레비스트로스가 소개함으로써 결과적으로 자신을 (해당 분야의 권위자인 수전 손택이 쓴 호칭에 따르자면) 지적 영웅으로 만든 것은 이상야릇한 사실, 또는 그보다 더 이상한 설명이 아니었다.[1] 그것은 그러한 사실을 보여주고 설명틀을 잡기 위해 그가 발명해낸 담론 양식이었다.

오이디푸스 이야기의 부분적인 재해석을 제외하면, 구조주의 인류학의 특별한 발견이 그 분야의 경계를 뛰어넘는 영향력을 기능주의, 문화와 인성 연구, 사회진화론보다 더 크게 발휘했다고 말하기는 어렵다. 어쩌면 그보다 약했을 수도 있다. 당대의 정신을 전례없을 정도로 바꾸어놓은 것은 롤랑 바르트의 『모드의 체계』에 나오는 여성복 유행 문제든, 하워드 가드너의 『마음 탐색』에서 다룬 신경학이든, 그 모든 것을 유용하게 논의할 수 있는 새로운 언어 감각이었다.[2] 고작해야 오스트레일리아의 분족 체제*나 보로로족 마을 형태에 대한 소소한 관심 정도밖에 없었을 이들을 대상으로 레비스트로스가 진행한 기획의 본질적인 특징은 과학과 예술의 어휘에서 빌려와서 개조한 전문어(기호, 코드, 변형, 대립, 교환, 소통, 은유, 환유, 신화, 구조 등)를 되풀이하는 것이었다. 무엇보다도 그가 상상의 공간을 정리해준 덕에, 흥밋거리를 찾아헤매던 세대가 그곳을 차지할 수 있게 되었다.

공공연히 알려지기도 했지만 나는 구조주의자들이 연구사업으로 내세우는 기획에 회의적이며, 그런 기획이 심리철학 노릇을 하는 것을 보면 노골적인 적대감까지 든다. 이런 입장이지만, 내가 도움닫기 과정 없이 시작된 전체 담론 영역의 구축을 지금까지 받아온 주목에 충분히 부합하는 기막힌 업적으로 본다는 것을 다시

---

*section system. 사회 성원을 통혼의 가부可否와 세대 구분에 따라 사분족四分族으로 구분한 체제다. 오스트레일리아의 카리에라족을 대상으로 한 연구로 알려졌다.

한번 분명히 해두어야겠다. 레비스트로스가 인류학의 진정한 '저자' 가운데 하나라는 것은 분명하고, 오로지 독창성만 본다면 아마 그중 최고일 것이다. 나 자신이 덜 야심적인 전략을 선호해서 그가 창시한 전통을 따르는 글쓰기에 별 매력을 느끼지 못한다는 사실은 완전히 별개의 문제다. 세계를 창조할 의도로 글을 쓰는 인물이라고 누군가를 규정한다면 이는 비난이 아니라 그의 위치를 설정해주는 일인 것이다.

어쨌든 나는 호의적이고 한결같은 시각으로 바르트식의 '저자-작가'인 레비스트로스에게 접근하고자 한다. 그는, 아니 그의 저작은 말하는 내용과 말하는 방식을 분리하는 것(내용과 형식의 분리, 내용과 수사법의 분리, 쓰기과 글쓰기의 분리*)이 시나 그림, 정치적 웅변술에서와 마찬가지로 인류학에서도 해롭다는 것을 분명히 보여주는 사례다. 레비스트로스의 텍스트, 더 정확히 말해 그의 작업 전체를 가장 탁월하게 밝혀주는 작품인 『슬픈 열대』가 어떤 식으로 구성되었는지 탐색하다 보면, 우리가 인류학의 텍스트 구축 전략이라고 하는 것이 지닌 지극히 만성적인 불안정성(언어학자 올턴 베커의 용어와 견해를 빌렸다)을 일부 밝힐 수 있을 것이다.[3]

물론, 레비스트로스를 '문학비평'을 하듯이 다룰 때 가장 먼저 떠오르는 평가는 그가 매우 읽기 어려운 사람이라는 것이며, 가끔 나오는 주장처럼 앵글로색슨인들이 워낙 둔감하기 때문에 그렇게 느끼는 것만도 아니라는 것이다. 그의 글이 어려운 것은 지금은 유명해진 열대우림 같은 산문체 때문만이 아니다. 그의 글은 증기가 자욱한 은유에서 물이 뚝뚝 떨어지고 호사스러운 이미지가 넘쳐나며 현란한 말장난('생각pensée'과 '팬지pansy', '길voie'과 '목소리voix',

---

*바르트의 도식 중 하나. 바르트는 일상적인 쓰기를 말하는 에크리écrit와 작가가 선택하고 참여하는 활동적 글쓰기 에크리튀르écriture를 구분한다. 에크리튀르는 전달되는 관념들이 전달되는 방식과 밀접하게 연관된 글쓰기로, 작가의 이데올로기적 참여를 표상한다.

또 지금 이 텍스트에서도 당장 찾을 수 있는 '비유trope'와 '열대tro-pique'*)으로 점철되어 있다. 문체의 화려함을 논외로 하면 그는 더욱 심오하고 진지한 의미에서 어려운 저자다. 가끔 그의 책이 미국 민족지 사무국의 연구서가 환생한 것이 아닌가 싶을 정도로 평범한 인류학 저작의 모습을 띠고 있을 때에도, 심지어 전통적인 방식을 따르는 것으로 보일 때조차도 실제로는 그런 책이 아니니 말이다. 그것들은 완전히 다른 장르의 글이다.『슬픈 열대』를『우리, 티코피아인』이라든가『문화의 패턴』을 읽으며 형성된 읽기 습관에 따라, 혹은 더 훌륭한 사례처럼 보이지만 실제로는 나쁜 사례인『황금 가지』를 읽던 방식으로 읽으려 든다면, 그것은 마치 제임스 서버의 삽화에 나오는 어떤 작은 노파가『맥베스』에는 초장에 모든 미스터리가 밝혀진다면서 탐정 이야기가 빠져 있다고 불평하는 것과 비슷한 상황이 될 것이다.

그런데도 레비스트로스를 문학적인 방식으로 다루려고 하는 것은 그가 구조주의를 알기 쉽게 풀어 썼기 때문이라는 해석상의 이유에서가 아니라, 그의 저작들, 특히『슬픈 열대』가 이런 종류의 관심을 보여주는 탁월한 사례이기 때문이다.

앞에서 내가 인류학 분과 전반의 특징이라고 말한, 텍스트 구축에서 보이는 순진무구함은 확실히 그에게는 적용되지 않는다. 자의식이 조금만 더 강했더라면 그는 더 높은 수준에 올랐을 것이다. 인류학 분야를 통틀어보아도『슬픈 열대』만큼 자기지시적인 저작(이 책이 풀어내는 표면상의 주제를 가리키는 것만큼 자주 자기 자신을 인공물로 가리키는, 그것도 고의적으로 가리키는 저작)은 없다. 이 책은 이러한 문제 자체를 비중 있게 다룬 저작의 대표적인 사례이다. 그것의 목적은 소설이라면 허구성, 그림이라면 평면성, 춤에서는 동작성이라고 부를 법한 것, 즉 만들어진 것으로서의 존재성을 전시하는 것이다.

　　*발음이 유사한 단어로 벌이는 레비스트로스 특유의 말장난 사례.

마이어 포티스의『탈렌시족』이나 E. E. 에번스프리처드의『누에르족』같은 책을 읽을 때, 우리는 보통 투명한 유리창을 통해 그 너머의 실재를 바라보고 있다고 느낀다. 서술 장치, 해석 과정에서 생긴 상처, 붓질 자국은, 적어도 부주의한 이들의 눈에는 제대로 보이지 않는다.『슬픈 열대』에서는 (그리고 같은 의미에서『야생의 사고』와『신화학』에서도) 서술 장치가 전면에 나타나 언급 대상이 되고 조명되기까지 한다. 레비스트로스는 독자가 자신의 텍스트를 관통하여 그 너머를 바라보길 원하지 않는다. 그는 독자들이 자기 텍스트를 바라보길 원한다. 그리고 일단 그의 텍스트를 보고 난 사람은 다시 그 너머를 바라보기가 무척 힘들어진다. 적어도 다른 사람들처럼 낡은 인식론상의 무심한 태도로 바라보긴 어렵다.

하지만 결정적으로 중요한 것은,『슬픈 열대』를 다룰 때 활용하는 '이 텍스트는 어떻게 구축되었는가'라는 접근법이 레비스트로스의 저작에 대한 어딘가 비표준적인 해석으로 이어진다는 점이다. 저작을 구성하는 부분에 대한 해석이든, 그 부분들이 구성하고 있는, 이제는 대부분 밝혀진 전체에 대한 해석이든 마찬가지다. 아니면 문제를 덜 일반화해서, 우리는 '작품 전체œuvre entière'에 대한 두 가지 접근법 대신 '개별 작품œuvre'을 대하는 제3의 방식, 그렇게 해서 어느 정도 간접적으로나마 구조주의에 무엇인가 다른 모습을 부여하는 방식을 제시할 수 있다. 그토록 전략적인 저작의 전략을 추적하는 일은 단지 (친숙한 비방 용어를 써보자면) 문학적인 활동에 그치지 않는다. 그것은 수정주의적인 활동이다.

●

레비스트로스의 전 저작을 다루는 통상적인 두 가지 접근법 가운데 더 일반적인 것, 역사주의적인 서구인들에게 아주 간단하고 친숙한 접근법은, 전체를 선적線的인 발전으로 이해하는 것이다. 내가 보기에는 레비스트로스 자신이 그런 접근법을 더 선전한 것 같은 데, 본인이 모든 형태의 역사주의에 대한 적대감이 강하기로 유명하다는 사실을 생각하면 어느 정도는 고의적으로 정체를 숨기기 위한 처신이 아닐까 싶다.

선적인 관점은 원래 본질적으로 휘그주의적인 관점*이다. 이 위대한 구조주의 기획은 인류학 영역의 가장 표준적인 항목인 친족을 연구한 『친족의 기본 구조』로 머뭇거리며 첫걸음을 뗀다. 하지만 온갖 사회적 현실 때문에 수렁에 빠진다. 말하자면 정신이 물질성에 함몰된 것이다. 그런 다음, 「신화의 구조적 연구」와 『오늘날의 토테미즘』에서, 구조주의 기획에 적합한 주제인 일정한 양식에 따르는 인간 지성의 행위를 더 직접적으로 포착하기 위해 사회적 불순물을 떨어내기 시작한다. 그런 다음 이 접근법은 『야생의 사고』에서 암호화되고 체계화되어, 마르크스주의나 지질학, 정신분석학처럼 진정한 과학으로 전향한다. 이후 자기 본래의 심상이 형상화된 현장에서 자유롭게 뛰어다니는 정신을 기록한 네 권 분량의 위대한 저서 『신화학』으로 성공의 화룡점정을 찍는다.

레비스트로스의 저작이 자연에서 문화로, 행동에서 사유로, 물질에서 정신으로 상승하는 과정을 묘사한다고 보는 이러한 견해가 지니고 있는 곤란한 점들을 이 자리에서 들추다가는 우리 주제에서 너무 멀리 벗어나게 될 것이다. 사실, 이런 견해는 우리가 저작들을 연대순으로 면밀하게 다루지 않는 한에서만, 또는 집필 순서와 상관없이 다양한 저작들이 실제로 맺고 있는 상호 텍스트적 관계를 세세히 들여다보지 않는 한에서만 그럴듯하게 보인다. 공격적인 이론과 기존의 교과서적인 방법론을 적용한 연구로 파리 좌안을 들썩였던 『야생의 사고』와 그보다 한두 해 뒤에 발표한 『신화학』의 거

---

*Whiggism. 영국의 명예혁명(1688)을 이룩한 휘그당의 당론. 정치적·종교적으로 자유주의에 속하는 입장으로, 자유주의를 대변하는 용어로 사용되어왔다. 특히 역사를 무한한 진보의 과정으로 바라보는 역사관을 휘그주의 역사관이라고 한다.

리보다는, 광대한 지리적 공간을 가로지르면서 논리적인 변화를 추적하는 『친족의 기본 구조』와 그보다 스무 해 뒤에 쓰인 『신화학』의 거리가 가깝고 비슷하다. 가장 최근 저서인 『가면의 길』은 『신화학』에 덧붙인 일종의 부록으로, 출판된 것은 1979년이지만 구상된 것은 1943년이며, 이는 그의 첫번째 저서인 『남비콰라족의 가족생활과 사회생활』이 출판되기도 전이다. 그가 개진하는 논의 전체의 골자는 1950년대에 쓴 서른 쪽 분량의 「신화의 구조적 연구」에 이미 나타나 있다. 나머지는 모두 방대한 주석이다.

일단 사실 문제에 관심을 기울이면, 레비스트로스처럼 시대를 초월하는 작가와 결부시키기에는 휘그주의의 문제점이 너무나 분명하게 드러나기 때문에(심지어 그의 개별 저술도 정식 학술논문처럼 방향성 있게 주제를 관통하지 않는다. 그것은 시작점에서 시작해서 종착점에서 끝나는 것이 아니라, 사색에 잠긴 비행사처럼 문제 주위를 맴돌다가 멈추고, 멀찌감치 떨어져 있는가 하면 골똘히 생각에 잠긴다), 많은 사람이 그의 저작에 대한 또다른 접근법에 더 기대할 여지가 있다고 보았다. 이것은 말하자면, 순환적으로 보는 입장이다. 즉 각각의 국면 혹은 저작이 인류학 연구의 이런저런 영역을 변함없이 꾸준히 구조주의적인 시선으로 관찰하는 훈련 과정이라고 보는 것이다. 이를테면 처음에는 이쪽 어두운 구석에 빛을 비추었다가 다음 모퉁이로 옮겨가는 거대한 회전 탐조등이라 할 수 있을 것이다.

이 글에 등장하는, 생각과 목표가 확고한 레비스트로스는 앞길을 가로막는 학술적 이데올로기들을 하나씩 물리친다. 『친족의 기본 구조』는 워너·래드클리프브라운·머독의 친족 논쟁에 개입하여, 논쟁의 전체 축을 이동시켜버린다. 『오늘날의 토테미즘』은 뒤르켐의 이론과 그것을 통속화시킨 래드클리프브라운의 논의를 뒤집어버린다. 『야생의 사고』는 사르트르, 인식론, 역사의 이념과 논쟁을 벌인다. 『신화학』은 임기응변에 능한 재주꾼처럼 보아스·뮐러·프레이저의 주제 목록을 해체하고 재조직한다. 그리고 논의의 수사학은 관심의 바퀴가 돌아가는 데 따라 적절하게 이동한다. 오스트레일리아-동남아시아 연구는 마르셀 모스식(여성의 증여를 통해 소통하는 남성들)으로 작업한다. 『오늘날의 토테미즘』은 영국식 기능주의의 결과물이다.(비록 그 기호들을 바꾸어 '먹기 편하기보다는 생각하기 편하게' 만들었지만.) 『야생의 사고』에서는 트랜스-마르크스주의자와 고등언어학자(세계의 상상imagines mundi과 동물 환유)의 방식을 고수했고, 『신화학』은 탐미주의(「서곡」, 「코다」, 「새둥지 터는 사람의 아리아」, 「오감의 푸가」, 「주머니쥐의 칸타타」)와 계몽주의적 백과사전주의(아라와크족에서 자포텍족까지)의 혼합물이다.

이 자리에서 이러한 접근법이 지닌 문제를 거론하지는 않을 것이다. 이것은 여러 가지 점에서 처음의 관점, 즉 선적인 사고방식보다 (최소한 진보의 신화를 피할 수 있으므로) 더 낫다. 하지만 못한 점도 있다.(1949년에서 1979년까지 구조주의자들의 강령이었던 구조의 절대적 안정성은, 완곡하게 말하더라도 증명하기 어려운 것이었다.) 두 접근법을 설명하는 과정에서 내가 제대로 언급하지 못한 것이 암시하듯, 요지는 두 접근법 모두 『슬픈 열대』를 수용하는 데 적잖은 애로가 있다는 것이다. 이 책은 단순한 오락처럼 보이며, 약간은 당혹스럽게 느껴지기도 한다. 선적인 관점에서는 이 저술은 지적 순수성을 향해가는 긴 행군 도중의 성찰 혹은 다소 무의미한 휴식에 지나지 않고, 순환적인 관점에서 본다면 무시해버리는 것이 최선인 개인적인 표출에 불과한 것으로 보인다. 『슬픈 열대』를 전체 저작에 있어서 중심 역할을 하는 핵심 저작이라고 선언한 나는, 따라서 전혀 다른 방침을 택할 필요가 있을 터이다.

내 생각에 레비스트로스의 작업은 관점의 진전에 따라 선적으로 조직되지도 않았고, 총량적, 즉 단일하게 고정된 하나의 견해가 불연속적으로 재형성되는 연쇄로서 조직되지도 않았다. 말하자면 그의 저술은 오히려 원심적으로 조직되어 있다. 나는 『슬픈 열대』를 제외한 레비스트로스의 모든 저작을, 『슬픈 열대』 이전에 출간된 저서들까지도, 『슬픈 열대』의 부분적 논의, 특정한 성향의 발달 과정으로 보는 것이 도움이 되리라고 생각한다. 그 성향은 그의 글 가운데 가장 성격이 복잡한 『슬픈 열대』에 최소한 배아 상태로, 그리고 대체로 그보다 완숙한 상태로 존재한다.

『슬픈 열대』를 우주알* 같은 것으로 보는 이런 해석이 이 주제의 최종 판결인지는 분명 논쟁의 여지가 있다. 하지만 일단 탐구해 보는 것이 먼저일 것이다. 텍스트 구축이라는 차원에서 볼 때, 『슬픈 열대』가 다른 텍스트들을 논리적으로 발생시키는 제1텍스트라고 보는 입장(시인 스티븐스는 "원앙들의 숲 위로 높이 날아오른, 원앙 중의 원앙 / 수많은 꼬리 속에 묻혀 있는 생명의 씨앗"이라고 쓰기도 했다)은 레비스트로스의 사유를 더 잘 파악할 수 있게 해준다. 그렇게 보는 편이, 그것을 영묘한 상상력이 연쇄를 이루는 것으로 보는 선적인 관점 또는 어느 한 주제의 정적이고 강박적인 반복으로 보는 재귀적인 관점보다는 낫다.

●

이러한 견지에서 볼 때 『슬픈 열대』에 대해 제일 먼저 말해야 하는 것, 또 어떤 의미에서는 최종적인 발언일 수도 있는 것은, 그것이 동시에 여러 권의 책이라는 사실이다. 즉 서로 다른 종류의 텍스트가 하나하나 덧씌워져 무아레† 같은 패턴이 드러나게 된다는 말이다.

하지만 '덧씌워진'이라는 표현은 정확하지 않다. 우리가 『슬픈 열대』에서 발견하는 것은 위계적으로 배치되어 있거나 표면에서 심층을 향해 배치되어 있는 텍스트가 아니며, 한 층 한 층 벗겨나가

*cosmic egg. 대폭발로 우주가 형성됐다는 빅뱅론의 근원인 덩어리를 가리킨다.
†moiré. 물결무늬라는 뜻의 프랑스어. 규칙적으로 되풀이되는 패턴을 여러 겹 포개놓으면, 패턴 주기의 차이에 따라 줄무늬가 만들어지는 것을 가리킨다.

면서 더 깊이 파고 들어가는 식으로 해석할 수 있는, 하나의 텍스트 속에 숨겨진 또다른 텍스트 따위가 아니다. 우리 앞에 놓여 있는 것은 동시에 발생해서 서로 경쟁하고, 때로는 같은 층위에 존재하면서 상호간섭하는 텍스트이다.

이 책은 사실상 '구체의 사고'라는 레비스트로스의 만화경 이미지의 닮은꼴이다. 즉 로만 야콥슨이 유사성의 평면plane of similarity이라 부른 것을 따라 연속적 요소들이 계열적 체계를 이루며 수직적으로 배열되어 있는 것이 아니라, 불연속적 요소들이 근접성의 평면plane of contiguity을 따라 통사적으로 결합되어 수평적으로 펼쳐져 있다.[4] 『슬픈 열대』는 러시아/체코 형식주의 시의 이상적 전형이다. 의미는 계열적인 대체물의 아날로그 축인 야콥슨식의 '은유'를, 그 통사적 조합인 디지털 축 '환유'에 투사함으로써 구축된다. 좀더 가볍고 무난한 언어로 표현한다면, 그것은 다면적 텍스트의 걸작으로, 여러 권의 책이 한꺼번에 그 속에 비좁게 끼어 서서 무엇인가를 만들어내려고 하는 것이다. 무엇이 만들어졌는지는 글쎄…… 나중에 말하기로 하자. 먼저, 구성 요소를 살펴볼 필요가 있다. 이 두꺼운 책에서 벗어나려고 야단스럽게 신호를 보내고 있는 얇은 책들을 보아야 한다.

우선, 그 유명한 첫 문장에서 반어적으로 또 자기성찰적으로 부정되고 있기는 해도, 이 책은 매우 분간하기 쉬운 장르인 기행문이다. 나는 그곳에 갔다, 저곳에도 갔다, 이런저런 이상한 일들을 보았다, 나는 충격을 받았고 지루했고 흥분했고 실망했다, 아마존에서 등에 종기가 났다 등등. 이 모든 것이 다음과 같은 속뜻을 은연중에 내비치고 있다. 당신은 나와 함께 저곳에 갔더라면, 혹은 똑같이 할 수 있었더라면, 하고 바라지 않는가?

이는 모험과 탈출이라는 꿈으로의 초대, 또는 꿈 그 자체이기도 하다. 그는 배에서 기르던 개 이야기나 배 위를 맴도는 갈매기를 묘사하면서, 환등기를 활용하여 원하는 대로 최고의 강의를 할 수

도 있다. 하지만 여기서는 일단 포르드프랑스*에 관한 그의 이야기
를 들어보자.

> 시계가 오후 2시를 알렸을 때 포르드프랑스는 죽은 도시
> 같았다. 야자수가 심어져 있고 잡초가 무성하게 우거진 타
> 원형의 '중앙광장'에는 생명의 흔적이 전혀 없었다. 후에
> 보아르네라는 성을 갖게 되는 조세핀 타셰 드 라파주리[물
> 론 나폴레옹의 조세핀이다]의 상이 그곳에 서 있긴 했지
> 만, 모르는 사람은 빈터라고 생각했을 것이다. 튀니지인과
> 나는 아침에 일어난 사건 때문에 머릿속이 아직 어지러운
> 상태로, 인적 없는 호텔에 자리를 잡자마자 곧바로 차를
> 한 대 빌려 라자레를 향해 출발했다. 동행자들, 구체적으
> 로 말하면 젊은 독일인 부인 두 명을 격려해주기 위해서였
> 다. 항해중에 그들은 몸만 씻을 수 있다면 언제라도 남편
> 을 버리고 떠날 수도 있다는 인상을 주었다. 이런 관점에
> 서 본다면, 라자레에서의 일은 우리에게 또하나의 실망감
> 을 안겨주었다.[5]†

이런 글은 환등기를 동원한 어떤 강연에서 활용해도 괜찮을 만큼
투박하면서도 충분히 중요한 내용이다.

아니면 그가 훨씬 더 멀리 있는, 중부 아마존 평원지대를 가로
질러 투피카와이브족에게 접근하는 이야기를 들어보자.

> 쿠이아바를 떠난 것이 6월이었는데, 지금은 9월이다. 석

*중앙아메리카 서인도제도에 있는 프랑스령 마르티니크 섬의 주도이다.
†이 장에서 나오는 『슬픈 열대』의 인용문은 저자가 참조한 바에 따라 존 러셀의
영역본을 대본으로 삼아 번역했다. 영역본에 대한 자세한 정보는 미주 5를
참조하라.

달 동안 나는 평원지대를 돌아다녔다. 이동수단인 동물들을 쉬게 하는 동안 인디언들과 합숙하거나, 끊임없이 한 장소에서 다음 장소로 이동하는 강행군을 계속하면서, 이 모든 일이 마지막에 어떤 결과를 낳을지 자문했다. 노새가 덜커덕거리며 움직였기 때문에 온몸이 무척 아팠지만 또 그런 상태에 너무나 익숙해지다보니 그것이 내 신체의 영구적인 일부분처럼 느껴져, 다음날 아침에 눈을 떠서 어디 아픈 데가 없으면 아쉽기까지 했다. 탐험은 지루해졌다. 여러 주 동안 계속해서 똑같은 풍경의 사바나가 눈앞에 펼쳐졌다. 워낙 건조해서 살아 있는 식물과 예전에 누군가 캠프를 설치했던 곳에 흔적으로 남은 죽은 나무 둥치가 거의 구별되지 않을 정도였다. 까맣게 그을린 들불의 잔해도 그저 조만간 모든 것이 불에 타서 재가 될 운명에 처한 영토의 대단원으로 보였다.[6]

이만큼 리처드 버튼, 또는 T. E. 로런스의 분위기를 자아내는 어조는 「사람 사냥꾼들과 함께한 삶」*또는 「암흑 아프리카에서 지낸 2년」†에서도 찾아볼 수 없을 것이다. 사실 이런 어조에 더 적합한 프랑스 참고문헌들이 있다. 고급통속화‡된 제3공화국의 대중문화는 이런 유의 어조가 남긴 자국으로 온통 뒤덮여 있다. 지드의 『콩고 여행』이나 독자들에게 강렬한 인상을 주는 피에르 로티의 낭만적 여행기가 그렇고, 앙드레 말로 같은 고전적인 거물도 적어도

*미국의 인류학자 와인 사전트가 1970년대에 뉴기니의 식인종과 함께 생활하며 기록한 저술이다.
†영국의 탐험가 헨리 스탠리가 독일의 탐험가이자 의사 에민 파샤를 구조하러 나선 원정 경험을 기록한 『암흑 아프리카에서 *In Darkest Africa*』를 가리키는 것으로 보인다.
‡haute vulgarisation. 어려운 주제를 일반 대중에게 효과적으로 소개하려는 시도를 의미한다.

고고학과 극동에 빠져 있던 시기에는, 레비스트로스가 여기서 채택한 태도의 원형과 방식을 보여준다. 그가 반발했을 것으로 추정되는『슬픈 열대』와 프랑스의 여행문학을 연결해보려는 체계적인 노력은, 실제로는 옛날 작품을 다시 살려내는 것일 수도, 부당하게 이용하는 일일 수도 있겠지만, 또 굉장히 흥미로운 사실을 드러낼 수도 있을 것이다.

무엇을 본보기로 삼았든, 고통에 시달리면서도 호기심은 지독히 강한 여행자라는 이미지는 책에서 내내 떠나지 않는다. 또 그것은 그의 설명과 사회의식의 어떤 유형을 연결시킨다.(다른 저의 없이, 문자 그대로의 의미에서 말하자면 이것은 저속한 의식이다.) 전형적인 노르말리앙*이라고 할 만한 이 인물은 (『슬픈 열대』에서 매우 조심스럽게 지적한 대로, 그가 자신의 선택에 따라 진짜 노르말리앙이 되지는 않았다고 해도) 그런 의식을 결코 인정하지 않았고 실제로 인류학자로 활동하는 동안 그런 것과 멀찌감치 거리를 두고 있기는 했지만 말이다.

둘째, 아무리 기묘한 모습을 띠고 있다고 해도 이 책은 민족지이다. 논란의 여지가 다분하고 초점이 좀 심하게 안 맞는 민족지이기는 하지만, 확인하고 또 확인하는 민족지학자의 자세는 부인하고 또 부인하는 관광객의 자세와 마찬가지로 결코 이 책에서 사라지지 않는다. 너무 날카롭게 주장하려다 보니 오히려 둔해 보이기까지 한다.

따라서 이것은 한편에는 직업, 또다른 편에는 사명과 도피 사이에서 망설이는 모호한 기도企圖, 두 요소에 모두 귀기울이면서 항상 어느 한쪽의 소리를 더 들어야 하는 기도의 이율배반적 상황이다. 인류학은 이 모든 점에서 특별석을

*normalien. 프랑스 국립 고등사범학교ENS에서 공부한 사람을 가리키는 말이다.

차지하고 있다. 그것은 두번째 선택지[즉 '도피'라는 입장]의 가장 극단적인 형태를 보여준다. 민족지학자는 어리석게도 그 자신의 인간성을 포기하지는 못하지만 우월한 높이와 유리한 지점에서 자신과 같은 인간들을 알아내고 평가하기 위해 애쓴다. 그렇게 해야 문명이 지닌 이런저런 독특한 우연성을 추상화할 수 있기 때문이다. 그런 삶과 작업 여건은 그가 속한 집단으로부터 그를 장기간 고립시킨다. 그가 처한 무자비한 환경 변화로 인해 일종의 만성적 뿌리 뽑힘의 상태에 젖게 되는 것이다. 그는 어디에서도 결코 '집에 있는' 듯한 기분을 느끼지 못한다. 심리학적으로 말하자면, 그는 항상 절단된 몸으로 살고 있는 것이다. 음악 및 수학과 함께 인류학은 얼마 없는 진정한 천직 가운데 하나다. 인류학자는 누가 가르쳐주기도 전에 그것이 자신의 천직임을 깨닫게 되는 것이다.[7]

이곳에서 인류학자는 하찮은 영혼들, 즉 파리의 카페에 모이는 지식인 친구들, 상파울루의 프랑스 거리에서 보호를 받으며 사는 특권계급, 자신의 얄팍한 견해에 기대 진기함을 추구하는 브라질 학생들, 실험실이나 서재나 미술관에 마냥 틀어박혀 있는 당신들, 친애하는 화학자, 철학자, 예술사가 들은 감히 가지 못하는 곳을 탐험한다. 인류학자는 또한 그들이 글에서나 읽을 존재 양식을 실천한다. 이러한 어조가 책 속에 퍼져 있다. 말리노프스키가 발견하고 미드가 분명히 밝힌 현지조사의 신비한 분위기는, 의미심장하게도 현지조사를 그리 많이 하지도 않았고 그러한 경험적 권위를 부정해야 할 사람, '철학을 파는 여점원' 같은 태도로 『슬픈 열대』를 써나간 사람에게서 오히려 절정에 달한다.

그러나 그런 텍스트의 특성상, 지독한 일들이 연달아 일어나는 여행 기록과 달리 민족지 기록은 하나의 논지를 펴고 있다. 그 논지는 사실 레비스트로스가 사반세기 넘게 추구해온 것으로서, "한 민족의 관습은 항상 특정한 양식에 따라 조화를 이루고, 그것들이 체계를 형성한다"라는 내용을 담고 있다. 아마도 『신화학』의 「서곡」과 「코다」는 굉장히 효과적인 진술이며, 「신화의 구조적 연구」는 좀더 체계적인 진술이고, 『오늘날의 토테미즘』의 제4장은 더욱 명료한 진술일 것이다. 하지만 레비스트로스가 고유명사로서의 구조주의*를 매우 간명하게 표현해냈던 책은 『슬픈 열대』뿐이다.[8]

> 한 민족의 관습은 항상 특정한 양식에 따라 조화를 이루고, 그것들이 체계를 형성한다. 나는 이러한 체계들의 수가 무한하지 않으며 인간들이 (놀이에서건, 꿈에서건, 환각중에서건) 절대적으로 창조해낼 수 있는 것이 아니라고 확신한다. 그들이 할 수 있는 것은 오로지 재구성 가능한 관념들의 목록에서 특정한 조합을 골라내는 일이다. 이를 위해 우리는 누군가가 관찰한 관습과 신화에 새겨진 관습, 아이들과 어른들이 놀이를 할 때 불러내는 모든 관습의 저장고를 만들어야 한다. 건강한 사람이든 아픈 사람이든, 개인들의 꿈 역시 고려되어야 한다. 이 모든 것으로 우리는 결국 멘델레예프가 화학 원소를 대상으로 하여 만든 것과 비슷한 일종의 주기율표를 만들어낼 수 있다. 그 표 안에서 실제로 있는 것이든 있을 수 있는 것이든 모든 관습을 종족별로 나눌 수 있을 것이다. 우리에게 남은 과제는 사회들이 실제로 어떤 것을 채택했는지 알아보는 것뿐이다.[9]

셋째, 이 책은 여행 기록이며 민족지 기록일 뿐 아니라 철학 텍스트이기도 하다. 그것은 아무 말 말고 서로 용서해주라는 식의 온

*하나의 방법론으로서가 아닌, 20세기를 풍미했던 지적 운동으로서의 구조주의를 뜻한다.

갓 미사여구가 쓰인 사색적인 문장이나, '마르크스주의와 불교가 하는 일은 같지만 층위가 다르다'라는 식의 암울한 발언으로 가득한, 아무나 읽어치우는 수준의 철학책이 아니다. 그것은 서구 사상의 중심 주제인 인간 사회의 자연적 기초라는 문제에 대해 어느 정도 단호한 태도로 발언하는, 학문적인 의미에서 철학 텍스트라 할 수 있다. 레비스트로스는 깊숙한 아마존의 오지에서 생생하게 살아 있는 루소의 사회계약론을 보고 싶어 했고, 그리하여 사회성의 기원에 관한 프로이트의 원초적 친부살해 이론이나 흄의 관습 이론을 반박하고자 했으며, 더 나아가 실제로 남비콰라족에게서 문자 그대로의 그 모습을 보았다고 생각한다.

먼저 남비콰라족의 증언은 케케묵은 사회학 이론, 원시사회의 족장이 상징적인 아버지에서 유래한다는, 최근 정신분석학자들이 일시적으로 되살린 이론과 명백히 상충한다. ……이러한 점에서 나는 현대 인류학이 18세기의 계몽사상가들의 논지를 얼마나 분명하게 지지하는지 보여줄 수 있기를 바란다. 분명 루소의 도식은 족장과 그 동료들 사이에서 이루어지는 유사 계약적 관계와 다르다. 루소가 염두에 두었던 것은 전혀 다른 것으로, 개인이 집단의 의지를 위해 그 자신의 자율성을 포기하는 것이었다. 그렇지만 루소와 그 동시대인들은 '계약'이라든가 '동의'라는 단어로 요약되는 문화의 요소와 태도가 그들의 반대자(특히 흄)들의 주장처럼 이차적인 형성물이 아님을 깨닫는, 심오한 사회학적 직관을 보여주었다. 다시 말해 그것들은 사회생활의 일차적 재료이며, 그것들이 존재하지 않는 사회조직의 형태란 상상할 수 없다는 것이다.[10]

레비스트로스는 단지 자신이 살아 있는 사회계약론을 발견했다고 생각한 것(플라톤의 이데아나 칸트의 물자체가 축적되어 있는 나라를 발견했다는 말과 약간 비슷한 주장)만이 아니었다. 그는 루소가 말한 '발생기 사회société naissante' 모델을 다시 존경받는 위치로 복권시키고 싶어했다. 그것은 지금 우리가 신석기시대의 모델이라 부를 법한 것을, 루소의 말을 빌리면 "원시상태의 나태함과 우리의 자기애*에서 비롯된 탐색 행동 사이의 중간지점"으로 간주한다. 그 세계를 결코 떠나지 않았더라면 좋았을 것이다. 지금 우리는 그 세계를 재구축해야 한다. 루소의 모델은 영구적이고 보편적이므로, 우리는 그것을 다시 구축할 수 있다.[11] 다른 사회를 앎으로써 우리는 자기가 속한 사회와 거리를 둘 수 있고, 시간과 공간 너머에 존재하는 이상적인 기초 위에 이성적인 사회 질서를, 레비스트로스가 인간이 그 안에서 살아갈 수 있다고 말한 그 질서를 세울 수 있게 되는 것이다.

그리고 이것은 『슬픈 열대』에 실린 네번째 종류의 텍스트, 개혁주의자의 글로 이어진다. 지금까지 서구가 비서구에 미친 영향에 대한 고발은 엄청나게 많았지만, 그 모든 급진적인 저자의 글을 통틀어 레비스트로스의 『슬픈 열대』만큼 파괴적인 통렬함과 위력을 가진 작품은 거의 없었다. 그에 비하면 프란츠 파농마저 무척 온건한 인물로 여겨질 정도이다.

그런 성격을 보여주는 구절들은 널리 알려져 있다. 이를테면 상파울루 주변 경관을 망치는 초라한 '예전 미개인들'에 대한 묘사, 빈 맥주병과 깡통에 대한 묘사, 그들 속으로 계속 침투해들어가는 산업 문명에 대한 강렬한 증오 등이다. 그의 묘사를 여기서 다시 인용할 필요는 없을 터이다. 다만 그것들이 19세기와 20세기 초반 개혁주의 사상 특유의 견해와 결부되어 있다는 점은 지적해야 한다. 그 노선을 가장 잘 대변하는 인물은 아마 프랑스에서는 플로베르, 독

*amour propre. 사회 형성과 함께 생겨난 자기애를 가리킨다.

일에서는 니체, 영국에서는 매슈 아널드나 존 러스킨, 혹은 월터 페이터일 것이다. 그들은 본질적으로 현대생활의 많은 부분에 미적인 혐오를 보였으며, 도덕적 차원에서도 그랬다. 말하자면 악취미의 변형물이다.

이것이 레비스트로스가 다루었던 일반적인 주제임을 보여주기 위해, 제3세계의 도시를 하나의 전체로 다루는 그의 언급을 인용해보려 한다.(이 구절은 특히 인도의 도시를 다룬 표현들을 재배치하여 원어로 되돌려놓은 것인데, 러셀의 번역본에는 빠져 있지만 『슬픈 열대』 원본에는 포함되어 있다.) "추잡성, 난교, 무질서, 신체접촉, 폐허, 판잣집, 배설물, 진흙탕, 체액, 동물의 배설물, 소변, 고름, 대변, 곪은 종기. 그런 것으로부터 우리를 방어하기 위해 유럽의 도시생활이 조직했던 모든 것, 우리가 역겨워하는 모든 것, 어떤 대가를 치르더라도 멀리하려 애쓰는 공동생활의 부산물이 여기, 제3세계에서는 한없이 널려 있다. 이런 요소들은 도리어 마을이 살아남는 데 필요한 자연환경이다."[12]

물론 그런 악을 저지른 것은, 탐욕과 극성스러운 활동 때문에 그랬든, 아니면 그저 소홀하고 무정한 처신 때문에 그랬든 바로 우리다.『슬픈 열대』어느 부분에서인가 그가 말했듯이, 제 오물을 세상에 투척한 것이 다름 아닌 우리이며, 이제 세상은 그것들을 우리에게 되던지려 하고 있다.

개혁주의자의 글인 『슬픈 열대』는 모럴리스트의 분노라기보다는 미적 혐오감의 폭발이다. 그와 사르트르를 갈라놓는 것은 바로 이러한 지점이다. 사르트르는 사람들이 타락하는 것보다 지배당하는 상황을 더 걱정했다. 레비스트로스의 깊은 사회적 혐오감은 스위프트의 경우처럼 신체적이고 생물학적인 것에 대한 역겨움보다 더 깊은 데서 생겨난 것 같다. 그의 급진주의는 정치적이지 않다. 그것은 감각적이다.

다섯번째이자 마지막으로 『슬픈 열대』는 상징주의적 관점을 원시문화에 적용한, 다분히 의도적인 상징주의 문학 텍스트이다.(사실 제임스 분은 주목받지 못한 저서『상징주의에서 구조주의로』에서 레비스트로스의 저작 전반에 대해 이같이 경고한 바 있다.) 남아메리카에 간 말라르메라고나 할까.

이러한 영향 관계는 프랑스어 원전 텍스트에서 더 잘 드러난다. 하지만 그 점은 영역본에서도 살아남을 만큼 여러 지점에서 충분히 강조되어 있다.

나는 이런 선호[시간과 공간을 질적인 기준에서 바라보는 것 따위]를 원시종족들이 일제히 실천하는 지혜의 한 형태로 본다. 그런 것에 역행하려는 현대인들의 소망이 오히려 광기 어린 것으로 보인다. 우리가 무수한 거부와 짜증을 참아가며 갈망하는 마음의 평화를 원시종족들은 금방 쉽게 달성한다. 우리는 인간 경험의 진정한 조건을 인정하고, 우리 능력으로는 그 구조나 자연적 리듬에서 완전히 벗어나는 것이 불가능하다는 사실을 깨달아야 한다. 음향과 냄새가 나름대로 각자의 색깔과 느낌을 지니고 있는 것처럼, 공간 자체도 고유한 가치를 갖고 있다. 이러한 상응관계를 추적하는 것은 사람들이 랭보의 시「모음들」에 대해 감히 그렇게 말해온 바와 같이 시인의 놀이도, 신비화도 아니다. 사람들에 따라 달라지는 음소의 색채가 아니라, 여러 음소가 결합하여 모든 가능한 제한된 음색을 구성하는 관계의 기초를 알고 있는 언어학자들에게 그 시는 필수불가결한 것이다. 이 상응관계는 발굴될 것이 아직 풍부하게 남아 있는 완전히 새로운 영역을 학자들에게 제공해준다. 물고기가 밝음과 어둠을 기준으로 하여 냄새를 심미적으로 구분할 수 있고, 또 벌은 무게를 기준으로 빛의 강도를 (어둠은 무겁고 밝은 빛은 가볍다는 식으로) 분류할 수 있다면, 화가와 시인과 작곡가의 창작물, 그리고 원시인류의 신화와 상징도 그런 식으로 우리 앞에 나타나야 할 것이다. 그것은 지식의 더 우수한 형태는 아니더라도 어쨌든 지식의 가장 근본적인 형태이며, 우리 모두가 공통적으로 지니고 있는 유일한 것이다.[14]

그가 같은 맥락에서 계속 써나가는 이것은 『신화학』의 중심 주제가 될 것이다. "도시는 흔히 교향곡과 시에 비유되곤 했다. 내가 볼 때 이러한 비교는 완벽할 만큼 들어맞는다. 사실 그것들은 같은 종류의 대상이다. ……살아 있고 꿈꾸어진 어떤 것이다."[15] (이것들은 분명 우리가 방금 본 지저분한 도시들과는 다르다. 사실 이런 서정적인 언급에 이어 브라질 도시에 대한 비판이 이어진다. 교향곡이나 시와 같이 자발적으로 성장한 것이 아니라 '엔지니어들과 금융가들이 내린…… 결정'의 산물이라는 점에 가하는 비판이다. 말하자면 멜로디도 없고 선율도 틀렸다는 것이다. 그런 도시는 음치인 '현대인들'이 만들어낸 기계적인 불협화음이라 할 수 있다.)

레비스트로스가 스스로 보들레르, 말라르메, 랭보, 특히 프루스트가 만든 문학적 전통 속에 자리잡고자 한다는 사실은, 내가 아는 한 『슬픈 열대』에서 결코 언급되지는 않지만, 그의 글쓰기 방식과 소재, 자신이 하려는 일에 대한 발언으로 보아 명백하다. 즉 그는 암호를 해독한다. 그리고 해독 과정에서 신석기적 사고의 감각적 심상을 사용할 힘을 회복한다. 일차원적으로 보면 『슬픈 열대』는 상징주의적 정신의 기록이다. 레비스트로스는 아메리칸인디언들뿐만 아니라 자신도 아마존의 숲과 사바나를 돌아다니는 동안에는 그런 정신을 지니고 있었다고 주장한다.

그 무렵에는 브라질도 남아메리카도 별 의미가 없었다. 그렇기는 하지만 예상치 못한 제안[그곳 대학에 부임하라는

제안l을 받고 어떤 이미지가 마음속에 떠올랐는지는 지금
도 매우 자세히 생각난다. 열대의 나라는 내가 사는 나라
와는 분명 정반대일 것 같았다. 대척점이라는 말은 그 단
어 자체의 의미보다 더 풍부하고 솔직담백한 인상을 주었
다. 식물이든 동물이든 어떤 생물종이 지구의 양쪽에서 같
은 모습을 하고 있다는 말을 들었다면 분명 놀랐을 것이다.
동물, 나무, 풀잎, 모든 것이 현저하게 다르고 그것이……
열대의 특성을 지니고 있으리라고 생각했던 것이다. 나는
야자 잎사귀들이 뒤엉켜 있고, 한가운데에는 기묘한 건축
물이 들어서 있으며, 향초 타는 냄새가 어디에나 배어 있는
그런 곳을 상상했다. 나중에 떠오른 후각적 인상은 브레질
과 그레질레라는 단어의 모음이 같기 때문에* 무의식적으
로 떠오른 듯하다. 이후 많은 경험을 했지만…… 브라질을
생각할 때면 무엇보다도 타는 냄새가 연상된다.

　지금 와서 돌이켜 생각하니, 이런 이미지가 이유 없이
생긴 것 같지는 않다. 나는 주어진 어떤 상황의 진실은 일
상적인 관찰보다는 참을성 있게 분류分溜된 증류물에서 얻
어질 때 더 많다는 것을 알았다. 타는 냄새라는 중의적
관념이 이미 나를 그쪽으로 유도했을 것이다. 그 냄새는 여
태껏 명료하게 공식화할 수 없었던 상징주의적 교훈을 함
께 전했을 것이다. 탐험이란 지상을 조사하는 일이라기보
다는 표면 아래를 파헤치는 문제다. 뜻밖에 만난 풍경의 파
편들, 인생의 찰나적 순간, 비행중 발견한 그림자, 오로지
그런 것들만이 원래는 우리에게 아무것도 말해줄 것이 없
었을 지평선을 이해하고 해석할 수 있게 해준다.[16]

*브레질Brésil은 브라질의 프랑스어 표기이며, 그레질레grésiller는
지글거리다라는 뜻의 프랑스어이다.

이 책은 상징주의적 정신(프랑스인)이 다른 상징주의적 정신(보로로인, 카두베오인, 남비콰라인)을 만나 그들 속에서 자신의 복제본, 사고의 '가장 근본적인 형태'를 찾기 위해 그들의 완전한 정신적 일관성을 샅샅이 살펴나가는 과정의 기록이다.

더 광범위한 인용문이 있어야 이러한 내용을 완전히 밝힐 수 있을 것이다. 가령, 기억의 유한성에 대한 강조, 음악, 시, 신화, 꿈, 모든 사람 속에 반쯤 묻혀 있는(원시사회보다는 발생기 사회를 떠나온 우리 속에 더 깊이 묻혀 있는) 보편적인 야생적 감각언어sense-language, 그 모든 것으로부터 생겨나는 의미의 폐쇄적 세계관 등이 인용되어야 한다. 『슬픈 열대』는 레비스트로스의 『잃어버린 시절을 찾아서』이자 『주사위 던지기』*이며, 즉각적 이미지를 절대적 기호 속에 편성해넣으려는 상징주의적인 시도의 일부로 이해해줄 것을 요청한다. 당신들, 표준적이고 평균적인 영국인이나 미국인 인류학자는 그럴 준비도 안 되어 있으려니와 분명 그럴 마음도 없을 것이다.

●

그러므로 이런 것이다. 여행서, 어쩌면 열대지방의 철 지난 관광 안내서. 또하나의 새로운 과학의 기초를 세우는 민족지 보고서. 루소의 복권, 사회계약론과 초조해하지 않는 삶이 지닌 장점의 복권을 꾀하는 철학적 담론. 심미적 근거를 들어 유럽식 팽창주의를 공격하는 개혁주의자의 글. 그리고 문학적 근거를 예시하고 그것을 전달하는 문학작품…… 이 모든 것이 전시회에 나란히 걸린 그림들처럼 병존하면서, 정밀하게 상호작용하여 무엇을 만들어내는가? 거기서 어떤 무아레가 출현하는가?

전혀 놀랄 일도 아니지만, 거기서 나타나는 것은 신화이다.[17] 텍

---

* 『잃어버린 시절을 찾아서』는 프루스트의 장편소설이며, 『주사위 던지기』는 말라르메의 시집이다.

스트 유형들 간의 모든 통사론적이고 환유적인 밀고 당기기가 만들어내는 이 책을 아우르는 형식은 다름아닌 성배 추적 이야기다. 친숙하고 지루하고 유난한 방식으로 위협하는 이쪽 기슭을 떠나, 온갖 환영幻影과 기묘한 계시로 가득차 있고 더 어두운 다른 세계를 모험하며 돌아다니는 이야기. 그곳에는 절정을 이루는 신비인 절대적 타자, 세르탕*의 깊은 오지에서 만난 고립되어 있으며 이해하기 어려운 절대적인 타자가 있다. 그러고는 어느 정도 아쉬워하며 지친 채로 집에 돌아가, 소심하게 뒤로 물러나 있던, 이해하지 못하는 이들에게 이야기를 해준다.

　　물론 추적자로서의 인류학자라는 신화 역시 다른 것들과 나란히 병존하는 또하나의 환유적 텍스트로 간주될 수 있다. 그 전체적인 의미는 조합된 부분들에서 제시하기보다는 훌륭한 구조주의자의 방식으로 (그러므로 훌륭한 구조주의자답게 쉽게 이해되지 않는 방식으로) 접속부에서 제시되어 있다. 그러나『슬픈 열대』발표 이후, 더 정확히는 경험, 물론 모든 글쓰기 이전에 했던 경험 이후, 레비스트로스는『슬픈 열대』와 관련된 직접 경험들이 끝내 (또 일의 성격상 어쩔 수 없이) 해내지 못한 것을 해내는 신화들에 대한 신화를 쓰는 데 헌신한 것이 분명하다. 즉 그가 의도한 것은 역시 다중적인 텍스트 유형을 그 구조 자체가 주제의 한 가지 사례인 하나의 단일한 구조, 즉 '신화논리학mytho-logic'으로 묶어내는 것으로서, 그렇게 함으로써 사회생활의 기초를 드러내고 더 나아가 이른바 인간 존재의 토대를 드러내려는 것이다.

　　이런 식으로 본다면 레비스트로스가 체계적으로 구축한 작업의 요체는『슬픈 열대』의 텍스트를 저마다 굉장히 다양한 통사론적 관계 속에서 서로서로 연결하고 다시 연결하며 또다시 연결하는 긴 발언으로 보인다.『슬픈 열대』라 불리는 어떤 집적물에서 어떤 의미에서든 신화-텍스트가 출현하여, 그것으로부터 전개된 전

＊sertão. 브라질 동부 내륙의 건조한 황무지를 말한다.

체 작품을 지배한다면, 그것은 요약된 완결판을 넘어 전체를 지배하는 형태가 될 것이다. 이것이 레비스트로스가 신화, 음악, 수학이 실재의 가장 직접적인 표현이라고, 그것들을 연구하는 것이 유일한 참된 소명이라고 여긴 이유이다. 어쨌거나 그의 작업에 끝이 있다는 말이 가능하다면, 그것은 모두 존재의 형식주의적 형이상학 속에서 결코 선언되지 않고 암시될 뿐이며, 글로 표현되지 않고 전시되기만 하는 형태로 끝난다.

하지만 이러한 특징은 레비스트로스의 담론 전략을 탐색하는 것을 넘어, 여기서 다룰 수 있는 한도 이상으로 그의 원리를 해석하는 쪽으로 나아가게 한다.[18] 저자로서의 인류학자, 작품과 생애, 텍스트 구축 등에 관한 한 결정적으로 중요한 주제는『슬픈 열대』에서 발전시킨 '그곳에 있기'에 대한 매우 특징적인 표현, 그리고 지시하는 텍스트와 지시된 세계, 즉 그 텍스트에서 전개된 세계 사이의 관계에 대한 똑같이 특징적인, 사실상 도착적인 재현이다.

레비스트로스는 말년에 미국과 영국에서 활동하는 인류학자 집단이 지지하는, 즉각적이고 직접적인 '그곳에 있기'라는 것이 본질적으로 불가능하다고 주장했다. 말 그대로 사기 아니면 공허한 자기기만이라는 것이다. 잔인하게 들리기는 하겠지만 틀린 말은 아니다. 그는『슬픈 열대』의 앞부분에서, 경험과 실재 사이의 연속성이라는 개념은 거짓이라고 말한다. "그 둘 사이에 연속성은 없다. ……실재에 도달하려면 먼저 경험을 거부해야 한다. 설사 나중에 객관적 종합 속에서 그것을 재통합할지라도 말이다. 감상적인 생각[다시 말해 상티망탈리테sentimentalité, 즉 '의식', '감수성', '주관성', '느낌']은 객관적 종합에서 아무런 역할도 하지 못한다. ……[우리의] 임무는…… 존재를 우리 자신이 아닌 존재 자체와의 관계 속에서 이해하는 것이다."[19]

하지만 가장 흥미로운 점은, '미개인들'을 가장 잘 알기 위한 길은 그들의 삶을 공유할 수 있도록 어떻게든 그들과 개인적으로 친해지는 것이 아니라, 그들의 문화적 표현들을 누비고 꿰매어 관계의 추상적 견본을 만드는 일이라는 확신이, 계시적인(혹은 반反계시적이라는 편이 더 맞을지도 모른다) 절정의 경험을 통해 생겨났고 그것이 『슬픈 열대』에 표현되어 있다는 것이다. 쓸쓸한 일이지만 그의 탐색은 실패로 끝나고 만다. 그토록 오랫동안 찾아헤맸던 최후의 미개인, '외부인의 손이 닿은 적이 없는' 투피카와이브인을 드디어 만났을 때, 그는 그들에게 다가갈 수 없었다.

나는 원시 상태의 극한까지 가보고 싶었다. 내 소원이 이루어졌다고도 할 수 있다. 지금 나는 이전에 단 한 명의 백인도 만나보지 못한, 또 앞으로도 결코 다시 만나지 못할 그런 매력적인 아메리칸인디언들 사이에 있게 되었으니 말이다. 강물을 거슬러올라가는 황홀한 여정을 마친 뒤, 나는 그 미개인들을 분명히 찾아냈다. 하지만 아아! 그들은 지나치게 미개했다. ……그들은 그곳에 있었다. ……마치 거울에 비친 모습처럼 가까운 곳에. 손을 내밀어 그들을 만져볼 수는 있었지만 그들을 이해할 수는 없었다. 나는 상과 벌을 동시에 받은 셈이다. ……나는 단지 그들이 기묘함을 벗어버리고 나면 어떤 사람들이 될지 추측해볼 수밖에 없었다. 그 정도라면 내가 살던 동네에 그대로 머무르는 것이 나을 뻔했다. 이번처럼 그들이 자신들의 기이함을 그대로 유지하며 살아가는 경우에는, 그것이 무엇인지 파악조차 할 수 없으니 속수무책이다. 이 두 극단 사이에서, 어떤 모호한 사례들이 우리 인류학자들이 존재할 수 있는 평계를 제공해줄 수 있을까? 토착민들을 간신히 이해할 수 있을 정도까지만 관찰하다가, 그런 관습을 당연하게 받아들이며 살아가던 그 사람들을 놀라게 만든다는 이유로 관찰이 중도에서 중단되는 경우, 독자들의 마음에 빚어지는 혼란의 진짜 피해자는…… 누구인가…… 우리를 믿는 독자들인가, 아니면 우리 자신인가?[20]

이 수사적인 질문에 대한 대답은 물론 '둘 다'이다. 인류학자가 실제로는 하지 않은 경험을 했다고 독자가 믿어준다는 점에서 독자이기도 하고, 인류학자 자신이 그런 경험을 했다고 상상한다는 점에서, 또한 자신의 경험 덕분에 발언할 권위가 있다고 생각한다는 점에서 인류학자이기도 하다. 낯설게 보이는 생활의 기초를 꿰뚫어보는 것, 일반적인 의미에서의 '그곳에 있기'는 그들 속에 개인적으로 투입되는 방식으로는 달성될 수 없다. 그것을 달성하려면 오로지 그들의 문화적 생산물(신화, 예술, 의례, 또는 그 무엇이든), 즉 낯설게 보이는 독특한 삶의 면모를 보편적으로 해석해 직접성을 해체시킴으로써, 그 낯섦을 사라지게 하는 수밖에 없다. 원격접사遠隔接寫란 거리를 둘 때 오히려 가까워진다는 뜻이다.[21]

그리고 이것은 우리에게 레비스트로스의 모든 저작 고유의 특징을 마침내 충분히 전해준다. 이 문제를 다루는 모든 사람은 조만간 그 특징에 대해, 그 추상화된 자기 완결성의 독특한 분위기에 대해 언급하게 될 것이다. '냉담한', '폐쇄적인', '차가운', '진공 상태인', '지적인' 등 문학적 절대주의 주변을 맴도는 온갖 형용사가 작품 주변을 맴돌고 있다. 그의 책은 삶을 그려내는 것도, 삶을 환기하는 것도 아니며, 번역하는 것도 설명하는 것도 아니다. 그보다는 삶이 어떤 식으로든 남겨놓은 재료들을 배치하고 재배치하여 그에 상응하는 공식적 체계로 정비한다. 말하자면 그의 책은 재규어, 정액, 썩어가는 고기를 반대, 도치, 동형구조로 변형시키는, 유리로 둘러싸인 자가봉합적 담론인 듯하다.

신화와 기억과 마찬가지로, 세계는 인류학 텍스트가 존재하기 위한 필수조건이지만 인류학 텍스트는 세계가 존재하기 위한 필수조건이 아니라는 것, 이것이 『슬픈 열대』가 남긴 최후의 메시지이자, 그것이 밝혀낸 그의 전체 작품이 남긴 최후의 메시지이다.

3　　**슬라이드 쇼**

에번스프리처드의 아프리카 슬라이드

비웃으려는 의도에서든 출세를 위해서든 흉내내기는 매우 쉽지만, 설명하는 것이 거의 불가능한 목소리들이 있다. 소리의 굴곡이 워낙 심하고 표준을 완전히 벗어난, 결코 평범하지 않은 목소리이기 때문이다. 영어에서는 아마도 동인도 억양이 그럴 것이다. 험프리 보가트나 루이 암스트롱, 프랭클린 루스벨트의 억양 역시 그렇다. 그들의 목소리는 한번 들으면 잊어버리기가 지독히 어려워, 듣는 이의 기억 속에 오래 남는다. 인류학계에도 그런 의미심장한 목소리, 옥스브리지 특별연구원 휴게실*에서도 큰 영향력을 행사한 목소리가 존재하는데, 그런 목소리를 지닌 대가 중 에드워드 에번 에번스프리처드 경, 즉 'E-P'만큼 대단한 인물은 없었다.

그의 글을, 특히 그의 문체를 규정하기는 워낙 어려우므로('단호한', '명징한', '균형잡힌', '차분한', '쉬운', '탁월한', '말솜씨가 좋은' 등등의 형용사는 변죽만 울릴 뿐이다), 미칠 듯이 훌륭한 면모를 전하기 위해서는 그의 글을 상당 분량 인용해오는 수밖에 없다. E-P는 역사상 가장 고른 수준의 글을 쓴 필자 중 한 사람이니, 그가 쓴 글의 어느 부분을 가져와도 좋을 것이다. 1937년에 발표한 그의 첫번째 주저 『아잔데족의 주술, 신탁, 마법』의 도입부든

---

* Oxbridge Senior Common Room. 옥스퍼드 대학 및 케임브리지 대학 연구자들의 공동체로, 각종 학술행사 및 회의를 주관한다.

("아잔데 문화에 관한 논문을 출판하는 데 너무 오래 걸렸다고 생각하는 이가 있다면, 나는 탐험중 틈틈이 아잔데족 관습에 대한 예비적이고 부분적인 설명을 쓰기 위해 최선을 다했다고 답하고 싶다"), 1956년에 출간된 마지막 저서 중 하나인 『누에르족의 종교』의 마지막 단락이든("이 지점에서 인류학자의 과제는 신학자가 이어받게 된다") 상관없다.[1] 하지만 나는 다섯 편의 대작을 포함하여 350편에 달하는 그의 인류학적 저술보다는 범주에 구애받지 않고 그때그때 생각나는 대로 적은 듯한, 관심을 거의 받지 못한 소품을 상당 분량 발췌하여 그의 산문 세계로 들어가보고자 한다. 그것은 그가 이차대전 초반 수단에서 숲속의 무법자로 활약했던 시기를 묘사한 「아코보 강 및 길라 강 작전, 1940년에서 1941년까지」(이하 「아코보 작전」)로, 그가 세상을 떠난 해인 1973년에 영국군 잡지 『더 아미 쿼털리』에 수록되었던 글이다.[2]

내가 이 글을 발췌하는 이유는 괴짜 행세를 하려는 것도 잔머리를 쓰려는 것도 아니며, 그의 가면을 벗겨 실제로는 식민주의적 사고방식에 물든 사람임을 드러내 보이려는 것도 아니다. 그가 식민주의자였고 공격적이기까지 했던 것은 분명하지만 말이다.(자기 시대의 사고방식에 전혀 오염되지 않은 글을 쓰는 사람이 있다면 그에게 먼저 돌을 던지라고 하라.) 전부 아홉 쪽 분량인 그 글이야말로 E-P의 글쓰기가 지닌 거의 모든 특징을 보여주기 때문이다. 이에 비하면 분량도 많고 인류학자로서의 방법론적 주장을 담은 저서들에서는 그런 모습이 거의 보이지 않는다. 레비스트로스에게 『슬픈 열대』가 그랬던 것처럼 「아코보 작전」은 E-P의 담론의 한계가 어떤 것인지를 압축적인 이미지로 제시한다.(종합적인 원리에 있어서 두 담론은, 한 사건에서는 중심적인 것이 다른 사건에서는 사소한 것으로 작용하는 등 담론의 중요성을 포함한 거의 모든 면에서 전적으로 다르기는 하지만 말이다.) 물론 이것은 누구에게나 해당되는 비트겐슈타인식의 한계다.

하지만 아직 저지르지 않은 잘못에 대해서야 쉽게 사과할 수 있는 법이니, 이제 저질러보기로 하자. 당시 E-P는 서른일곱 살이었고, 인생에서나 경력에서나 여정의 중간 지점에 있었다. 그가 배치되었던 곳에 대해서는 아코보 에세이를 잡지에 실어 병사들에게 소개한 영국군 소장이 안내한다. 그곳은 당시 동아프리카에서 이탈리아가 점령하고 있던 지역과 영국이 차지한 영토 사이의 변경으로, 하르툼에서 남쪽으로 600마일, 루돌프 호수에서 북쪽으로 400마일, 아디스아바바에서 서쪽으로 500마일 떨어진 곳이었다. E-P 본인은 글 도입부에서, 어떻게 하여 이런 일이 벌어졌는지를 그 자신답게 활기찬 태도로 설명한다.

앞으로 서술할 사건에 내가 어떻게 말려들게 되었는지 설명하는 것으로 글을 시작해야 할 것 같다. 전쟁 발발 당시 옥스퍼드 대학의 강사로 일하고 있었던 나는, 웰시 근위대에 입대하려고 했다. 근위연대는 나를 받아주었지만 대학은 내가 '병역면제대상 직업'에 속한다는 이유로 훈련을 받지 못하게 했다. 좀 터무니없는 이유였다. 그래서 나는 민족지 탐사를 계속하겠다는 핑계를 대고 수단으로 가서, 도착하자마자 수단 예비방위군에 입대했다. 내가 하고 싶었던 일, 할 수 있는 일이 바로 이런 것이었다. 나는 이미 여러 해 동안 수단 남부 지역에서 연구를 해왔고, 누에르족과 아누아크족의 말을 포함하여 그곳 말을 쉽게 구사할 수 있었으니 말이다.[3]

그는 유일무이하게 민족지적으로 '그곳에 있었고', 일단 그곳에 도착하자 다시 신속하게 전문성을 발휘했다.

레슬리 대령[이 글에서 E-P는 자신이 왕립 스코틀랜드 부대의 장교이자 그 구역의 지휘관이었던 레슬리 대령을 별로 좋아하지 않았음을 숨김없이 드러냈다」은 나를 길라 부대에 배속하면서, 아코보 강 상류 순찰과 아동고 지역의 아누아크족 감시를 지시했다. 그곳에서 어떤 일이 일어나고 있는지는 아무도 몰랐다. 이 지점에서…… 아누아크족에 대한 것, 그들이 닐로트족에 속하며, 인구는 3만 5,000명에 이르고, 수단과 에티오피아 강변에 걸쳐 살고 있다는 것 등을 밝혀두어야겠다. 거주 지역 대부분에 체체파리가 극성을 피워 가축을 기를 수 없으므로, 그들은 전적으로 농업에 의존한다. 또한 아누아크족은 복잡한 사회적·정치적 제도를 갖추고 있는데 이에 대해서는 앞으로 서술해나갈 것이다. 여기에서는 앞으로 묘사할 소규모 작전이 벌어지게 될 그들 나라의…… 동부 지역에 사는 아누아크족은 왕을 세우고, 그 왕은 왕족의 표장標章을 갖고 있는 한 그 지위를 계속 보유할 수 있다는 사실 정도만 말해두기로 하자. 친척 귀족이 왕을 공격해 그 표장을 빼앗으면 왕위는 공격자에게 넘어간다. 아누아크족의 땅은 멀고, 접근하기 어려우며, 거의 관리된 적이 없다고 해야 할 수준이어서…… 영국-이집트에 의해서든…… 에티오피아 정부(들)에 의해서든 명분상의 통치 이상은 사실상 이루어지지 않고 있다. 그들 종족은 호전적이고 독립심이 강하다.[4]

그곳에 도착해서 서명한 공식 문서를 제출한 뒤 총기를 모으고 토착민들을 소집하고 나자, 열병장의 대위였던 그는 곧바로 숲속의 자유인으로 변했다.

아코보에서 나는 19세기식 라이플총 열다섯 정과 각각 쉰 세트의 탄약을 지급받았고, 아누아크족에게 알려 비정규군을 모집하라는 지시를 받았다. 나는…… 그곳의 아누아크족 일곱 명을 데려갔다. 그들이 내 밑에 오래 있으리라는 기대는 거의 하지 않았지만 어쨌든 그전부터 알던 사람들이었기 때문이다. 다른 여덟 명은…… 동부 지역 아누아크족이 있는 곳으로 가서 모집하기로 했다. 그들은 우리가 작전을 벌일 지역에 대해 더 잘 알았고, 이 지역 사람들보다 규율을 더 잘 지킬 뿐 아니라 당시 아누아크 왕이던 남자의 의견을 존중하는 편이었다. ……이들은 다행히 모두 라이플총을 다룰 줄 알았고 가까운 거리에서는 아주 정확하게 쏠 수도 있었다. 또 시골에서 지내는 것도 반대하지 않았다. 병력이 이처럼 소수였으니 모든 것은 기동성과 양질의 정보에 달려 있었다. 우리는 전쟁에 관한 아누아크족의 관습대로 거의 밤에만 움직였다. 나는 예전에 이 지역에 머무른 적이 있고…… 그곳 사람들과 언어를 알고 있었으므로, 매우 유리한 입장이었다. 나는 내가 받은 지시를 무척 자유롭게 해석했다.[5]

영국군과 인류학자 E-P는 모두 퍼스가 티코피아에 갔을 때처럼(비록 우기이고 가는 길은 대부분 물에 잠겨 있었지만), 곧바로 왕을 만나러 갔다. 왕은 그를 무척 반가워했다. "그는 이탈리아군이 자신의 경쟁자인 친척의 설득에 넘어갈 것이라고 생각했고…… 그렇게 되면 에티오피아에 살고 있던 그가 자신을 공격하여 아누아크 왕위의 상징물을 빼앗을 것이라고 믿었다."[6] E-P는 왕의 가족과 이후에 왕위에 오르게 될 왕의 동생도 포함해서 여덟 명을 선발한 다음, '소규모 작전'을 수행하러 출발했다.

[11월 6일에] 나는 아누아크족 열다섯 명을 이끌고 아코보 강 상류로 갔다. 우리는 늪지를 지나고 모진 고생을 하

면서 키 큰 풀숲을 헤치고 나아갔다. 상류 마을의 주민들이 따뜻하게 환영해주었다. 그들은 예전에 나를 만났던 일을 기억하고 있었다. 우리는 다음날 강을 타고 내려갈 예정이었지만, 보마 부대에서 보낸 수색조가 우크와에 와 있다는 소식을 듣고 전령을 보내어 다음날 그곳으로 갈 생각이라고 전했다. 그런데 전령이 떠난 직후 이탈리아 군대가 수색조 공격을 위해 우크와 쪽으로 진군하고 있다는 정보가 들어왔다. 곧장 그곳으로 떠난 우리는 한밤중에 그들 반대편에 도착했다. 수색조가 알려준, 또 나중에 이탈리아측 정보원에게 사실이었음을 확인한 정보에 따르면, 최소한 200명은 되는 토착민 비정규군과 상당수의 소말리아 정규군이 이탈리아군 장교 두 명의 지휘하에 마을 바로 바깥의 아불라라는 바위 근처에 주둔해 있었다고 했다. 그 바위는 아누아크족에게 잘 알려져 있는 지형지물이었다. 나는 수색조에게 우크와를 빠져나와 수단 쪽 강기슭에서 만나자고 전했다.[7]

애초에 그는 매복해 있다가 200명 정도 되는 이탈리아군을 습격하고자 했다. 그것이 실패하자 반대편 강둑을 따라 그들이 움직이는 대로 이리저리 따라다니면서 간헐적인 사격을 가했다. 이 노릇에 지친 "이탈리아군이 전령을 보내어, 우리가 물러나지 않으면 공격하겠다고 전했다. 나는 적절한 답변을 보냈다." 그후 이탈리아군은 서른 명가량의 분대 하나만 아코보에 남겨두고 기지를 향해 출발했다. 이에 E-P와 부하 열다섯 명은 재빨리 그들을 공격했다. "정신없이 라이플총을 쏘아댔고, 이탈리아군은 기관총과 수류탄도 사용했다. 전체를 통틀어 사상자는 이탈리아 군인 한 명이었다. 그들은 이것을 중대한 교전이라고 보고했다. 그들은 순식간에 짐을 쌌다. ……그뒤 우리는 그들을 다시 보지 못했다."[8]

그의 부대원들은 제대로 먹지도 못하고 빗속에서 행군하느라 지쳐 있었고 자신 또한 고열에 시달렸으므로, E-P는 강변에 캠프를 설치했다. 작전은 잠시 중단되었고, 부하들과 자신의 지휘태도를 되새기는 이야기도 함께 중단된다.

여기서 잠시 전사로서의 아누아크족의 자질에 대해 이야기해야 할 것 같다. 그들은 용감하지만 쉽게 흥분하여 불필요하게 자신을 노출시킨다. 그들은 재빨리 쏘기를 좋아해서 제대로 조준하지도 않고 쏴버린다. 그래서 교전에서 성공하려면 그들을 적 바로 앞까지 데리고 가서 근접사격을 하게 해야 한다. 그들에게는 지휘자가 있어야 한다. 그들은 어디든 함께 갈 것이며, 상황이 나빠지더라도 당신을 혼자 내버려두고 도망치진 않겠지만, 당신 없이는 행동하지 않는다. 어떤 행동을 하기 전에는 그들과 상의해야 하며, 말로만 지시할 것이 아니라 모범을 보여야 한다는 것도 알게 되었다. 그들 각자가 매우 거칠고 고집스럽기 때문이다. 내가 제안한 행동 계획에 대해 그들이 동의하지 않더라도 먼저 몸소 실행하면 의도한 바를 이룰 수 있다는 것도 알았다. 결국은 모두 따를 테니까 말이다.[9]

이내 회복한 E-P는 이제는 스무 명 정도로 늘어난 이 작은 부대를 이끌고 아젠가 본부에 있는 이탈리아군 수백 명을 생포하고자 했다. "길라에서 그들이 쥐고 있는 우위를 무너뜨리기 위해서"였다.("기습 공격만 해도 큰 인명 손상 없이 아젠가를 점령할 수 있으리라는 확신이 들었다.") 하지만 레슬리는 공격을 허락하지 않았고, 그 대신 "실망한 그를 달래주기 위해" 아누아크인 보병 몇 명을 보냈다. 며칠 뒤 그 지역에 있던 아누아크인 몇 명이 와서, 서른 명 정도의 아젠가인들이 에티오피아인 부사관의 지휘하에 근처 마을에 들어왔다고 알려주었다.

이것은 정말 놓치기 아까운 기회였다. 나는 우리 편 아누 아크인을 보내어 내륙 쪽에서 그 마을을 공격하라고 지시 한 뒤 보병들과 함께 강변을 따라 그곳에 접근했다. 적군은 마을 방벽 덕분에 자신들을 방어할 수 있었고, 마을에 있 는 아누아크 주민들의 지원도 받고 있었다. 우리 편 아누아 크인은 적들과 사격전을 벌여 나와 보병이 들키지 않고 마 을 가까이 갈 수 있게 해주었다. 그들은 나중에 마을을 빙 돌아 우리와 합류하여 정면 공격을 시도했다. 우리는 격심 한 포화를 뚫고 지근거리까지 접근했다. 우리 편 아누아크 인 몇 명이 마을 안으로 들어가서 오두막에 불을 놓자 난리 가 났다. ……우리는 달려가서 유리한 위치를 잡았다. 적 과 맞붙은 것이 오전 7시 30분, 고작 세 시간 만에 마을을 점령할 수 있었다. 적의 피해 규모는 사망자 여덟 명, 부상 자 두 명이었다. 우리 편 사상자는 없었다. 이탈리아인들은 [대영제국] 군인 쉰 명과 아누아크인 250명에게 공격당했 다고 보고했다. ……[마을을] 점령함으로써 그 지역 영토 에서 이탈리아측이 차지하고 있던 패권에 큰 타격을 가했 다. 그때까지는 그들이 그곳의 최강자였던 것이다. 아누아 크족 내에서 우리를 지지하던 세력에게는 고무적인 일이 었다. 특히 자기들끼리 내전을 벌이던 아누아크족의 최대 목표는 우리가 그랬던 것처럼 방어자들로부터 마을을 빼 앗고 파괴하는 것이었기에 더욱 그랬다.[10]

이야기 속에 담긴 흑백사진 같은 매력은 거부하기 어려운 것 이지만, E-P가 겪은 모험담을 소개하는 것은 이쯤에서 끝내야겠 다. 내가 보여주고 싶었던 그의 어조가 어떤 것인지는 분명해졌으 리라 믿으며, 아누아크족에 대한 견해와 그들과 함께 머무른 자신 에 대한, 서로 연관성 없는 짧막한 인용문 몇 구절을 덧붙이는 것으로 이 그림을 마무리지으려 한다. 여기 있는 것이 바로 아프리카의 이미지다.

그런 다음, 그곳에 있었다는 '우디에르 우시안'이라는 영국인 ("아누아크족이 부르는 내 이름은 오디어 와 캉이었다")에 대해 아무것도 알아내지 못하고, 아누아크족에게서도 정보를 전혀 얻어내지 못했던 이탈리아인들의 무능함에 대한 이야기가 나온다.

> 아누아크인 가운데 이탈리아인에게 보수를 받거나 비정규군에 가담한 사람은 많았지만 대개 이탈리아인들을 좋아하지는 않았다. 그래서 그들은 우리 부대가 자기들 지역을 통과해도 적에게 알리지 않고 내버려두었다. 반면 우리가 가는 방향에서 사소한 움직임이라도 있을 때는 곧장 우리에게 전달해주었다. 주민들이 스스로 정찰병 내지 근위병, 첩자 노릇을 자임한 것이다. 이탈리아인들은 위협을 하기도 하고 보상을 약속하기도 했지만 엉터리 정보만 얻었다. 그들은 주민들을 올바로 대우해줌으로써 정보를 얻어내는 방법을 알지 못했다.[11]

긴급한 전투가 없는 시기에는 아누아크족을 훈련시키기가 어려웠는데("이들은 행군하며 싸울 준비는 되어 있지만, 그저 행군만 할 준비는 안 되어 있다") 이 점에 대해서는 이렇게 말했다.

> 가는 도중 아누아크인과 함께하며 가장 힘든 일을 겪었다. 그들은 아무 목적도 없이 시골 곳곳을 계속해서 행군하는데 완전히 신물이 났다고 말했다. 전투를 할 것이라는 보장이 없다면 길라에 가지 않겠다는 거였다. 보안 때문에 그들에게는 [그곳에서 공습을 할 계획이라는 것을] 말해줄 수 없었다. 마침내 나는, 어쨌든 나는 그곳에 갈 것이니,

나를 따라오거나…… 마음대로 하라고 말했다. 그들은 결국 따라왔다.[12]

제대로 지휘를 받은 상태에서 전투에 임했을 때 아누아크족이 보이는 용기에 대해서는 이렇게 말했다.

무슨 이유에서인지…… 이 분대를 맡고 있던 이탈리아 장교는 사소한 접전을 벌인 뒤 후퇴하여 방위군(남부 에티오피아에서 온 갈라인)을 내버려둔 채 떠났다. 우리는 비정규군 열일곱 명을 사살했고…… 달아나는 상당수에게 부상을 입혔다. 불행하게도 참호 속에 있던 갈라 여성 다섯 명과 아이 한 명도 죽었다. 참호를 공격했을 때…… 우리 편 아누아크인 두 사람이 부상을 입었다. 아누아크족은 매우 용감하게 싸웠다. 그들은 대부분의 시간 동안 지독히도 성가시게 굴지만, 전투가 있을 때는 우리 편이어서 다행인 사람들이었다.[13]

토착민을 이해하는 영국인 장교(이탈리아인 장교가 토착민을 이해하든 말든 그건 상관없다)가 그렇지 못한 사람보다 우월하다고 말하는 부분은 다음과 같다.

레슬리와 나는 어떤 방법이 거점을 공격하는 최선의 방법인지를 두고 생각이 달랐다. 내가 지지한 아누아크족의 관점에서는, 성공 확률이 낮은 모험이기는 하지만 밤을 틈타 적들에게 접근한 뒤 새벽에 공격한다면, 그래서 공격 시간을 늘린다면 성공할 수 있다고 보았다. 레슬리는 교과서적인 전술에 가깝게 행동하기를 원했기에 날이 밝은 뒤에 공격하고 싶어했다. 그가 지휘관이었으니 우리는 그의 방식에 따를 수밖에 없었다.[14]

이 공격은 물론 실패했고, "강하게 항의했던" 아누아크족은 철수하라는 명령을 받았다. "영국인 장교가 없었던 중앙부는…… 달아났고" 영국군은 포위되었다. "아누아크족이 없었다면 아마 패했을 것이다. 하지만 우리는 그들이 이끄는 대로 강에서 물러나 키 큰 풀숲을 지나 달아났고 부상자를 데리고 탈출했다."[15] 레슬리는 살해되었다. 그 사실은 잠시 뒤 중재 협상을 하던 중에 전해졌다. 그럼에도 이탈리아군은 마침내 아코보 및 길라 지역에서 물러났고, 낫지 않는 상처에 시달려 체중이 20킬로그램이나 줄어든 지친 E-P는 자신의 뜻과 상관없이 후송되었다. 에티오피아를 지나 길라로 가는 길은 영국의 패권을 과시하는 여정이었다. "나는 영국 국기를 내보이라는 지시를 받았으므로, 그 지시를 문자 그대로 실행하기로 했다. 내 분대는 깃대 끝에 커다란 유니언잭을 매달고 행군했고, 숙영하는 마을마다 깃대를 세워두었다."[16]

늘 그렇듯이 주민들은 가는 곳마다 그를 반겼다. 다만 이탈리아군 본부가 있던 마을은 예외였다. 그곳에서는 주민들이 숲으로 달아났다. "습지를 지나 돌아오는 길은 정말 힘들었지만, 전체 여정은 재미있었다."[17] 그는 '소년 독본'*식의 근사한 태도로 이야기를 마무리한다.

●

위의 글에서 에번스프리처드가 자신이 어떤 인상을 주는지를 명확하게 파악하지 못했을 것이라는 추측은 그와 그의 이야기를 곧이곧대로 받아들이는 것만큼이나 현명하지 못한 일일 것이다. 그는 대수롭지 않은 이야기인 것처럼 보이려고 애쓰지만, 그러기에는 이미 떠들썩하게 선전되어버렸다. 흥미로운 것은 주제나 의도를 막론하고 E-P의 전작全作에 공통되는 서사효과가 달성되는 방식이며, 그

*Boy's Own Book. 19세기에 인기 있던 영국 어린이들의 놀이에 관한 책들을 통칭하여 빗댄 것이다.

것이 추구되는(저자 입장에서의) 이유다. 그는 확실한 지각의 달성 가능성을 예사로운 듯 자신하지만 그런 확실성은 수사학적으로는 달성하기 어려운 것이다. 적어도 레비스트로스의 공고리즘*에 통달하기 어려운 것만큼 어렵고 혹은 그보다 더 어렵다. 그 지각의 확실성에 가장 진지하게 도전하는 소재를 다룰 때는 특히 그렇다. E-P는 인류학자로서의 생애 내내 그런 소재를 다루었고 자신이 무엇을 다루고 있는지도 알고 있었다. 영국 시에 나오는 울타리 친 정원에 대해서라면 (산문에 대한 간접적인 접근법을 지지하는 또 한 명의 신봉자인 헬렌 가드너에 대해 데니스 도너휴가 존경심을 담아 쓴 것처럼) '당연히 그렇지'라는 확신을 담은 암시로 끝맺을 수 있겠지만,[18] 주술이나 무정부 상태, 둔해빠진 스코틀랜드인과 광대 같은 이탈리아인에 대해서, 종잡을 수 없는 흑인들과 함께 백나일 강 연안의 자잘한 속국들을 휘젓고 돌아다니는 일에 대해서는 결코 그런 문장을 쓸 수 없다.

더욱이 실제로 매우 정교한 이 텍스트 구축 전략의 장치를 도출해내기란 무척 어렵다. 그 장치는 식자들의 대화에서 익히 볼 수 있는, '우리끼리 하는 말인데' 따위의 말투에 너무나 잘 녹아들어가 있는 종류의 것이기 때문이다. 하지만 가장 근본적인 층위에서 보면 이 전략은 명백히 매우 엄격하게 규정되고 매우 신중하게 관찰된, 저자와 독자 사이에 존재하는 서사계약†에 의존하고 있다. 저자와 독자를 연결하는 전제, 사회적이며 문화적이고 동시에 문학적이기도 한 이 전제는 워낙 강력하고 널리 퍼져 있으며 견고히 제도화되어 있기 때문에 아주 작은 신호로도 매우 강력한 메시지를 전달할 수 있다. 도너휴가 헬렌 가드너에 관해, 또 좀더 일반적으로

*Gongorism. 17세기 스페인 황금시대의 시인 루이스 데 공고라 이 아르고테 Luis de Góngora y Argote(1561~1627)의 작풍에서 비롯된 말로, 어순을 자의적으로 배치하고 상징주의적 기법을 활용한, 난해하고 화려한 문체를 뜻한다.

†narrative contract. 텍스트를 마치 실제 세계에 관한 것인 양 해석하게 하는 관계를 뜻한다.

자신이 '포함砲艦 언어학'*이라 일컫는 것에 대해 말하는 것을 계속 읽어보자.

> 독자에게 필요한 것은 요점에 대한 설명이 아니다. 그들은 고개만 끄덕해도 알아차릴 것이다. 독자 자신이 이런 관심사에 어울리는 사람이라는 단서를 슬쩍 보이는 것으로 충분하다. 그 단서가 담긴 문장이 바로 독자의 태도를 바꾸는 변곡점이다. 필자가 옥스퍼드 대학 출신의 신사라면 도움이 된다. 저명한 학술 업적과 독자가 지금 손에 쥐고 있는 책 같은 관련 저작의 출판뿐 아니라, 출신, 계급, 천성, 성격이 그런 인상을 불러일으킨다면 더 좋다. 그러면 당신은 그들과 공유하고 있는 가치, 훌륭한 취향, 섬세한 감식력에 호소할 수 있으며, 그 덕분에 우호적이고 특권적인 분위기 속에서 소통할 수 있다.[19]

나는 이 '저자들', 즉 E-P를 포함한 모든 저자의 가면을 벗기거나 탈신화화하거나 해체하거나 일축해버리려는 것처럼 보이고 싶지는 않은 것과 같은 맥락에서 바로 지금 미리 한마디해두어야겠다. 도너휴와 나의 사회적 입장이 어떻게 다르든 간에 나는 그를 깊이 존경하고 있지만, 이 담론 양식에 대해 그가 기꺼이 인정한 아일랜드인스러운 적대감을 나는 갖고 있지 않다.(물론 그가 선제공격을 하듯 '우리'라는 것을 뜻밖의 위치로 고양시킨 헬렌 부인을 언급한 의도는 이해하지만.) 실제로 내게 그 담론 양식은 엄청난 위력을 지닌, 지금까지 구축된 것 가운데 가장 강력한 '언어의 극장'으로 보인다. 소위 사회인류학의 영국 '학파'라는 외양을 띤, 합의된 이론이나 정착된 방법보다는 산문으로 상황을 처리하는 방식을 공유하는 그들은 확실히 가장 저명한 학파가 되었다.(E-P, A. R. 래드클

---

*gunboat linguistics. 폐쇄적인 상대방을 강제로 개방시키려 하는, 힘에 의거한 압박 관계를 뜻한다.

리프브라운, 마이어 포티스, 맥스 글럭먼, 에드먼드 리치, 레이먼드 퍼스, 오드리 리처즈, S. F. 네이들, 고드프리 린하트, 메리 더글러스, 엠리스 피터스, 루시 메어, 로드니 니덤 등은 경쟁심 외에도 어조 면에서 공통점을 갖고 있다. 물론 그들 중에도 더 뛰어난 대가가 있기 마련이지만.) 최근에는 대다수 미국인들까지도 어느 정도 「아코보 작전」과 비슷한 어조로 말하고 있다.

어쨌든, '당연히 그렇지'라는 식의 담론에 붙어 있는 종 표지 species markings가 연구한 티를 내지 않으려고 고심하는 분위기(바로 그것이 주요 표지 중 하나이다. 모든 것, 가령 갈라 여성들과 아이들을 서술하는 어조는 지나칠 정도로 편안하다)를 제아무리 위장하고 있다 한들, 일단 그런 표지가 실제로 그곳에 붙어 있다는 것을 알고 나면 찾아내기는 그다지 어렵지 않다. 문장 구두점의 극단적인 단순성과 규칙성(가령 쉼표는 최대한 적게 쓰고, 기계적인 배치를 따르며, 세미콜론은 거의 쓰지 않는다. 그러니 독자들은 어디서 끊어 읽어야 할지 당연히 알고 있어야 할 것이다) 같은 몇 가지가 문자화된 텍스트에서 유일하게 볼 수 있는 것들이다. 다른 것들, 가령 삽입구 같은 것도 거의 공포증에 가까운 기색을 보이며 기피하는데, 아마 분위기만으로도 그런 사실을 감지할 수 있을 것이다.(글을 쓸 때는 하이픈이나 괄호 같은 것이 간간이 들어가지만 그것도 흔하지는 않다. 콜론 역시 인용문을 소개할 때를 제외하고는 별로 없다.) 수식이나 장식 없이 주어-술어-목적어로만 이루어진 단순한 문장을 쓰겠다는 열정은 강렬하다.(프랑스의 정치인 클레망소가 비서에게 "당신이 쓸 것은 명사와 동사뿐이오. 형용사는 필요할 때 내가 직접 챙기겠소"라고 지시한 이야기는 유명하다.) E-P는 최소한 프랑스어와 이탈리아어 정도는 유창하게 구사하지만, 그의 민족지 저술에는 토착민의 방언을 제외하면 외국어가 거의 나오지 않는다. 그는 매우 폭넓은 교육을 받았음에도 문학적 암시를 거의 구사하지 않는다. 그는 자기표현 영역의 전문가 중 최고의 전문가지만,

인류학 용어나 다른 분야의 전문용어를 좀처럼 사용하지 않기 때문에 오히려 더 뽐내는 것처럼 보일 지경이다. 빈도수를 막론하고 언어 행위라고는 무난한 평서문밖에 없다. 미심쩍은 의문사, 연계된 조건문, 명상적인 돈호법 같은 것은 전혀 등장하지 않는다.

문장 구성의 더 높은 층위로 가면, 그러한 장치는 계속 나타나거나 더 두드러진다. 이미 언급한 적이 있는 어조의 동질성이 그렇다. 다시 말해 지근거리에서 총격전을 벌이는 장면이든 키 큰 풀숲을 터벅터벅 걷는 장면이든 모든 사건은 고조되는 법이 없는 그의 언어, 영국인 식자층의 저 유명한 '중간태'*로 기술된다. 심지어 다른 관점의 표상이 주제로 떠오를 때에도(복화술을 쓰는 것도 아닌데) 항상 명료하고 고정된 저자의 시점을 유지한다. "내전을 벌였던 아누아크족의 최대 목표는 방어자들로부터 마을을 빼앗고 파괴하는 것이었다." 또는 "개별적으로든 집단적으로든 하늘, 달, 비 등 그 자체가 신이라고 말하는 것은 누에르족의 사고방식과 매우 상반된다고 이미 말했거니와, 그들은 이를 터무니없다고까지 여길 것이다."[20] 언어를 놓고 씨름한 표시는 완벽하게 감춰진다. 말하는 것마다 모두 명료하고 자신감 있으며 호들갑 떨지 않는다. 어쨌든 언어적으로는 채워야 할 빈 곳도, 연결해야 할 점도 없다. 보이는 것 그대로 이해하면 되고, 심층적인 독해는 권장되지 않는다. 유독 가벼운 아이러니가 끊임없이 이어짐으로써 개인적인 거리 두기가 포괄적으로 나타난다. 정말로 중요한 것은 아무것도 없다. 이 모든 싸움과 죽음을 유발한 영국 국기 유니언잭조차도 심각하게만 대해야 하는 대상인 것은 아니다. 더 정확하게 말하면, 그것들에 대해 완전히 심각해지지 말아야 하는 까닭은 바로 그것 모두가 너무나 중요하기 때문이다. 낯섦도 방해물이나 위협이라기보다는 더 흥미롭고

---

* middle voice. 형식은 능동태지만 의미는 수동태인 문장구조를 가리키며, 영어에서는 다음과 같은 방식으로 사용된다. "This book sells quickly(이 책은 빨리 팔린다)", "This desk cleans easily(이 책상은 쉽게 닦인다)."

재미있는 요소로 느껴진다. 그것은 우리의 범주를 굴절시키지만 깨뜨리지는 않는다.

●

그러므로 내가 보기에 E-P의 텍스트 구축 전략(이것을 '아코보 리얼리즘'이라 불러야 할까?)과 쉼 없이 그 전략을 촉진하는 섬세한 전술이 뜻하는 바는 오로지 다음과 같다. 즉 모든 이미지, 모든 우아함, 모든 끄덕임을 활용하는 가장 큰 목적은 제아무리 특이한 것도 이성적인 서술을 거부하지는 않음을 입증하는 것이다.

"사회인류학과 현지조사 및 실증주의 전통은 느슨한 점층법을 이용해 원시적 종족들에 대한 잘못된 견해를 정통한 견해로 치환하는 작업을 내력으로 삼아왔다고 할 수 있다. 또 이러한 역사 속에서 각각의 발전 단계는 대략 유용한 체계적 지식이 얼마나 되는지에 따라 결정된다."[21] E-P는 BBC에서 진행한 강연 〈현지조사와 경험주의 전통〉에서 이렇게 말문을 연다. 아마 이 강의록은 그의 직업관이 가장 명시적으로 밝혀져 있는 글일 것이다. 원시종족 문제에 대해 정통한 견해를 제공하는 것은, 다른 이들이 호메로스나 이탈리아 회화와 영국 내전에 대한 제대로 된 정보를 제공하는 것과 마찬가지로 인류학에 부과된 과제이다. 다만 그것이 대단히 어려운, 실제로 수행하기에 너무 어려운 일일 뿐이다.

언어의 장벽을 넘어야 한다. "수많은 원시종족의 언어는 믿을 수 없을 만큼 어렵다."[22] 고생스러운 작업 여건도 감내해야 한다. "항상 혼자이며 같은 민족과 문화 집단으로부터 고립되어 있는 인류학자는, 주변의 토착민들과 동료가 되어 우정과 인간적 이해를 나누어야 한다."[23] 개인적 편견에서 완전히 벗어날 수도 없다. "우리는 오직 자신의 경험과 자신의 존재를 기준으로 할 때만 우리가 보는 것을 해석할 수 있다."[24] 하지만 장벽은 극복할 수 있다. "토착민들이 하는 말의 의미를 그것이 놓인 모든 참조 상황 속에서 전부

이해할 수 있게 될 때 우리는 그 사회에 대한 연구를 완료한 것이다."²⁵ 여건은 초월할 수 있다. "인류학적 현지조사를 하려면……특정한 종류의 성격과 기질을 지녀야 한다. ……성공적으로 작업을 완수할 수 있으려면 몸을 사리지 않고 토착민들의 삶을 살아낼 수 있어야 한다."²⁶ 편견은 중화될 수 있다. "각 필자의 성격을 참작한다면, 또 인류학의 모든 연구에서 이러한 개인차가 서로를 교정해주곤 한다는 점을 고려한다면, 인류학적 발견 내용의 신뢰성이 의문시되는 경우가 아닌 한 지나치게 걱정할 필요는 없다고 생각한다."²⁷ 정말 우리는 여러 가지 것들을 지나치게 걱정할 필요가 없다. 오직 대담하게 계속해나가면 된다. "자신이 찾고 있는 것이 무엇인지, 그것을 어떻게 찾아야 할지 아는 사람이, 문화적으로 동질적인 소규모 종족 사이에서 오직 그들의 생활방식을 연구하며 2년을 보낸다면, 사실 면에서 착오를 범하기란 거의 불가능하다."²⁸

민족지 기록에 대한 이런 태도는 줄줄이 이어지는 깔끔하고 명석한 판단의 연쇄로, 무조건적 발언으로 이어진다. 이것은 무척이나 명료하게 소개되어 있기에 웬만큼 둔하지 않고서는 누구나 이해할 수 있다. 이러한 선제공격적인 자기주장은 E-P의 저작 어디에서나 볼 수 있다. "베두인족은 확실히 독실한 신앙심을 갖고 있고 신이 자신들에게 안배해둔 운명을 믿는다."(『키레나이카의 사누시 교도』) "엄밀한 의미에서 누에르족에게는 법이 없다."(『누에르족』) "아잔데족은 분명히 우리가 자연의 작업이라고 간주하는 것과 마법과 유령과 신탁의 차이를 알고 있다."(『아잔데족의 주술, 신탁, 마법』) "확실히 누에르족에게는 딱히 종교 감정이라 할 만한 것이 있다고 말할 수 없다."(『누에르족의 종교』) "아주 드물게 예외가 있긴 하지만 나는 누에르족 여성들이 자기들의 상황에 충분히 만족하고 있으며 남편과 다른 남성에게 존중 어린 대접을 받는다는 것을 알게 되었다."(『누에르족의 친족과 결혼』)²⁹

이러한 주장이 진실이 아니라는 것(나로서는 베두인 남성과 베두인 여성에 대한 주장들이 의심스럽기는 하지만), 또는 에번스프리처드가 그런 주장을 뒷받침해줄 신중하게 검증된 광범위하고 상세한 증거를 제시하지 못했다는 것이 우리의 의문은 아니다. 그런 주장들은 슬쩍 흘린 부언obiter dicta이 아닌데도, 맥락에서 떼어놓고 보면 그렇게 보인다. 우리의 의문은 끊임없이 쏟아지는 발표문 같은 선언들이(정말 그런 문장이 반 페이지당 대여섯 개씩 나온다) 리비아인이나 닐로트인에 대해 그럴듯한 설명을 만들어내는 방법이며(세세한 것을 차치한다면 설명한다는 것만은 분명하다), 아니면 그만큼 확신하는 투는 아니지만 오스트레일리아인이나 폴리네시아인, 버마인, 동아프리카인에 대해 그럴듯한 설명을 만들어내는 방법이다. 이 모든 것은 어떻게 (왜? 어떤 방식으로? 무엇에 대한?) 단호하고 유용한 지식을 전달하는가?

먼저 E-P의 스타일로, 기복 없고 그늘진 데 없는 두 가지 단언으로 이 복잡한 물음에 대답해보자. 하나는 그가 그 작업을 수행하는 방식에 대한 것이고, 다른 하나는 그가 하는 일이 무엇인지에 대해서다. 그런 다음 약간은 내 스타일로, 그의 작업에 대한 편향적 참조tendential reference라는 관점에서 그런 단언에 굴곡을 만들고 그늘을 드리울 것이다. 그는 어떻게 작업하는가. E-P가 민족지 기록에 접근하는 그의 뛰어난 면모와 설득력의 주요 연원은 문화현상을 눈으로 볼 수 있는 표상, 인류학적 슬라이드로 구축하는 그의 굉장한 능력에 있다. 그는 무엇을 하는가. 마법의 등잔인 민족지학의 주된 효과, 그 주된 의도는 인류학적 슬라이드가 묘사하는 것이 얼마나 괴상하든 간에, 우리 자신이 본능적으로 의존하는 사회적 지각의 확립된 틀로 그것에 충분히 적응할 수 있음을 입증하는 데 있다.

●

내가 아는 한, 명백하게 언급된 적이 없고 분석된 적은 더욱 확실하게 없지만, E-P의 글을 많이 읽어본 사람이라면 누구나 그의 스타일이 지닌 강렬한 시각적 특징을 단번에 알아볼 수 있을 것이다. 그 특징은 특정한 이미지 몇 개만 암시하더라도 그의 책 전부를 충분히 떠올릴 수 있을 정도로 강렬하다.

가장 유명한 『아잔데족의 주술, 신탁, 마법』에는 곡물창고가 무너지는 장면이 나온다. 불운한 아잔데족이 햇빛을 피해 창고로 숨어들었을 때 마침 흰개미떼가 창고를 떠받치는 지지대를 갉아먹어 무너뜨렸다. 이 장면에서 E-P가 고안한 '원인들의 충돌─불행한 결과'라는 주술 이론 전체가 우리 마음속에 확고히 자리잡게 된다.[30] 『누에르족의 종교』에는 황소와 오이, 쌍둥이와 새라는 표의문자ideogram가 있다. 이것은 희생제의나 토테미즘, '원시적 사고'를 다루는 필자라면 거의 누구나 떠올리게 되는 것이다. 『누에르족』에는 끝없이 이어지는 가축에 대한 찬미, 둔덕이나 모래 등성이를 따라 자리잡은 농장과 범람하는 초원, '키가 크고 팔다리가 길고 머리는 작은' 창 던지는 자들, 스스로 대지의 군주로 여기며 활보하는 자들이 있다. 그들은 자신들이 사는 사회를 민족지학 전체에서 가장 볼만한 사회로 만든다.[31] 표범가죽옷을 입은 족장, 탁본용 판자,* 춤 시합, 벌집 같은 외양간, 속사 사격, 불붙은 오두막, 펄럭이는 아누아크족의 깃발, 이 모든 것이 휙휙 지나가며 그의 논지를 견고히 다져낸다.

다시 말하지만, E-P 본인도 이 모든 것을 아주 잘 의식하고 있다. 그가 자연스럽게 구사하는 용어들이 말하자면 시각적인 것이고, 자신의 '그곳에 있기'가 열렬하게 시각적인 서명임을 우리만큼(어쩌면 우리가 보통 표하는 관심보다 더 잘) 알고 있었다.

> 내가 누에르족 땅에서 목격한 희생제의를 생각할 때, 가장 생생하게 떠오르면서 그 전체를 요약해주는 것이 두 가지 있다. 사제가 주문을 읊으며 제물을 지나 걸어갈 때 오

*rubbing boards. 신탁에 쓰는 골진 판자를 가리킨다.

른손으로 휘두르는 창, 그리고 죽음을 기다리는 짐승이 그
것이다. 가장 생생한 인상을 환기하는 것은 사제의 모습이
나 그가 하는 말이 아니라 그의 오른손에서 휘둘러지는 창
이다.[32]

19세기에 살았던 어떤 왕에 대한 기억을 토대로 한 서술인 「아잔데
족의 왕공들」에서처럼 직접 경험과 관련되지 않았을 때도 언어는
여전히 강렬하게 시각적이다.

> 구부드웨는 키가 작았지만 지나치게 작지는 않았다. ……
> [그는] 땅딸막했지만 불편할 정도로 땅딸막하지는 않았
> 다. 그는 살집이 물렁물렁한 남자들만큼만 땅딸막했다. 그
> 의 가슴은 여자 가슴처럼 불룩했지만 완전히 여자 가슴 같
> 지는 않았다. 아무래도 남자의 가슴이었으니까. 팔목은 지
> 방질이 많아 주름이 져 있었고, 팔뚝은 남자의 정강이만 했
> 다. 약간 튀어나온 눈은 별처럼 반짝였다. 화가 나서 다른
> 남자를 쳐다볼 때는 눈빛이 무서워졌다. 그럴 때 눈은 잿빛
> 으로 변했다.[33]

그의 저술을 들여다본 사람이라면 다들 금방 알겠지만, (좀 완
곡하게 표현하면) 보는 사람 시점에서의 화법을 즐겨 쓰는 이런 성
향은 그의 언어 텍스트에만 국한되지 않는다. 우선, 놀라운 사진들
이 있다. 처음에는 '씨족 표시에 주목하라note-the-clan-marks'식의 표
준적인 민족지 스냅사진(성년식, 원시적 어로 장면 등)으로 보일
수도 있겠지만, 그런 사진은, 극소수 예외는 있지만 설명적이기보
다는 상징적인 의미가 더 크다. 솔직히, 과시하는 듯한 자세를 취해
거의 정물처럼 보일 지경인 대상들은 곰곰이 바라보기 좋도록 배열
되어 있다.(키가 크고 옷을 입지 않은 목동이 무심한 듯 밧줄의 탄

성에 의지한 채 다리를 꼬고 있는 모습, 마찬가지로 무심한 태도로 옷을 입지 않은 소녀가 정교하게 만든 파이프를 빨면서 서 있는 모습, 한 맹인이 손깍지를 끼고 자리에 앉아서 팔꿈치와 목 사이로 창을 받쳐 들고 있는 모습) 이러한 장면이 불가능할 때는 세심하게 설정된(결혼식 날 춤을 추는 자리에서 긴장한 전사가 창을 휘두르는 모습, 억수같이 내리는 빗속에서 무리지어 있는 대규모의 가축, 거대하게 휘어진 뿔 모양으로 팔을 쳐든 한 소년이 자기 황소에 대한 찬가를 부르는 모습) 사진들이 등장하기도 한다. 이들은 별다른 언급이나 설명도 없이('젊음', '8월의 소나기', '파이프를 피우는 처녀' 정도가 붙어 있다) 생생한 묘사들 사이에 불규칙하게 자리잡고 있으며, 대부분 각자의 입장을 대변하면서 홀로 있다.

　선화線畫도 있다. E-P는 사진이 발명되었다고 해서 스케치가 폐기처분되지 않았을 뿐만 아니라, 영화가 나온 뒤 사진이 그랬듯이 그 비교 우위가 돋보이기도 한다는 점을 깨달은 극소수의 민족지학자 가운데 한 사람(혹은 유일한 사람)이다. 그의 책은 (또다시) 독립적이고 세밀하지 않은 스케치(〈부항 뜨기〉, 〈목 받침대〉, 〈결혼 주문에 사용된 도구〉)를 보여주는데, 그것들은 시각적인 각주처럼 텍스트의 주변을 둘러싸고 있다.(그의 책에는 문자로 단 각주가 거의 없으며, 전공 문헌의 인용도 사실상 없다는 점에서 악명이 높다. '관련 문헌'이란 우리가 이미 알고 있는 것으로 전제되는 또 한 가지다.)

　마지막으로 도표화가 있다. (특히 인류학적 기하학 서적이라 할 『누에르족』에서) 일련의 초보적인 기하 프로그램으로서 배치된 사회구조의 표상을 들 수 있다. 정사각형, 직사각형, 삼각형, 계통도, 원, 아치형, 선, 행렬, 그리고 당연히 좀더 표준적인 친족도, 그래프, 간단한 지도는 그의 손에서 기하학적인 모습을 갖추게 된다. 사회적인 것들(마을, 부족, 계절, 가축 돌보기, 전쟁, 나쁜 마법과 좋은 마법)의 낡아버린 가장자리는 책 속으로 끌려들어와 반듯한 직선

과 각이 진 모양으로 확고하게 경계지워지고 철두철미하게 정의된
다. 아이반 카프와 켄트 메이너드가 지적했듯이, 『누에르족』의 주
장(특히 사회란 관계 체계의 그물 치기라는 주장)을 뒷받침하는 중
요한 작용은 등변삼각형 모형의 반복으로, 첫번째 변은 시공간 체
계의 표상, 두번째 변은 혈통 체계, 세번째 변은 정치 체계의 표상으
로 이루어져 있다.[34] 부족의 조직, 부족 간의 관계, 반목 관계(원수
지간)를 나타내는 데 사용한 세분화된 직사각형 표에 대해서도 유
사한 지적을 할 수 있을 것이다.

삽화, 사진, 스케치, 도표, 이런 것들은 E-P의 민족지를 조직하
는 힘이다. 그것은 결정적으로 영상화된 관념에 의해 움직이며, 신
화(혹은 일기)보다는 풍경화와 비슷한 일관성을 지니고 있다. 또
그것은 무엇보다도 수수께끼 같은 일을 명백하게 풀어내는 데 헌
신한다. 그의 세계는 정오의 세계로, 햇빛 속에서 형체의 윤곽이 선
명하게 그려진다. 형체 대부분은 더없이 고유한 존재이며, 지각 가
능한 배경 위에서 묘사 가능한 방식으로 움직인다. 나와는 상당히
다른 입장을 취하는 어떤 책에서 메리 더글러스(그는 E-P를 일종
의 홈메이드 사회심리학자라고 본다)는 E-P를 "인류학계의 스탕
달"이라고 주장한다. "욕망들 사이의 미묘한 긴장과 균형"을 다루
는 그의 "예리한" 감각 때문에 그렇게 평가하는 것은 아니다.(나는
그가 그런 감각을 갖고 있다고 보지 않는다.)[35] 그보다는 산세베리
나 공작부인*과 마찬가지로 그가 연구한 아누아크족, 아잔데족, 누
에르족, 딩카족, 실루크족, 베두인족 등이 (텍스트 속에서는 그 자
신도) 살아남았기 때문이다.

●

내 주장의 다른 쪽 관점을 포기한다면, 이 맹렬한 명료함—명쾌하
고 휘황찬란하고 경이적이고…… 눈부신 명료함—은 E-P의 민족

*스탕달의 장편소설 『파르마의 수도원』의 여주인공.

지에 더해진 부가물이거나 사실들을 좀 덜 지루하게 만들기 위한 약간의 수사학적 장식 내지 스타일 면에서 부리는 변덕이 아니라, 바로 그것의 핵심이다. 『슬픈 열대』와 마찬가지로 여기에서도 말하는 방식이 곧 말하는 내용이다. 하지만 여기에서 말하는 내용은 『슬픈 열대』 반대편에 있는 것으로, '부족적', '원시적', '야만적' 등 적도의 그림자가 드리워지고 정글의 어둠이 있는 세계의 것이 아니라, 성배 추적의 종착점에 놓여 있는, 거울 같은 유리 뒤쪽 손닿지 않는 곳에 있는 불투명한 다른 것이다. 그것은 분명하고 즉각적이며 명백한 생명력을 갖고 있다. 알아볼 수 있고, 기묘하게도 무엇인가를 상기시키며, 계속 바라보고 있노라면 낯익은 느낌까지 준다.

어니스트 겔너가 말했듯이, E-P의 작업을 지배하는 관심사, 그가 계속해서 되돌아가는 수수께끼들(과학이 없는 곳에서 지적인 질서가 어떻게 유지되는가, 국가가 없는 곳에서 정치질서는 어떻게 유지되는가, 겔너 자신은 말하지 않지만, 교회가 없는 곳에서 어떻게 영적인 질서가 유지되는가)은 단일한 관심의 여러 측면이다. 우리가 갖춘 제도의 도움 없이, 우리가 진정한 인간생활의 기초라고 여겨온 것이 어떻게 존재할 수 있는가, 하는 것이다.[36] E-P의 모든 고전적인 연구는 우리 문화에 있는 어떤 것이 다른 문화에는 없음을 발견하는 데서 시작된다. 아잔데족에게는 자연적 인과와 도덕적 인과에 대한 우리식의 구분법이 없으며, 누에르족에게는 국가가 강제하는 법률과 폭력에 대한 관리 체계가 없다. 『누에르족의 종교』에서 그는 우리의 "교조, 경배 의식, ······성전, ······숭배, 신화"가 그들에게는 없다고 말했다.[37] 그런 발견은 모두 무엇인가 다른 것(주술, 분파적 조직, 신성성의 양태론적 이미지)이 그것들을 대신하여 충분히 잘 작동하고 있다는 것을 발견하면서 끝난다.

결국 이것이 바로 E-P의 텍스트 구축 전략인 '아코보 리얼리즘'이 달성하는 것, 어쨌든 달성하려고 노력하는 것이다. 그것은 외견상 괴상하게 보이는 (비합리적·무정부주의적·이교도적) 관념,

감정, 관행, 가치 등에 대해 낯설지 않게 하기를 추구한다. 그것들의 기상천외한 문화 표상을 공식적인 보편 질서 속에서 찾음으로써가 아니라 '당연히 그렇지'라는 심상한 말투로, 우리가 어떤 사람에 대해 물을 때 그의 가치관이 무엇인지, 실제 행동은 어떤지, 기분은 어떤지 등에 대해 이야기할 때 쓰는 어조로 말함으로써 그렇게 한다. 누군가를 '배제할 때' 큰 힘을 발휘하는 그것은 말투와 추정과 그것이 내놓는 판단 면에서 누군가를 포함할 때도 똑같이 강력하게 작동하며, 두 가지를 동시에 할 때도 마찬가지다. 닐로트족을 연구하면서 그가 손수 택한 전략이 바로 이것이다. 이들을 다른 존재가 아니라 다르게 사는 존재로(잘 알게 되면 지극히 타당한, 단 그들 고유의 일처리 방식을 지닌 존재로) 묘사한다면, 그들과 우리가 달라 보이는 지점은 별로 중요하지 않은 문제에서뿐이다. 그들은 "대부분의 시간 동안 지독히도 성가시게 굴지만, 전투가 있을 때는 우리 편이어서 다행인 사람들이었다."

민족지에 대한 다소 변증법적인 이 접근법에서 놀라운 점은 민족지학자가 대상의 삶의 형태를 정당화하는 것과 동시에 자기 삶의 형태가 정당함을 입증한다는 점이다. 한 가지를 함으로써 나머지 하나도 해내는 것이다. 지적 추론의 틀과 훌륭한 가치를 규정하는 데에, 독을 쓰는 점술, 유령 결혼, 피의 분쟁, 오이 봉헌 등 이상해 보이는 여러 행동에 담긴 친숙한 동기를 찾아내는 데에 영국 대학 공동체가 만든 문화적 범주가 적절하게 쓰이는 것을 보면 그런 범주는 그저 한 지역에만 국한되는 것은 아닌 듯하다. E-P가 어떤 개인적 이유에서 아프리카를 논리적이고 분별 있는 장소(질서 정연하고 솔직하고 온건하며 확고하게 설계되어 있고 개방적 시각을 지닌 장소)로 그리려고 유난을 부리는지는 모르겠지만, 그는 그 과정에서 특정한 삶의 개념에 일반적 권위를 부여하는 강력한 논법을 구축해냈다. 그것이 아프리카의 어둠을 걷을 수 있다면 그 어떤 것의 어둠도 걷을 수 있을 것이다.

하지만 아프리카인들을 속속들이 영국적인 기준으로 이해되는 세계로 데려오는 것, 그럼으로써 그런 기준의 지배권을 공고히 하는 일을 두고 오해해서는 안 된다. 그것은 민족중심주의가 아니다. 모든 견해는 누군가의 견해일 수밖에 없고 모든 목소리는 어디에선가 나온다는 사소한 의미를 제외한다면 말이다. 일부 사람들이 그에 대해 해온 이야기와는 달리 E-P는 '자신의' 아누아크족, 누에르족 등을 검은 피부의 영국인으로 만들지 않았다. 그들은 민족지 저술에 나오는 어떤 종족들 못지않게 완숙한 존재로서, 자기들의 장소에서 존재감을 드러낸다. 또 E-P는 박식한 가르침을 듣고자 공손히 기다리고 있는 준비된 청중 앞에서 '그들은 우리와 똑같다'라고 말하지도 않았다. 그가 하려는 말은, 그보다 그들과 우리의 차이가 아무리 극적으로 보일지라도 결국은 그다지 중요하지 않다는 것이었다. 아이시스 강*에서든 아코보 강에서든, 남자들과 여자들은 용감하기도 하고 비겁하기도 했고, 친절한가 하면 잔인한 사람도 있었고, 합리적인 사람도 바보 같은 사람도 있었다. 충성스러운 사람도 불성실한 사람도 있었고, 지적인 사람도 그렇지 못한 사람도 있었으며, 활력이 넘치는 사람도 지루한 사람도 있었고, 신앙이 있는 사람과 냉담한 사람이 있었다. 그리고 전자인 편이 후자인 것보다 더 낫다.

"영국에서는 가장 하찮은 남자도 남자로서 최고의 삶을 누린다"라는 유명한 말이 있었다.(이제는 여기에 여성도 추가되어야겠지만.) 그런 감정을 영국을 넘어 아프리카에까지, 그보다 더 멀리 (어렵기는 하겠지만 이탈리아까지도) 확대 적용하는 것이 E-P가 슬라이드 쇼를 보여준 목적이었다. 그 목적이 무엇이든—오만하고 낭만적인 것일 수도 있고, '영국 이데올로기가 다시 등장한다' 따위의 몹시 부적절하기만 한 것일 수도 있지만—그것은 음흉

*the Isis. 옥스퍼드 부근을 지나는 템즈 강 상류의 별칭이다.

하지도, 인색하지도, 무자비하지도 않다. 또 그 문제에 관한 한, 거짓도 아니다.

하지만 '진실이 무엇인가'보다는 '할 수 있는 일이 무엇인가'가 문제일지도 모른다. 수많은 인류학자가 보기에, 레비스트로스가 자기 폐쇄적인 논의에서 느꼈던 확신, 에번스프리처드가 아코보 리얼리즘에서 느꼈던 확신은 점점 더 무용지물이 되어간다. 그들 앞에는 반쯤은 근대화되고 반쯤은 전통적인 사회, 너무나 복잡해진 현지조사의 윤리적 조건, 상반된 서술 방법 및 분석 방법, 직접 발언할 수 있고 발언하고 있는 연구 대상이 있다. 게다가 연구자들은 자신이 말하는 삶의 다른 형태라는 것이 사실인지 어떻게 알 수 있는지를 두고, 거의 일종의 인식론적 정신분열이라 할 만큼 심각한 내적인 의심을 하면서 괴로워하고 있다. 이런 자신감의 상실, 그리고 여기에 따르는 민족지학 글쓰기의 위기는 현시대의 현상이며, 현시대의 발전 때문에 불거진 것이다. 이것이 요즘 우리의 상황이다. 에드워드 에번 에번스프리처드 경이 겪었던 상황이 아니라.

4 **목격하는 나**

말리노프스키의 후예들

……마을로 갔다. 달빛이 밝았다. 나는 그다지 피곤하지 않았다. 마을로 간 나는 카바카바에게 담배를 조금 주었다. 그런 다음 춤이나 집회가 없었기에 해변을 따라 오루보까지 걸어갔다. 굉장했다. 달빛 아래 이런 식물들을 본 것은 처음이었다. 정말 낯설고 이국적이었다. 이국적인 느낌이 친숙한 것들의 베일을 가볍게 뚫고 들어왔다. 덤불 속으로 들어갔다. 잠깐 겁이 났다. 마음을 가라앉혀야 했다. 내 마음속을 들여다보았다. "내 정신적 삶은 무엇인가?" 나 자신에게 만족할 만한 이유가 없었다. 내가 하고 있는 일은 독창적인 종류의 일이라기보다는 일종의 진통제 같은 것이었다. 나는 그것을 더 심오한 근원과 연결하려고 애쓰지 않았다. 그것을 조직하려고 애쓰지도 않았다. [일은 팽개치고] 소설을 읽었지만 그야말로 비참했다. 침대로 가서 뒤죽박죽인 머리로 다른 일들을 생각했다…….

그 어떤 것도 민족지 연구로 나를 끌어당기지 않는다. 나는 마을로 가서 새로운 문화권Kulturkreis이 주는 인상에 예술적으로 굴복했다. 전반적으로 마을은 그다지 우호적인 느낌을 주지 않았다. 확실히 무질서했고, 분위기는 산만했다. 웃고 노려보고 거짓말하는 사람들의 난폭함과 고집

95

때문에 어쩐지 용기가 사라졌다. 이 모든 것에서 길을 찾아 내야 하다니…….

정글 속에서 오두막 두어 군데를 찾아갔다. 돌아왔다. 콘래드를 읽기 시작했다. [토착민들인] 티아부부, 식스펜 스와 이야기했다. 잠시 흥이 났다. 그러다가 다시 끔찍한 우울감에 짓눌렸다. 내면의 지평선 가장자리를 죄 두르고 있는 하늘처럼 칙칙한 기분이었다. 책에서 눈을 들었다. 신 석기시대의 미개인들 틈에서 머무르고 있다는 사실이 믿 어지지가 않았다. 저곳[유럽, 지금은 1914년 12월이다]에 서는 참혹한 일이 벌어지고 있는데, 나는 여기서 평화롭게 앉아 있다는 사실도 믿을 수 없었다. 간혹 성모님께 기도드 리고 싶은 충동을 느꼈다. 수동적이라는 느낌, 어딘가에서, 뭔가 손쓸 가능성이 전혀 없는 곳에서 끔찍한 일이 일어나 고 있다는 느낌, 감당할 수 없는 기분이었다…….

바라bara 춤 사진을 몇 장 찍을 수 있을까 해서 마을로 갔다. 반 토막짜리 담배를 나눠주고 춤추는 광경을 몇 장면 본 뒤 사진을 찍었지만 결과는 정말 엉망이었다. 빛이 충분 하지 않았고 춤꾼들은 카메라의 장시간 노출에 맞추어 오 랫동안 포즈를 취해주지 않았던 것이다. 가끔 그들에게 무 척 화가 났다. 자기들 몫의 담배를 받고 나서 그냥 가버렸 기 때문에 특히 더 그랬다. 토착민에 대한 전반적인 감정 은 '저 야수들을 몰살하라' 쪽으로 기울고 있었다. 많은 경 우 나는 공정하지 못했고 바보같이 행동했다. 도마라*로 떠난 여행에서도 그랬다. 내가 보수를 두 배로 주었더라면 그들이 그 일을 했을 텐데. 결국 나는 최고의 기회를 놓쳤 던 것이 분명하다…….

마을에 가지 않았다. 편지를 몇 통 쓰고, 마키아벨리

*파푸아뉴기니 남동쪽에 있는 작은 지역.

를 읽었다. 유달리 감명깊은 발언이 많았다. 게다가 그는 여러 가지 면에서 나와 무척 비슷했다. 완전히 유럽적인 [즉 비영국적인] 사고방식에다 유럽식 문제점을 가진 영국인…….

스케치. a) 백인들. 첫번째 인물은 드 몰린스 각하. 더 티 딕이라는 별명으로 불리는, 아일랜드 개신교도 영주의 아들이다. 순수한 혈통의 귀족. 위스키 병이 바닥날 때까지 스폰지처럼 마셔댄다. 정신이 들면…… 말이 거의 없고 교양 있는 사람이 된다. 놀랄 만큼 매너가 좋고 매우 신사적이다. 교육을 별로 받지 않아 지적 교양은 전무하다시피 하다. 두번째 인물은 '아루프'라 불리는 앨프 그리너웨이. 램스게이트 내지 마게이트에서 온 노동계급 출신. 아주 예의 바르고 동정심 많은 촌뜨기다. 항상 버릇처럼 '빌어먹을'이라는 말을 달고 살며, h 발음을 하지 않는다. 토착민 여성과 결혼했는데, 고상한 사람들, 특히 여자들과 함께 있을 때면 뚱해 있다. 뉴기니를 떠날 마음이 조금도 없다.

b) 유색인. 딤딤([본명은] 오와니), 난동을 부리다가 친어머니를 살해한 현대판 오레스테스.* 침착하지 못하고 조급하다. 매우 똑똑하다. 드 몰린스와 함께하는 그의 [이곳] 생활은 문명과 거리가 멀다. 그는 수염도 깎지 않고, 항상 파자마를 입고 있으며, 벽도 없고 지독하게 더러운 집에서 살고…… 그는 이런 것을 즐긴다. [하지만 런던 선교협회] 수용소[에서 지내는 것]보다는 여기 머무르는 편이 훨씬 낫다. 일처리가 더 매끄러우니까. 자신을 시중드는 소년들이 주위에 있는 건 아주 기분 좋은 일이다.[1]

*Orestes. 그리스신화에 등장하는 미케테의 왕. 아버지 아가멤논을 살해한 어머니 클리템네스트라와 그 정부情夫를 살해했다.

위의 글은 틀림없는 인류학의 막후 걸작, 우리 분야의 이중 나선*이라고 할 브로니슬라프 말리노프스키의 『엄격한 의미에서의 일기』(이하 『일기』)를 무정형적 콜라주로 구성한 것이다. 『일기』는 1914년부터 1915년까지, 그리고 1917년부터 1918년까지 뉴기니와 트로브리안드 제도에서 집필한 것으로(폴란드어로 쓰긴 했지만 영어 단어와 구절, 심지어 단락 전체를 영어로 쓴 부분이 페이지 곳곳에 산재해 있다), 당시 말리노프스키는 모든 면에서 볼 때 이 분야에서 역사상 가장 유명해질, 그리고 가장 신화화될 것이 분명한 현지조사 시즌에 참여하고 있었다. 말하자면 그 연구는 다른 어딘가에 있는 패러다임을 향해가는 패러다임 여행이었다. 이 기록은 1942년 말리노프스키의 급작스러운 사망 이후 그가 남긴 원고들 틈에서 발견되었지만, 발표 여부의 타당함을 두고 수없이 공방이 오간 끝에 1967년에야 번역 및 출판되었다. 말리노프스키의 제자이자 친구이며 추종자인 레이먼드 퍼스는 지독하게 어색한 분위기를 풍기는 이 책의 서문에서 (마치 자신이 무슨 일이라도 좋으니 다른 곳에서 다른 일을 하고 있기를 필사적으로 바라는 것 같은 말투로) 이렇게 말한다. "어떤 단락은 요즘 독자들을 오히려 화나게 하거나 그들에게 충격을 줄 것이다. 일부 독자들은…… 잔혹한 면모와 그 기록이 간헐적으로 보여주는 비하의 어조가 폭로되는 지점을…… 인상적으로 여길지도 모른다. 이 문제에 대해 생각해본 결과, 이 일기에 실린 단락들을 비웃고자 하는 사람은 자신의 생각과 글에 대해서도 먼저 똑같이 솔직하게 말한 다음 다시 판단하라고 말해주고 싶어졌다."[2]

그것이 글의 구성요소와 이따금 등장하는 구절의 문제가 아니라는 발언 이외에도, 나는 무엇보다도 먼저, 기념비적인 것에 흠집

---

*1953년 J. D. 왓슨과 F. H. 크릭이 처음 발견한 DNA 구조 모델로, 이 발견은 생명 현상의 핵심 원리를 밝혀낸 사건이자, 과학사에 새로운 이정표를 세운 업적으로 평가받고 있다.

을 내는 것이 인류학적 명성을 얻는 지름길이라고 여기는 이 시대
에는 특히 더, 내가 곰곰이 생각해 얻은 결론도 같은 쪽이라고 말해
두어야겠다. 『일기』는 읽는 사람을 혼란스럽게 만들지만, 말리노
프스키 자신에 대한 내용 때문에 그런 것은 아니다. 그중 많은 부분
이 신낭만주의적인 상투어로 쓰여 있으며, 다른 유명한 '고백록'들
이 그렇듯이 겉보기만큼 흥미로운 사실을 보여주지도 않는다.[3] 그
것이 읽는 사람을 혼란스럽게 만드는 이유는 '그곳에 있기'에 대한
내용 때문이다.

　　정확하든 그렇지 않든, 말리노프스키는 사실에 관한 그 자신의
고집 때문에, 또는 비상한 환기 능력을 갖춘 자신의 작업 덕분에, 그
자신이 사용한 반어법을 가져와서 말해보자면, '야수 만나기join-the-
brutes' 민족지라 불릴 만한 것의 수석 사도로서 우리에게 왔다. 그는
『서태평양의 항해자들』의 방법론을 다룬 저 유명한 서문에서 "민
족지학자는 카메라와 공책, 연필을 치워두고 눈앞에서 벌어지는 상
황에 직접 가담하는 편이 좋다. ……이것이 모든 사람에게 똑같이
쉬운 일인지는 잘 모르겠다.(어쩌면 슬라브인의 본성이 서유럽인
의 본성에 비해 좀더 유연하며 슬라브인들이 천성적으로 더 미개할
지도 모른다.) 하지만 성공의 정도는 저마다 다르더라도 시도 자체
는 누구나 해볼 수 있을 터이다"라고 말했다. 이국적인 것은 레비스
트로스가 한 것처럼 만남의 즉각성에서 물러나 사고의 균형을 찾음
으로써, 혹은 E-P가 한 것처럼 그들을 아프리카 항아리에 그려진
형상으로 변형시킴으로써가 아니라, 그런 즉각성 속에서 자신을 잃
고, 어쩌면 영혼까지 잃어야 포착할 수 있는 것이다. "토착민의 삶
속에 그런 식으로 뛰어듦으로써…… 나는 그들의 존재 방식을 더
투명하게 볼 수 있고 예전보다 더 쉽게 이해할 수 있다는…… 느낌
이 분명히 들었다."[4]

　　『슬픈 열대』와 「아코보 작전」처럼 『엄격한 의미에서의 일기』
(이 제목은 말리노프스키가 아니라 편집자들이 악령을 쫓아버리려

고 붙인 것이다)는 느닷없이 힘을 발휘하여, 인류학적 텍스트 구축의 독특한 전략이 지닌 특징 속으로 우리를 내던진다. 앞에 말한 두 책만큼이나 비전형적이고 기묘하며 일정에 얽매이지 않고 비관습적으로 쓰인 『일기』역시 학교에서 배운 식으로 독해해서는 잘 이해할 수 없다.

발췌한 부분에서 볼 수 있듯이 『일기』에서 가장 중요시되는 문제, (매끄러운 일처리와 슬라브인의 기질은 차치하고) 거의 전적으로 몰입하고 있는 문제는, 민족지학에 접근하기 위해서는 토착생활 외에도 우리가 풍덩 뛰어들어야 할 것이 아주 많다는 사실이다. 풍경. 고립. 그 지역에 사는 유럽인들. 집과 남겨두고 떠나온 것들에 대한 기억. 소명감과 각자의 지향점. 가장 불안한 것, 자기 열정의 변덕스러움, 약한 체질, 정처 없이 떠도는 생각, 말하자면 어두운 자아. 그것은 토착민 방식으로 사는 것에 대한 문제가 아니다.(램스게이트 출신의 노동계급인 앨프 그리너웨이라면 어떻게든 살아갈 수 있다.) 그것은 다중적인 삶을 사는, 여러 곳의 바다를 동시에 항해하는 것에 대한 문제다.

세계와 듣고 있을 모든 사람을 향해 말을 거는 『슬픈 열대』와 달리, 또 영국군 잡지를 읽는 모든 사람(아마도 나이든 남자와 역사가들)에게 말을 거는 「아코보 작전」과도 달리 『일기』는 출판을 예상하지 않고 쓰였을 것이다. 적어도 말리노프스키가 그런 것을 염두에 두고 쓰지는 않았을 것 같다. 읽다가 잠깐씩 멈추게 할 만큼 주의깊게 기록하고 (번역문을 통해서도 감지할 수 있을 정도로) 격렬하게 써내려가긴 했지만 말이다. 한 명의 독자를 상대로 말을 거는 문학 장르, 자기 혼자 읽으려고 쓴 메시지지만, 그 일기는 숲으로 돌아갈 수 없는 정령의 분신처럼 말리노프스키의 민족지 글쓰기에 자주 나타나는 일반 문제(그리고 앞으로 보게 되겠지만 그의 것만은 아니었던 문제)를 드러낸다. 그것은 달빛 비치는 밤과 분통 터지게 하는 토착민, 찰나의 흥분과 처절한 절망감의 불협화음으로부터 이질적인 생활방식에 대한 확실한 설명을 어떻게 끌어내는가 하는 문제다. 관찰한다는 것이 그토록 사적인 일이라면, 생각에 잠겨 그늘진 해변을 거니는 것도 관찰이 아닐까? 주체가 그토록 확장된다면 객체는 수축되지 않을까?

다시 말하지만 내가 방금 사용한 어휘에도 불구하고(말리노프스키가 감정이입적 현지조사를 극도로 중요시하기에 종종 그렇게 표현하긴 했지만), 핵심은 '그곳'에서 겪은 것을 '이곳'에서 말하는 것으로 옮겨오는 경로의 문제가 심리학적인 것이 아니라는 것이다. 그것은 문학적인 문제다. 약간 기교를 부려 딱딱하게 표현하면, 이 문제는 '목격하는 나' 접근법을 취해 문화를 해석하는 모두에게 발생한다. 그리고 실제로도 그러해서, '나'가 실제로 어떤 사람이든(크라쿠프 출신인 말리노프스키의 신경쇠약이든, 곧 등장할 케네스 리드의 오스트레일리아인다운 솔직담백함이든) 방식은 거의 같다. 사회적 기호나 분석의 힘이 아닌 감수성을 민족지의 중심부에 두는 것은, 스스로에게 텍스트 구축에 대한 독특한 성격의 문제를 내는 것이다. 즉 문제는 당신 개인을 믿을 만한 사람으로 만듦으로써 설명에 신뢰성을 부여한다는 것이다. 1920년대와 1930년대의 민족지가 우회적으로 접근했던 것에 비해 요즘 민족지는 점점 더 공공연히 자기성찰적인 방향으로 나아가고 있다. '목격하는 나'를 이해하게 하려면, '나'를 먼저 이해하게 만들어야 하는 것처럼 말이다.

이 막중한 과제를 처리해나가는 말리노프스키의 주된 방식은 자신의 민족지 글쓰기에 지극히 상반되는 두 가지 이미지를 투사하는 것이었다. 그 이미지는 "유능하고 경험 많은 민족지 기록자", "현대의 인류학 탐험가", 더없이 능숙한 "전문적인 현지조사자", "벌거벗다시피 한 '미개인' 이삼천 명의…… 연대기를 기록하는 자이자 대변인" 등 다양한 이름으로 호명되었다.(새벽별과 저녁별과 금성이 모두 눈부시게 빛나는 동일한 대상을 가리키는 것과 마찬가지다.)[5] 한편에는 '완벽한 코즈모폴리턴'이 있다. 굉장히 폭넓은 적응력과 동료애를 지닌 이 인물은 자신을 세뇌해 어떤 상황에든 적응해서, '미개인'의 눈으로 보고 그들처럼 생각하고 말할 수 있게 되고 심지어 그들처럼 느끼고 믿을 수 있게 된다. 다른 한편에는 '완벽한 조사자'가 있다. 철저히 객관적이고 냉정하고 철두철미하고 꼼꼼한 그는 그 차가운 진실에 얼마나 몰두하는지 그에 비하면 라플라스조차 자기탐닉적으로 보일 지경이다. 시인의 열의로 직접적인 것을 포착하는 지독한 연애소설과 해부학자 같은 열의로 그것을 깨뜨리는 엄격한 과학이 위태롭게 결합한다.

　사실 텍스트 밖의 말리노프스키가 이 가운데 어디에 속하는지는 논란의 여지가 있을 수 있다. 동료 대양학자인 매럿은 그를 지독하게 낯가림 심한 미개인들의 심장에도 들어갈 수 있는 사람으로 여겼다. 그의 조언자인 프레이저는 그를 본질적으로 과학적인 인물이라고 보았다. 훌륭한 합리주의자 헨리 엘리스 역시 그렇게 생각했다. 퍼스는 말리노프스키와 이야기를 나누다보면 그가 현장에서 "관찰에 비해 참여를 거의 언제나 이차적인 것"으로 대한다는 인상을 받곤 했다고 말한다. 말리노프스키의 제자이자 친구이며 추종자인 오드리 리처즈는 말리노프스키가 "함께 살았던 사람들과 자신을 굉장히 동일시했다"라고 말한다. 역시 초반에는 제자였지만 사적으로나 직업적으로나 아마 가장 격렬한 적수였을 에번스프리처드는 "그는 트로브리안드 제도 사람들을 잘 알게 되었지만, 자연적-과학적이라는 외관을 갖추려고 애쓰다보니 잡설과 사소한 집착이 뒤섞인 책을 만들어내고 말았다"라고 말한다.[6] 아마도 도출되는 모든 결론 내지 모순의 연원이라 할 수 있는 『일기』를 보아도 그가 어느 쪽인지는 판단할 수 없을 것이다. 하지만 가장 분명한 한 가지는 그가 아마 (이러한 사적 판단의 기초를 이루는 것으로 추정되는) 자신의 텍스트 속에서—자신이 어느 쪽으로 받아들여질지 확신할 수 없는 가운데 고집스럽고 혼란스러워하고 묘하게 초조한 채로—양쪽 모두였다는 것이다.

다음은 『산호섬의 경작지와 주술』에서 발췌한 내용이다.

이 책에서 우리는 트로브리안드인의 정수를 보게 된다. 다른 사람들에게 어떻게 보이든 그 자신은 무엇보다도 정원사다. 흙을 대할 때 그는 진짜 농부의 열정을 보인다. 그는 땅을 파고 갈아엎고 씨를 뿌리고, 식물이 자라고 익어가고 바랐던 만큼의 수확을 보는 데서 신비한 기쁨을 느낀다. 그를 알고 싶다면 참마 농원에서, 야자나무 숲이나 타로감자밭에서 만나야 한다. 하얗게 드러난 채 죽어 있는 산호 사이에서 검은색 흙과 갈색 흙을 파헤치고 울타리를 세우는 그의 모습을 보아야 한다. 울타리는 그의 정원에 '마법의 벽'을 두르고, 새로이 번져가는 초록빛 사이에서 얼핏 금빛으로 빛나다가 풍성한 참마 잎사귀의 풍성한 화환 틈에서 청동색이나 회색으로 변해간다.[7]

다음은 「발로마」에서 발췌한 내용이다.

현장에서는 혼란스러운 사실들을 직면해야 한다. 그중 일부는 너무 사소해서 중요하지 않아 보인다. 또다른 것들은 워낙 덩치가 커서, 한번 휙 둘러봐서는 전체를 종합하기 어렵다. 하지만 어쨌든 이런 날것 그대로의 형태들은 과학적 사실이 아니다. 그것들은 포착하기가 굉장히 어렵기 때문에, 해석하고 영원의 관점에서sub specie aeternitatis 바라보고 그 속에서 본질적인 것을 포착하고 가늠해야 규정할 수 있다. 법칙과 일반화만이 과학적 사실이며, 현지조사는 오로지 혼란스러운 사회적 현실을 해석해 일반원리에 종속시키는 과정으로서 진행되어야 한다.[8]

다음은 『북서 멜라네시아 미개인들의 성생활』에서 발췌한 내용이다.

> 독자들은 토착민들이 성性을 장기적으로는 쾌락의 원천으로 여길 뿐 아니라 진지하고 두려운 어떤 것으로 대한다는 것을 알게 될 것이다. 성에 대한 그들의 관습과 생각은 날 것 그대로의 물질적 사실을 근사한 영적 경험으로 변형시키는 힘을 제거하지도 않고, 사랑 행위의 기술적인 측면 위로 낭만적인 사랑의 광채를 던지는 힘을 제거하지도 않는다. ……가장 개인적인 사건은 애당초 관능적인 것과 낭만적인 것을 한데 섞는 것 속에, 시작된 것에서 도출된 폭넓고 묵직한 사회학적 결론 속에 있는지도 모른다. 그 철학적 신비, 시인들에게 주는 매력, 인류학자들이 느끼는 흥미의 원천은 사랑의 이 같은 풍부함과 다양성에 있다.[9]

다음은 『서태평양의 항해자들』에서 발췌한 내용이다.

> 어떤 학문 분야에서든 학술적 연구 결과는 어디까지나 솔직하고 공명정대하게 제시되어야 한다. 물리학이나 화학 실험 연구의 경우, 자세한 실험 과정 설명, 사용 기구, 관찰 방법과 횟수, 관찰 시간, 정확한 측정 근사치 기재 없이는 그 결과의 유용함을 꿈에도 생각할 수 없다. ……나는 그런 종류의 민족지적 자료만이 의심의 여지 없는 학문적 가치를 지닌다고 본다. 우리는 그런 자료를 토대로 직접적인 관찰 결과와 토착민의 진술을 저자의 상식이나 심리학적 통찰에 근거한 추론과 구별하여, 그 둘 사이에 명료한 선을 그을 수 있을 것이다.[10]

그의 글은 이런 식으로 계속된다. 앞에서 사용했던 표현을 다시 써먹자면, 순례자로서의 인류학자와 지도 제작자로서의 인류학자 사이에서 이는 동요는 말리노프스키가 트로브리안드 제도에서 쓴 2,500쪽에 달하는 서술(내가 反反경험주의자로 보이면 곤란하니, 그중 많은 부분이 탁월하다고 인정해야겠다) 전체에 걸쳐 수사학적 경련처럼 나타나고 또 나타난다. '이것이 당신의 저자가 하는 말'이라는 식으로 적어내린 매 구절에서, 줄이 바뀔 때마다 두 정체성은 말 그대로 앞서거니 뒤서거니 한다. 읽다보면 자기 서명을 모사하려고 필사적으로 애쓰는 진지한 사기꾼을 보고 있는 듯한 기묘한 기분이 들 지경이다.

다시 말하지만, 이는 말리노프스키가 '내면을 들여다볼 때' 자신이 정말로 누구인지 모른다는 것이 아니고, 자신을 '외부에' 어떤 존재로 드러내고 싶은지를 모른다는 것도 아니다. 그는 두 가지 모두를 확실히 알고 있다. 그는 덩굴과 산호가 뒤엉킨 누추한 참마 농장에서 미개인들과 어울리는 생활을 정연한 법치사회 현실 속에 영원한 문장으로 새기는 과정이 얼마나 험난하며 유례없는 것인지를, 그 이전의 어떤 민족지학자보다 혹은 그 이후에 등장한 대부분의 민족지학자보다 더 잘 알고 있으며, 독자들도 거듭 깨닫도록 만든다. 그는 『서태평양의 항해자들』에서 민족지Ethnography의 머리글자를 대문자로 쓰면서 이렇게 말한다. "민족지에서…… 부족생활의 만화경으로부터 얻은…… 살아 있는 재료와 권위 있는 연구 결과의 최종 발표 사이에는 대단한 간극이 있다."[11] 그가 남긴 가장 중요한 유산은 현지조사 기술이나 사회이론에 관한 것도, 신성시된 대상이나 '사회적 실재'에 대한 것도 아닌, 인류학의 '담론 문제'(어떻게 권위 있는 설명을 쓰는가)를 둘러싼 인식일지도 모른다. 확실히 그 인식은 말리노프스키를 늘 따라다니는 것으로 드러났다.

별 관심이 없는 사람들에게 사실을 극화해서 보여줄 수 있는 『일기』가 출간되기 한참 전에 이미, 말리노프스키는 '그곳에 있기'

문제를 가장 생산적인 형태로는 아닐지라도 가장 근본적인 형태로 제기했다. 그는 그 극한까지 밀고 나가 관찰자와 관찰 대상의 정서적 거리를 사실상 지워버리는, 혹은 지운다고 주장하는 연구 방식(그가 얼마나 제대로 실천했는지는 차치하자)과 그 극한에서의 정서적 거리를 거의 절대적인 것으로 만드는, 혹은 절대적인 척하는 분석 방식(그가 얼마나 일관되게 추구했는지도 차치하자)을 동시에 보여주었던 것이다. 그리하여 결국 경험한 것을 흡수하고 기록하는 민족지 체험의 전형적인 순간들 사이의 긴장은 유례없는 수준으로 고조되었다. 말리노프스키는 자신의 작업에서 이 긴장을 저지하고, 내가 지금까지 지적했던 끈질기게 계속되는 모호한 표현, 무한한 수수께끼, 성공을 거두는 법칙을 구사해 사실상 수사학적으로 활용했다. 이 문제는 지금쯤 대부분 마흔 살 이하일 최근의 민족지학자들에게—그들에게 말리노프스키가 세운 현지조사의 규범은 여전히 활발하게, 어떤 면에서는 그들이 체감하는 것보다 훨씬 생생하게 살아남아 있는 것이지만, 그가 확립한 분석 작업의 규범은 그저 사장된 것으로 여겨질 뿐만 아니라 경멸의 대상이다—그렇게 단순하지 않다. 그들은 사람들이 가정했던 것처럼 연구 방법인 '참여 관찰'을 하려고 했던 것이 아니라(그것은 방법이 아니라 희망사항으로 밝혀졌다), 문학적 딜레마인 '참여 묘사'를 하려고 했던 것이다.

●

가능한 한 평범하게 다시 표현하면, 문제는 연구 과정을 연구 결과로 보여주는 부분이다. 사회, 문화, 생활방식 또는 관련된 모든 것에 대한 해석을 동원하여, 더불어 구성원들, 전달자, 대표자 또는 관련된 모든 사람과의 만남을 활용하여 민족지를 쓰겠다는 것이 문제인 것이다. 혹은 그렇고 그런 심리학주의가 끼어들어 정돈해버리기 전에 다시 말을 만들어보자면, 이는 '목격하는 나인 저자an I-witnessing author'가 '그들이 그려내는 이야기a they-picturing story' 속으로 들어가는 방법에 관한 것이다. 사색적이고 모험적인 인식, 관찰에 근거한 인식이 아닌 본질적으로 전기적인 '그곳에 있기' 인식에 몰두한다는 것은 고백을 통한 텍스트 구축에 몰두한다는 말이다. 레비스트로스, 에번스프리처드, 말리노프스키가 자신들의 우화, 회고록, 몽상 속에 가두려고 했던 실제 세계의 모습, 괴상한 것들을 이야기하고 더 이상한 일들을 겪어냈던 인간적 자아라는 실제 세계의 모습이 이제 작품 위로 밀물처럼 쏟아져나오고 있다.

개인적인 만남으로서의 현지조사와 믿을 만한 설명으로서의 민족지를 종합하는 가장 직접적인 방법은 말리노프스키가 자신의 불순한 생각을 폴란드어로 갈겨쓰기 위해 차용한 일기 형식을 질서 정연하고 공적인 장르로 만들어, 모든 면에서 독해 가능한 것으로 변모시키는 것이다. 이것이 본질적으로는 케네스 리드가 1965년에 쓴, 목격하는 나 스타일의 민족지를 구축하려는 첫번째이자 최고의 시도 가운데 하나인 『고산 계곡』이 해낸 일이다.

리드는 오스트레일리아와 영국에서 말리노프스키의 1세대 제자들에게 훈련받은 오스트레일리아 출신 인류학자로, 시애틀에 있는 워싱턴 주립대학의 교수직을 은퇴할 때까지 말리노프스키와 같은 지역에서 작업했다.(물론 그는 말리노프스키와 달리 연안에 있는 섬이 아니라 뉴기니 본토에서, 일차대전중이 아닌 이차대전 직후에 작업했다.) 리드 또한 말리노프스키처럼 민족지를 대할 때는 '모두 다 가지고 들어오기get-it-all-in' 방법을, 산문을 다룰 때는 '모두 다 털어놓기let-it-all-out' 방법을 취했다. 하지만 다른 모든 면에서, 적어도 두 사람이 책에서 자신을 드러내기 위해 공들이는 방식은 극단적으로 달랐다. 말리노프스키가 보이는 도스토옙스키적인 어둠과 콘래드적인 흐릿함 대신, 리드의 '나'는 확신과 정직함과 관용과 인내심과 선한 천성과 활기와 열정과 낙관주의로, 즉 옳은 것을 행하고 타당한 것을 생각하려는, 속이 빤히 들여다보일 만큼 생생한 결단력으로 가득차 있다.『일기』가 미개인들 속으로 섞여들어간 바람둥이 카페 지식인의 이미지를 보여준다면,『고산 계곡』은 정체가 불분명한 시골교구 목사의 이미지를 남긴다.

서문 첫 페이지에서 리드는 '그렇다면 왜'라고 묻는다. 이러한 밀착형 인류학에서 도입으로 보통 쓰이는 이 의문문은 그 핵심 서명으로 자리잡았다.

> 그렇다면 왜 그토록 많은 인류학 저술에는 살균된 것마냥 활기를 불어넣는 그 어떤 요소도 없는 걸까? 그것들은 핀으로 고정해놓은 저 유리상자 속 나비 같지만, 가끔은 그것이 무슨 색인지 말할 수 없다는 점에서 나비표본과도 다르다. 우리는 그들이 날아가는 모습을 한 번도 보지 못했고, 일반론적으로 이야기하는 것 이외에는 날아오르거나 죽는 모습도 본 적이 없다.

> 현지조사를 하는 인류학자들은 독특한 경험을 한다. 완전히 이질적인 문화 속에서 살아간다는 것에 대해 몸소 겪어 아는 사람이 그 자신 외에는 없는 것이다. 선교사들도 모른다. 정부 관리들도 모른다. 상인들이나 탐험가들도 모른다. 오직 인류학자들만이 함께 사는 사람들에게 아무것도 원하지 않는다. 아무것도. 인류학자들이 원하는 것은…… 그들 삶의 질감을 이해하고 인식하는 것이다."[12]

동업자들 간의 자화자찬인 이 마지막 부분을 제외하면(어쨌든 그도 우리 인류학자들이 발표를 원한다는 사실만큼은 인정했을 것이다), 리드는 비상한 개방성과 너그러운 정신을 지니고 파푸아인들에게 다가간 것으로, 그리고 그에 대한 공정한 보답을 받은 것으로 보인다. "지금 돌이켜보면 나는 언제나 의기양양했던 것 같다.

내 능력의 확신, 나 자신의 발견, 타인에게 베푼 자비, 더불어 그들이 내게 가르쳐준 것들에 대한 감사가 한데 모인 마음 상태를 명명할 수 있는 말은 어쨌든 그것뿐이다."[13] 이것은 '우리 현대인들'이 소화하기 어려운, 정도를 넘어서는 내용이다. 토크빌이 어딘가에서 말했듯 우리에게 더이상 허용되지 않는 한 가지는 자기 자신을 칭찬하는 일이기에 아무래도 "나는 얼마나 비양심적인 쓰레기인가"라는 말리노프스키의 말이 공평무사하고 인증된 표현으로 여겨지는 것이다. 하지만 리드가 마침내 부끄러워하지 않고 자신의 주 정보원을 파푸아식으로 한껏 끌어안고(그들은 걸핏하면 상대방의 성기를 붙잡으므로, 이보다 더 '그곳에' 있는 경험을 하기는 어렵다), "그[정보원]가…… 내 손의 힘을, 내가 증여할 수 있는 유일한 것, 내가 받아야 하는 오직 한 가지를 느끼기"[14] 원하는 책의 마지막 장면은, 의심의 해석학을 추종하는 완고한 사도가 아니라면, 증여의 본질을 무엇으로 여기든 간에 어느 정도는 생각을 바꾸지 않을 수 없게 된다.

게다가 리드의 저서 대부분은 가공된 맛이 좀 심하기는 해도, 유백색 안개와 깜빡이는 갈색 눈동자 같은 탁월한 재현이 꼬리를 물고 이어진다. 여기에서 내향적이고 속을 잘 드러내지 않는 편인 그의 기질은 영적 시험을 치르기라도 하는 것처럼 파푸아의 다양한 현실을 통과한다. 이를테면 그 현실은 꿈꾸고 있는 것 같은 그의 일꾼이 치른 야만적이고 유혈 낭자한 성년식이고, 갑자기 다른 곳으로 가서 아이에서 여자가 된다는 것 때문에 겁에 질린 어린 이웃 소녀의 강제 결혼이며, 호전적이긴 하지만 매력적이고 그 나름대로 존경스러운 불평분자를 식민지 당국(물론 오스트레일리아 당국)이 부당하게 수감한 사건이기도 하다. "원시생활의 본질을 경험하고자 했던 [나의] 바람은…… 내 작업이 지식에 공헌하기를 바라는 것만큼이나 중요한 개인적 욕구가 되었다."[15] 확실히 우리가 보고 있는 것은 또하나의 성배 추적 이야기다. 하지만 이것은 노에서

스*와 추측 가능한 타자를 탐색하는 것이기보다는 구원과 수용 가능한 자아를 추구하는 원정이다. 그리고 그것은 실패하지 않고 성공한다. 바꿔 말하면, 우리는 기세 좋게 거듭 확신한다.

확신을 이끌어내는 수단은, 이미 말했듯이, 표현이 매우 과하긴 하지만 구성은 더없이 훌륭한 일련의 인식극을 소개하는 것이다.(리드의 글은 그런 종류를 좋아하는 사람은 '시적'이라고 부르고 싫어하는 사람은 '지나치게 감상적'이라고 하는, 다혈질 유형—프루스트를 목표로 하지만 대개는 로런스 더럴의 글과 비슷한 것에 도달하는 부류—에 속한다.) 마키스, 아세모, 타로바, 골루와이조 등 주인공 이름을 제목으로 단 각각의 장章, 이 한 편 한 편의 극은 고립된 이미지로 시작해서, 재잘거리는 목소리, 나부끼는 머리 깃털 등 혼란스러운 지각의 이미지를 거쳐, 영혼을 일깨우는 간명하고 고통스러운 최후의 통찰에 도달한다.

그의 이야기들은 모두 같은 구조로 되어 있으며, 자비의 정화기능이라는 점에서 메시지도 동일하다. 이들 중 일꾼 아세모의 이야기를 예로 들어보자. 계시적 순간은 남성 성년식에서 열리는데, 그 가운데 잎사귀가 잔뜩 달린 나뭇가지를 코에 쑤셔넣어 엄청난 양의 피를 흘리게 만드는 장면이 관건이다.

피에 물든 형상들 중 맨 마지막 형상이 자갈해변을 비틀거리며 올라올 때 아세모[일꾼]에게 영향을 미친 것이 무엇인지 갑자기 내게 와닿았다. ……그를 자세히 살피다가…… 그가 서 있는 곳에서 몇 걸음 떨어진 곳으로 가게 되었다. 다른 동년배들처럼 그의 팔도 두 사람이 붙들고 있었다. ……아무런 장식도 하지 않은 그의 나체는 두 사람의

*Noesis. 순수지성의 인식작용을 의미하는 철학 용어이다. 플라톤 철학에서는 초감각적 진리, 즉 이데아의 인식을 의미하며, 후설의 현상학에서는 의식의 기능적·작용적 측면을 의미한다.

깃털과 물감과 대비를 이루어 희생제의에 가까운 순결함을 띠고 있었다. ……확신하건대 그는 나를 알아보지 못했다. 그의 눈은 아무것도 보지 못하고 곧 닥쳐올 폭력 행위를 방어하기 위해 몸에만 집중하고 있었다. 그는 내 심장이 그를 향해 내달리는 방식에 대해서는 더더욱 알아차릴 수 없었다. 빛과 물의 어룽거림 속에서 잠시 우리 둘만 허공을 격하여 서로를 마주보기라도 한 것처럼 내 감각을 고립시킨 것은 단지 그의 고통에 대한 생각만이 아니었다. 군중의 떠들썩한 소리와 냄새는 인지의 경계를 두드리기는 했지만 뚫고 들어오지 못하는 아스라한 간섭에 지나지 않았다. 지난 몇 달 동안 그에게 차근차근 배웠던 모든 것이 몇 주간 떨어져 있었던 탓에 더욱 생생해졌고 그 덕분에 갑자기 그가 떠나며 생긴 빈자리가 어떤 것인지 확실히 이해하게 되었다. 그리고 지금 영화처럼 펼쳐지는 비인간적인 사건들, 그가 현재 처한 곤경을 정당화하는 이유를 죄다 쓸어버리는 사건들에 휘말린 그의 모습을 똑똑히 보았기 때문에, 그 빈자리는 더욱 날카롭게 나를 찔러댔다…….

이 순간 [나에게] 아세모는 시간의 망망대해에 강제로 내던져진 사람들이 지닌 말로 표현할 수 없는 열망을 상징했다. 갑자기 통렬한 공허함이, 여전히 과거가 앞으로의 세계에 대한 확실한 전망을 보여주는 것이라 여기며 행동하는 사람들을 향한 복합적인 공감이, 앞으로 일어날지도 모르는 미래를 상상하며 외부에서 강요한 실재의 한계에 맹목적인 사람들이 겪는 깊은 고통이 나를 강타했다. 여기가 바로 아세모가 있는 곳이었다. 코를 찌르고 들어오는 정화용 나뭇가지를 받아들이는 그의 모습은 제의 절차를 돕는 사람의 몸뚱이에 가려 보이지 않았다. 하지만 늙은 남자가 난폭한 임무를 다하고 옆으로 비켜서자 아세모의 수그린 머리에서 쏟아져나오는 선혈이 보였다. 마치 적들과의 평화를 빌면서 바친 절망적인 봉헌물이 흘러내리는 것 같았다.

그날 뒤이어 행해진 사건들은 기묘하게도 용두사미 같은 꼴이 되었던 것으로 기억한다. 긴장감과 폭력성은 사실상 더 심해졌지만…… 신체의 중요성에 대한 모든 것은 아세모의 피가 물을 붉게 물들였을 때 전부 전달되었고, 그 뒤에 그가 겪은 일들은 불필요한 반복처럼 보였다. 그것은 지나침을 추구하는 [파푸아인들의] 피곤한 성향을 보여주는 하나의 본보기였다.[16]

이런 식으로 이어지는 정신적 격정의 변혁적 순간들(전부 열두어 번)은 민족지를 밀고 나가는 그의 서술 노선을 형성한다. 결국 그런 흥분을 2년간 반복해서 겪은 뒤, 예상할 만한 일이지만, 그는 출혈성 종양을 심하게 앓는다. 가장 가까운 병원은 멀리 떨어진 해변에 있다. 그는 그곳으로 실려가는 대신 그 지역 의료보조원의 집, 마을이 보이는 곳에 머무르기로 한다. 곧 마을 사람들이 병석 주위에 모여들어 다시금 그를 자신들 세계로 끌어들인다. "한때는 그토록 생소해 보였던 삶의 리듬과 함께 울려퍼지는 그들의 이름들, 이제는 내 심장의 박동처럼 내 혀에서 굴러나오는 이름들."[17] 몸이 회복되어 마침내 떠나던 날, 그는 보답으로 포옹을 한다. 10년 뒤, 그는 자신의 기록이 완전한 일기도, 완전한 논문도 아니므로, 말리노프스키식의 딜레마를 피할 수 있다고 생각한다.

이 기록은 명백히 주관적이다. 나는 파푸아에서 보낸 삶의 특징 중 어떤 것들을…… 내 눈으로 본 대로, 나 자신의 배경과 호오 속에서 걸러낸 대로, 나 자신의 장단점을 통해 적절히 판단한 대로 전달하기를 바랐다. 나는 내가 받은 전문적 훈련이 파푸아인들의 특징을 규정하는 가운데 터무니없는 오류를 저지르지 않게 하는 객관성을 다져주었다고 믿는다. 그것은 또 내가 나 자신을…… 더 투명하게 볼 수 있도록 도와주었다. 그렇기는 해도 전적으로 전문적이고 학술적이며 표준적인 저술을 쓰려는 동기에서 시작했다면 나는 이런 책을 쓰지 않았을 것이다. 또한 나 자신을 온전히 드러내는 것이 목표였더라면 여기에 그치지 않았을 것이다. 나는 이 두 극단 사이의 중간노선을 따르려고 노력했다.[18]

●

아마 그는 자신의 말대로 했을 것이다. 하지만 말리노프스키 본인의 경우에도 그랬지만, 우리는 롤랑 바르트가 "일기병diary disease"이라 부른 것이 그렇게 쉽게 해결되는지, 대중 공개를 위해 사적 자아를 가공하는 일이 그렇게 손쉬운 것인지 궁금해진다. '심의Délibération'라는 장난스러운 제목을 붙인 글에서 바르트는 자문한다.

 내가 출판할 목적으로 일기를 쓴다면? 일기를 '작품'으로 만들 수 있을까? ……전통적으로 삼아온 내밀한 일기의 목적은…… 모두(자신을 표현하고 설명하고 판단할 때 얻을 수 있는) 이득 및 '솔직함'의 영예와 관련되어 있다. 하지만 정신분석학, 그릇된 믿음에 대한 사르트르식 비판, 마르크스주의의 이데올로기 비판은 모두 '고백'을 무용지물로 만들었다. 다시 말해 솔직함이란 그저 이급의 이미지 저장소second-degree Image-repertoire일 뿐이다.[19]

 일기를 쓰는 사람—즉 (롤랑 바르트보다 더 광범위하기도 하고 동시에 협소하기도 한) 내 용어인 '목격하는 나' 접근법을 강경

한 태도로 취하는 민족지 텍스트 구축자라면 누구든—의 과제는, 리비도적인 그의 방식대로 말하자면, 저자를 욕망의 대상으로 구성하는 것이다. 이 과제는 또한 "작가에서 개인으로 전환시키는 일종의 회전고리를 통해 매혹하고…… '나는 내가 쓰는 것보다 더 가치 있는 존재임'을 입증하는 것이다."[20] 불필요하고 불확실하고 어딘지 진정성이 떨어지는 느낌이 이러한 종류의 글에, 또 요즘은 이러한 종류의 글을 쓰는 작가들에게 달라붙어 있다. "이 얼마나 모순적인가! 가장 '직접적'이고 가장 '자발적'인 글쓰기 형태를 선택함으로써 나 자신이 삼류 배우 중에서도 제일 어설픈 배우임을 알게 되었으니."[21]

요컨대 "'나'를 읽기보다 '나'를 쓰기가 더 어렵다."[22] 당장 인류학 분야의 글을 살펴보더라도, 또는 그중 좀더 엄중하고 독창적인 것을 보더라도, 일기를 작품으로 만드는 텍스트 구축 양식과 그것을 괴롭히는 문학적 불안의 신호들을 도처에서 발견할 수 있다. '일기병'은 이제 고질적인 것이다. 솔직히 말하면, 「심의」도 마찬가지다.

(인식론적·도덕적·이데올로기적·직업적·개인적 의혹의 거대한 혼란, 각각의 의혹이 또다른 의혹을 부추겨 때로는 피로니즘*과 매우 유사해지는) 이 분위기를 어떻게 전달하는가 하는 것 자체가 얼마쯤은 문제가 된다. 비전문적인 청중에게는 충분히 잘 전달할 수 없을 테고, 전문적인 청중은 어쨌든 이미 수많은 도움을 받아 잘 받아들이고 있기에 일반적인 개관이란 거의 불가능하다.[23] 지금 우리는 다가올 세대에 대해 말하고 있기에, 리드와 말리노프스키를 본보기로 하는 한 가지 사정만 이야기하는 것은 부적당해 보인다. 상황은 더 무질서해질 것이고 여기에 상응하는 입지 또한 덜 확고

* Pyrrhonism. 그리스 철학자 피론을 시조로 하는 회의주의 철학 및 정신으로, 사물의 객관적 본질은 파악할 수 없는 불확실한 것이라고 생각하는 태도나 경향을 말한다.

해질 것이기 때문이다. 우리는 정말 누가 '저자들'인지 아직 모르고, 누구의 담론성에 따라 누가 말할 것인지도 모르며, 누가 계속—어쨌든 민족지 담론을—이어나갈 것인지도 전혀 모른다.

따라서 나는 매우 간단하고 매우 임의적이며 최신 뉴스식으로 시원시원하게 최근의 세 가지 사례를 살펴보고 싶다. 그것들은 어조와 주제와 구체적인 접근법 면에서 각기 다르지만(좋고 나쁨은 논외로 하자), 이러한 유형에 속하는 것은 분명하다. 그 대상은 폴 래비노의 『현지조사에 대한 성찰』, 빈센트 크라판차노의 『투하미』, 케빈 드와이어의 『모로코인과 나눈 대화』이다.

'말리노프스키의 딜레마', '참여 묘사', '일기병', '목격하는 나', 혹은 기타 무엇이든 간에, 그것이 지금 어떤 상황에 처해 있는지를 전하기 위해 이 세 인물을 택하는 것은 여러모로 유용하다. 무엇보다도 이 세 사람은 그저 흔한 의심을 대충 요약한 상상적인 집단에 그치는 것이 아니라, 함께 성장한 무리인 진짜 집단을 형성하고 있기 때문이다. 대략 같은 연배이며, 비슷한 지위에 있고, 평판도 비슷한 그들은 사적으로도 서로 아는 사이일 뿐만 아니라 서로의 작업에 대해 반응해왔고 앞으로도 그럴 것이다. 따라서 그들 각자의 책들은 결코 완결된 것이 아니고 또 전적으로 진행중인 것도 아닌 채, 계속 이어지는 대화에 한마디씩 보태는 것처럼 보인다. 세 사람 모두 모로코에서 작업했고, 그중 둘은 '목격하는 나' 작품뿐 아니라 좀 더 표준적인 민족지 기록도 만들어냈다. 범위는 좁지만 경계가 명확한 세계다.

또 간편한 세계이기도 하다. 이들 모두가 래비노의 강령인 "타자라는 우회로를 통한 자아의 이해"[24] 아래 관련되어 있는데, 래비노는 그 말을 폴 리쾨르에게서, 다른 두 사람은 래비노에게서 차용한 것이다. 그렇기는 해도 세 사람은 저마다 다른 방식으로 유사 일기를 구성하고, 그 중심에서 저마다 다른 방식으로 '그곳에 있기' 페르소나를 설정하며, 끝에 가서는 저마다 다른 방식으로 솔직함의

난제에 도달한다. 그들의 작업을 모두 합치면 말리노프스키가 펼친 침례파immersionist 민족지의 이상을 계승하는 이들에게 일어나는 일들의 상당 부분을 포괄하게 된다.

텍스트 형식과 관련하여 말하면, 래비노의 책은 정보원들(낡은 프랑스식 낡은 카페 주인, 부정직한 상점 주인이자 아랍어 선생, 적당히 도시적이고 적당히 촌스럽고 적당히 친절한 방랑자, 신경쇠약에 걸린 마을 지식인)과 만나는 장면의 연쇄, 다음 만남에 의해 좌우되는 각 만남의 의의, 어쩐지 실망스러운 결론으로 짜여 있다. 말하자면 약간은 고전적인 『감정교육』* 스타일이다. '어느 모로코인의 초상'이라는 부제가 붙은 크라판차노의 연구는 장기간에 걸쳐 진행되었고, 일정한 원칙 없이 부유하며, 지나치게 해석적인 정신분석 유형의 인터뷰로 구성되어 있다. 빈틈없는 질문자와 상처받은 삶을 스스로 밝히는 이가 주의를 분산시키는 일상사를 떠나 임상적 밀실(이 자리에는 제3자가 함께하는데, 모로코 지역 사람이 아닌 그는 신중하게 '조수'라고 지칭된다)에 함께 격리되어 있는 것이다. 마지막으로 드와이어의 책(그 책의 부제는 '의심받는 인류학'이다) 역시 대화 형태지만, 인터뷰는 정신분석학적이거나 선별적으로 진행되기보다는 민족지적이며 총체적으로 진행된다. 정보원은 대략 정통적이라 할 주제들—할례, 이주, 축제, 결혼, 다툼, 잔치—로 이끌며, 각 주제에는 인터뷰 이외에도 관련 사건들에 대한 소견이 서문으로 붙어 있다. 또한 전체 인터뷰 다음에는 현재 인류학을 행하는 다른 방식, 혹은 인류학 자체에 대한 광범위한 공격이 뒤따른다.

그렇다면 이들 작업에서 이 작가들이 인식을 체계화하기 위해 발명하는(물론 술수를 부리는 것이 아니라 구축한다는 의미에서 '발명하는') '나', 바르트가 말하는 삼류 배우, 그리고 유혹하는 자아, 이것들은 차례로 그들이 사용한 텍스트 형식에 상응한다. 사실상 그들이 형식을 규정한다.

*귀스타브 플로베르가 1869년 발표한 소설로, 당대 '감정의 역사'를 그리고자 했다.

외국에서 작업하는 인류학자 프레더릭 아무개*를 상기시키는
래비노는 여기저기를 헤매고 다니고, 기회가 닿는 대로 여러 남자
들과 어울리는(현장이 모로코인 만큼 일반 여성들에게는 이런 식
으로 접근할 수 없다) 친구이자 동지이며 동반자—관용적인 표현
으로 코팽copain—이다. 어떤 여건에서도 좀 멍한 태도를 보이며 꽤
친절한 인물이기도 해서, 치유집회, 길거리에서 벌어진 다툼, 시골
에서의 에피소드 등 주로 우연적이고 전반적으로 얄팍하며 빈번히
찾아오는 순간적인 사교의 흐름을 잘 탄다. 떠돌아다니며 산전수전
다 겪은 사람이라는 이런 이미지는 사실 그가 모로코에 오기 전에,
로버트 케네디가 암살당하기 이틀 전 시카고를 떠날 때 이미 생긴
것이며, 1960년대가 지난 뒤 다시 모로코를 떠나 뉴욕으로 돌아간
뒤에도 계속된다.("'혁명'은 내가 없는 동안 일어났다.") 그러므로
모로코 체류는 하나의 막간으로, 온갖 교훈조의 서술에도 불구하고
산만하고 삽화적인 해프닝의 한 장章으로 재현되며, 여기에 또다른
장들이 이어진다. 그것은 현지조사 이후의 삶이다. "이 책을 쓴 덕
분에 나는…… 다른 지역에서 다시 시작할 수 있게 된 것 같다."[25]

그런데 래비노가 자신의 저서에서(물론 나는 그와 그의 동료
들이 '실제 사람들'로서가 아니라, 그들의 책 안에서 등장인물로서
만 기능한다고 여긴다) 자신과 타인들에게 모호한 존재이자 완전
히 다듬어지지 않은 사람으로 나타난다면, 크라판차노는 자신의 저
서에서 그 윤곽이 더없이 명료한 존재이자 빚고 다듬은 조각상으
로, 즉 문인Man of Letters으로 나타난다.(문인이라는 말은 크라판차
노가 스스로를 두고 한 표현인데, 여기에서도 사실 프랑스어 표현
'옴므 드 레트르homme de lettres'—에머슨이 아니라 사르트르가 쓴 용
어—가 그 어감을 더 잘 전달한다.)[26]

"글을 읽을 줄 모르는 이 모로코의 타일공"인 투하미는 "주변
사람들로부터 외부인, 심지어는 부랑인으로까지 간주되었다." 그

 ∗인류학자 프레더릭 바스, 프레더릭 우드 존스 등을 염두에 둔 것으로 보인다.

목격하는 나

는 "어둡고 창문도 없는 [도시의] 가축우리 같은 집에서 살았으며, 자신이 변덕스럽고 앙심 깊은 여자 악령, 발이 낙타처럼 생긴…… 아이샤 칸디샤라는 혼령"과 결혼했다고 믿는다.[27] 그는 되는 대로 사는 삶에 대한 이야기—질병, 직장, 순례, 꿈, 손해, 성적 환상 등—를 잠깐잠깐 툭툭 던진다. 오류에 대한 다른 사람의 시선을 강하게 의식하는("내가 투하미 앞에서 얼어붙었던가?"[28] "나는 [그가] 아는 모든 것을…… 그 이상을 듣고 싶어했다."[29] "나는 나 개인의 인식을 위해 그의 외침을 들은 것은 아닌 것 같다."[30]) 이 민족지학자–치유자는 그가 들은 망상들과 파편들을 문학적 명상의 길고 구불구불한 통로를 거쳐 현대 유럽문화의 아찔한 단계, 즉 라캉과 프로이트, 니체와 키르케고르, 단눈치오와 짐멜, 사르트르와 블랑쇼, 하이데거와 헤겔, 주네, 가다머, 슈츠, 도스토옙스키, 융, 프라이, 네르발과 연결한다. 책을 마무리할 무렵이면 그는 메크네스 토착민 거주지역 출신의 이 일용노동자를 어떤 막강한 인물, 사르트르가 본 장 주네에 견준다. "투하미는 마치 주네처럼…… 자기 삶의 상황이 잃어버린 낙원의 본래 꿈을 반복하는 것처럼 보일 때만 그 상황에 겨우 주목했다."[31] 도스토옙스키의 지하생활자와는 이렇게 연결한다. "아마 [도스토옙스키 소설의] 주인공처럼, 혹은…… 주인공답지 않은 주인공처럼…… 그는 희생자가 됨으로써…… 이득을 얻는다."[32] 특히 아찔한 한 지점에서는 투하미를 네르발과 비교한다. "이 프랑스 낭만주의자와…… 투하미 사이에는 놀랄 만한 유사점이 있다. 투하미와 마찬가지로 네르발은 자신의 여자들을 여러 모로 굴절시켜 쪼개본다. 그런 다음 그들을 신비한 존재론적 지위를 지니는 단일한 인물로 응축한다."[33] 그는 우리의 반영웅이며, 라캉의 존재결핍manque à être, 사르트르의 '우리–주체', 짐멜의 사회적 개인이다.[34] 매우 잘 다듬어진 이 '초상화'에서 모델의 얼굴은 쉽게 눈에 띄지 않지만 초상화가의 얼굴은 충분히 또렷이 보인다.

　　드와이어의 책 역시 앞에서 말했듯이 일대일 명제다. 그가 평소처럼 끊임없이 이어지는 대화 상대들을 이용하면서 표현했듯이 "자아와 타자는 상호의존적이 되어가고…… 때로는 서로에게 항의하고 때로는 서로를 수용하는 관계에 있다."[35] 하지만 이 경우에는 그러한 상호작용이 필연적으로 받치고 있는 불확실한 토대, 즉 경력주의, 기만, 조작, 미시 제국주의의 조직을 폭로하는 것이 목표이므로, 자아는 수사학적으로 과장되기보다는 그에 못지않게 수사학적으로 약화된다. 드와이어의 '나'는 그의 텍스트 속에서 떠다니지도 그것을 집어삼키지도 않는다. 그는 그곳에 있음 자체에 대해 사과한다.

'모든 크레타 섬 사람은 거짓말쟁이다'라고 한 크레타 섬 사람의 패러독스처럼, 드와이어의 입장에서 모든 인류학은 "부정직하고…… 사악하고 자기만 위한다." 그에게 인류학은 또 자신이 "모든 질문을 던지고" 모든 대답에 대해 평가하려는 제국주의적이고 간섭적이고 파괴적인 "서구 사회적 기획"의 연장이다. 인류학은 "아무리 잘해"봤자 "개인적인 절망"으로 이끄는 작업이다. 당연히 은폐되고 신비화된 인류학의 주된 아니무스animus는 "자아를 [방어하고]…… 타자에게 거리를 두고 무장해제시키는 [그럼으로써 지배하는] 것"이다.[36] 심지어 선구자격 인물들도 이 모든 것에서 벗어나려고 분투하다가 더 깊이 얽혀들어간다.(이런 것이 진리 추구로 위장된 서구 이데올로기의 위력이다.) 래비노의 "자아와 타자는 너무 추상적이고 너무 일반적이며, 자아는 타자에 대한 무시를 확실히 드러낸다." 크라판차노의 "타자에 대한 주의를 환기시키는 경의는…… 곧 자아에 대한 자기 충족적 경의다."[37] 『포고』의 유명한 구절*을 재활용해서 이렇게 말할 수도 있다. 우리는 신뢰할 수 없는 해설자를 만났다. 그는 바로 우리다.

여기에서 당연히 하나의 의문이 떠오른다. 어떻게 이 모두가 진

---

*『포고Pogo』는 베트남 전쟁 때 월트 켈리가 미국 신문에 연재한 만화로, "우리는 적을 보았다. 그것은 우리 자신이었다"라는 문장이 유명하다.

실이라고 믿는 사람이 발표는 고사하고 글 한 줄이라도 쓸 수 있을까. 드와이어는 '대화'(말들, 말들 전부, 오로지 말들)를 보고할 때는 철저하게 사실주의적인 접근법을, 그들 사이에서 자신의 역할을 수행할 때는 철저하게 내향적인 접근법을 병행함으로써 그 자신으로서는 어쨌든 이 문제를 해결한다.

한 모로코인(예순다섯의 유복한 농부로, 크라판차노가 만난 타일공보다 생활형편이 상당히 낫다)과의 인터뷰는 앞에서 언급했듯이, 형태나 내용 면에서 무척 표준적인, 다소 평이하기까지 한 인터뷰였다. 드와이어는 이런저런 일에 대해 묻고 농부가 대답한다. "왜 아이들에게 할례를 시켰습니까?" "의무니까요." "배우자를 찾을 때 어떤 자질을 주로 봅니까?" "배우자가 갖추어야 할 가장 중요한 자질은 신뢰입니다."[38] 시내 출입을 두어 번 해본 적이 있는 그 농부는 드와이어가 그들의 대화를 책으로 만들어도 좋은지 허락을 구하자, 마치 법정 기록처럼 정확하고 완벽하고 더할 나위 없이 유익하게 모든 상황을 깔끔하게 정리해준다.[39] 그런 뒤 인터뷰 이곳저곳에서, 서두에서, 인터뷰 후 소견을 남기는 부분에서, 또 그 중간의 각주에서, 이차, 삼차, 사차 넘겨짚기식 추측이 광범위하게 제기된다. "그걸 왜 물었을까? 내가 정말로 하고 있는 게 무엇인가? 그는 정말 날 어떻게 생각할까? 그는 내가 그를 어떻게 생각한다고 생각할까?"

어쨌든 이런 온갖 민족지 기록과 주석 달린 영혼 탐구의 최종 결과는 극도로 솔직하고, 지독히 엄격한 양심을 짊어졌으며, 열정적인 소명 의식에 사로잡힌 현지조사자라는 이미지다. 그는 심지어 자신의 솔직함을 옹호하는 솔직한 '후기'까지 덧붙인다. "불손한 방식이…… 더 적절했을까?" 아니다. 자아를 폭로하고 타자를 보호하는 것은 "쉬운 일이 아니다."[40] 그가 쓴 '나'인 드와이어의 '나'에서 우리는 타자의 반응에서 자신을 포착하려고 애쓰는 경험 수집가도, 프롤레타리아적 비참함을 문학적 범주로 흡수하려고 하는 세속적 지식인도 찾아볼 수 없다. 거기에는 오직 단호한 도덕가, 즉 최후의 분노하는 자가 있다. 혹은 플로베르가 말한 '미래의 예수회',* 그 최초의 회원이 있다.

하지만 어찌 됐든 고도로 '포화된 저자'의 과포화상태라고도 할 인류학 텍스트, 그 속에서 텍스트가 창조하는 자아와 텍스트를 창조하는 자아가 거의 동일하게 재현되는 인류학 텍스트를 만들어 내려는 이 세 가지 시도에서(그 외에도 거의 매주 나오는 내가 읽은 모든 것에서도), 결국 나의 흥미를 가장 끄는 것은 그것들을 가득 채우고 있는 강한 동의의 분위기다. 여기에는 확신이 거의 없고, 노골적인 불쾌감이 현저하다. 그 심상은 말리노프스키의 방식대로 내면적인 나약함을 보상해주는 과학적인 희망도, 리드의 방식대로 자기거부를 일소하고 한껏 안아주는 친밀함도 아니다. 두 가지 가운데 어느 것도 별로 신뢰를 얻지 못한다. 그것은 소외, 위선, 구제불능, 지배, 환멸의 심상이다. 그곳에 있기는 그저 실행하기 어렵다는 것만이 아니다. 그곳에 있기에 관한 그 모든 것에는 비도덕적인 요소가 있다.

래비노는 이 요소를 '상징적 폭력'이라고 호명한다. 주민들의 의사에 반해 한 마을의 갈등을 밝혀내기 위해 여러 정보원들을 서로 싸움 붙인 일을 돌이켜보면서 그는 이렇게 쓴다.

> 내가 보인 반응은 본질적으로 폭력 행위였다. 상징적 층위에서 수행된 것이었지만 그래도 폭력이었다. 나는 정보원들의 본래 모습을 침범하고 있었다. ……나는 [내가 하고 있는 일이] 그때까지 그들이 내게서 열심히 방어해온 그

*플로베르가 1871년에 조르주 상드에게 보낸 편지에 나오는 내용을 빗댄 것으로, 대중에게 적개심을 가진 사람을 암시한다. 플로베르는 편지에서 대중은 어리석고, 보통선거는 없애야 하고, 보수당을 집어삼킨 인터내셔널은 거짓 일색에 사상도 없고 탐욕만 있으며, 조국도 정의도 없이 실패로 끝난 예수회처럼 망할 것이라는 식으로 퍼부었다.

들 삶의 측면을 설명하도록 강요하고 협박까지 하는 것임을 알고 있었다. ……그들 자신의 현장 경험에는 어떤 형태의 상징적 폭력도 없다고 주장하는 사람들에게, 나는 그저 그들을 믿지 않는다고 답하겠다. 폭력은 상황의 구조 속에 내재해 있다.[41]

크라판차노에게 이 요소는 에로스-타나토스이다. 앞에서 인용했던, 투하미가 아는 모든 것 이상을 파악하고 싶다고 쓴 문장을 잇는 다음 단락에서 그는 이렇게 말한다.

단눈치오가 그려낸 남녀 주인공의 초상, 서로를 완전히 알고자 하는 강박적 욕망의 이야기 『죽음의 승리』(1900)에 나는 줄곧 매료되어 있었다. 그런 앎에 도달할 수 있을 것이라는 추측은 완전한 성적 소유(결국은 단눈치오가 이해했듯이 완전한 소멸로의 귀결)에 대한 믿음 또는 타자를 완전히 포착 가능한 것, 즉 표본으로의 환원에 의거한다. 열정의 목표인 전자와 과학의 산물인 후자는 사실 그렇게 쉽게 분리할 수 없다. 물론 양쪽 모두 환상이다.[42]

또한 드와이어에게 이 요소는 지배이다.

자아와 타자의 대립을 감추고 자아의 취약성을 말하지 못하게 하는 관조적 태도[그에게 이것은 '가식假飾'을 의미한다]가…… 인류학 구석구석에 스며 있다. ……[그것은] 상대방의 잠재적 도전을 죽이는 방식으로 타자를 상대해왔다. 이 태도는 무엇보다도 인류학자들에게 타자와의 만남을 시작하게 해주었던 권위에 유감스럽고 새로운 차원을 더해준다. 즉 끊임없이 타자를 의심하는 그 권위는 이제

자아에 대한 타자의 도전을 허용치 않는 인식론 덕분에 강
화되고 있는 것이다.[43]

갈수록 더 암담한 방향으로 나아가는 이러한 견해는 목격하는
나 장르에 함축되어 있을 수도 있고, 아닐 수도 있다. 바르트는 그것
들이 함축되어 있다고 생각한다.("그 결함은 실존적이다."[44]) 하지
만 분명한 것은 그 견해가 인류학 작업의 고유한 특징, 어쨌든 민족
지학자들의 현지조사 작업을 재현하는 것이 사적인 경험이라는 생
각이 동시대 인류학 작업의 고유한 특징이 되고자 하는 경향이 있
어, "타자라는 우회로를 통한 자아의 이해"가 저자-되기author-izing
의 중심에 자리한다는 것이다. '나'를 쓴다는 것은 실로 정말 어렵
고, "나의 가치는 내가 쓰는 글보다 더 크다"라는 말을 입증한다는
것도 매우 어려우며, "이급의 이미지 저장소"를 피한다는 것 또한
무척 어렵다. 솔직함이라는 난제는 이 길을 지나가는 모든 사람을
기다리고 있다. 몇몇 사람이 이것을 풀어보려고 왔다가 결국은 민
족지를 떠나 메타-과학적 성찰, 문화 저널리즘, 사회운동으로 옮겨
가는 상황이 벌어진다. 단호하고, 쉽게 낙담하지 않으며, 거기에 많
은 것을 걸고 있는 사람들이 말리노프스키의 유산이 남긴 문학적
난문에 대처하기 위해서는 남다른 노력을 기울여야 한다. 목격하는
나는 건재하지 않을지는 몰라도 생생하게 살아 있다.

가령 이 글이 처음 쓰인 이후에 출판된, 거의 30년의 공백을 깨고
1981년과 1982년 여름에 뉴기니에 들렀던 이야기를 담은 케네스
리드의 저서가 있다. 그 책은 『고산 계곡으로의 귀환: 제자리로 되
돌아오다』[45]이다. 이전 책보다 훨씬 더 평이하게 쓰였으며(서정적
분위기는 그가 처음 체류했던 시절을 회상할 때나 『고산 계곡』을
인용할 때만 이따금 되살아난다) '어제의 전사들은 어디 있는가?'
라는 식의 관용어로 만들어진 그 책은 묘하게 뜨뜻미지근한 태도로

'글쎄, 그래야 한다면 그래야겠지'라는 특징을 보인다. 마치 그곳으로 되돌아간다는 것은 별로 좋은 생각이 아니고, 그 일을 기록하는 것은 더 나쁜 일임을 그도 알고 있었던 것처럼 말이다.

그 마을에는 이제 포장도로가 생겼고, 상수도 시설, 전기 시설, 호텔, 술집이 생겼다. 어디서나 술 취한 사람들의 모습이 보인다. 의복은 대부분 서양식이다. 가장 가까운 친구, 힘껏 끌어안았던 친구, "[그의] 존재감이 내가 쓴 모든 글에서 숨쉬고 있다. ……우리를 갈라놓는 수많은 차이점이 굉장한 걸림돌이긴 했지만, 그와 나의 관계는 사랑하는 사람들과의 어떤 관계 못지않게 복합적이었고 친밀했다"[46]라고 말했던 그 친구는 십수 년 전, 술 때문에 일어난 어이없는 사고로 세상을 떠났다. 호텔 술집에서 나와 비틀거리며 귀가하던 중에 트럭에 치여서. 함석지붕이 얹힌 판잣집들이 들어선 마을에서 이제 중요한 제례는 거행되지 않고, 기독교 근본주의가 들어섰으며, 도로는 굉음을 내며 달리는 트럭과 자동차로 가득하다. "이제는 돈이 중요하다. ……아세모 계곡에서 더이상 피리 소리는 들리지 않는다. ……긴 머리장식을 단 소년들이 숲속에서 갑자기 튀어나오곤 하던 풍경은 이제 [아이들은 모두 온종일 학교에 가 있기에] 텅 비어 있다."[47]

내내 반듯한 정신의 소유자로 보이려고, 과거로 인해 상처받은 노인으로 보이지 않으려고 애쓰는 리드는 이런 것들이 불러일으키는 어쩔 수 없는 우울함에 저항한다. 말하자면 여성의 지위는 훨씬 나아졌다, 젊은이들은 밤새도록 여는 디스코 클럽과 B급 영화관에서 새로운 오락거리를 찾았다, 다른 집단들 간의 교류도 더 많아지고, 고장 밖으로 떠나는 여행도 늘어났다, 토착민 중에는 리드보다 더 큰 부자도 있다 등. 하지만 이런 주장은 그 자신도, 우리도 설득하지 못하는 억지일 뿐이다. "이번에는 이곳을 떠나면서 섭섭한 마음이 들지 않았다. 사실 머물 날이 이틀밖에 남지 않았음을 알고 나니 마음이 놓일 정도였다."[48]

 이 책은 한 인류학자의 작업에 대한, 그리고 한 사람의 삶에 대한 후기다. 아니면 그 자신이 암시하는 것처럼(그렇지 않다고 약하게 부정하기는 하지만) 자신이 1950년대에 대해 썼던 것을 개정하여, "아무것도 없이 오직 분위기의 흔적만 희미하게 남을 때까지"[49] 지워버리는 일련의 각주다. 하지만 그렇다고 해도, 또 부분적으로는 바로 그런 이유 때문에 이 책은 그 나름의 희미한 방식으로 뭉클함을 남긴다. 『고산 계곡』만큼 열정적으로, 내향적으로, 또 섬세한 손길로 다듬어 작업하지는 않았다고 해도 말이다.[50]

5 　우리/우리 아닌 자

베네딕트의 여행

식인 풍습의 용도

우리는 식인 풍습의 합리성을 제대로 따져본 적이 없다. 사실 그 풍습이 가능한 이유는 일반적인 도식 한 가지로는 설명할 수 없을 만큼 허다하고 타당하기 때문에, 인류는 식인 풍습의 미덕을 훨씬 잘 보여줄 수 있는 다양하고 모순적인 체계를 고안하게 되었다.

확실히 지난 10년은, 여차하면 식인 풍습에도 남다른 장점이 있다는 여론이 형성되기까지 할 법한 시기였다. 우리는 우리 조상들이 인류의 진보라는 관점에서 전근대적인 것으로 보았던 기이한 원시적 관습들에 이미 의지하고 있었던 것이다. 우리는 강대국들이 학살이라는 낡은 수단에 의존하는 모습을 보았다. 정치 선동가들까지 나타났고, 도덕적으로 위험한 이상주의에 빠진 것으로 보이는 국가가 지극히 온건한 개인들의 목숨을 빼앗는 모습을 보기도 했다. 이 나라도 흔히 볼 수 있는 무고한 골칫거리인 파업 시위 참가자를 등뒤에서 쏘는 지경에 이르렀다. 그런 우리가 식인 풍습을 간과했다니 이상한 일이다.

수천 년 동안 인육 먹기라는 실험을 해왔던 인류에게 그 실험이 부적절하게 여겨진 적은 없었다. 특히 식인이

적에 대한 증오심을 감정 깊숙이 끓어오르게 하는 비할 데 없는 수단이 되어줌으로써 한 집단 내의 연대감과 낯선 집단에 대한 적대감을 고조시킨다는 사실이 밝혀지기도 했다. 사실 사람들은 온갖 숭고한 감정이 식인 풍습과 공존할 수 있을 뿐만 아니라 그 실행을 통해 강화되기까지 한다고 생각했다. 우리에게 이런 사실은, 정치가들이 모색해왔다고 오랫동안 간주했던 구체적이고 탁월한 해결책을 재발견한 것처럼 보일 것이다…….

먼저, 그 관습을 지지했던 높은 도덕관념을 제대로 평가해야 한다. 무역과 부의 추구를 위해 모든 것을 바치는 세계에서 영웅적 자질, 인내심, 자제력이 밀려날까봐 전전긍긍하는 통에 식인 풍습의 문제를 간과했다는 건 불운한 일이다. 오대호 지역과 대평원에 살던 몇몇 용맹한 부족은 오래전에 바로 이러한 자질을 위해 그 풍습을 활용했다. 이 부족들에게 식인 풍습은 인간의 탁월성에 바치는 최고의 숭배 행위였다. 옛 여행자들이 전한 이야기에 따르면, 그들은 적 세 명을 죽여 용맹성을 찬양하는 기회로 삼았는데, 그중 두 명은 명예롭게 잡아먹었고, 남은 한 명은 먹지 않고 내다버렸다고 한다. 그가 죽어가면서 비겁하게 처신했고 고통스럽게 비명을 질렀기 때문이다…….

세계의 부족들이 활용해온 식인 풍습의 탁월한 윤리적 용도는 물론 이것으로 그치지 않는다. 가장 가까운 친척이 죽으면 애정의 표시로 그 시체를 먹어서 처리하는 부족들도 있다. 이는 그 어떤 애정 표현도 할 수 없게 된 고인을 위한 최고의 기념 행위다…….

식인 풍습은 극한적인 공격을 할 때 얻을 수 있는 흥분을 맛볼 수 있는 아주 좋은 기회라는 것도 입증되었다. 최근에는 그것이 겉보기와 달리 결코 시시한 주제가 아니라는 것도 입증되었다. 사실 우리가 직면한 이 문제는 워낙 광범해서, 이를 처리하지 않고는 다음 단계로 넘어갈 수가 없다. 밴쿠버 섬의 아메리칸인디언들은 검은 셔츠단*과 붉은 셔츠단†의 전형적인 특징인 유치한 허세 없이, 그리고 동료들의 증오심에 호소하지 않고도 흥분을 고조시킬 수 있었고, 무수한 종교의식과 터부를 만들어냈으며, 식인 풍습의 의식 절차를 정립했다. ……[한 귀족이 비밀] 결사에 가입했을 때 그는 숲 또는 무덤에 몸을 숨겼고, 사람들은 혼령이 그를 데려갔다고 했다. 미라에 가까운 시체가 준비되어 그을려졌으며, 정해진 시간이 되자 그 귀족 청년은 인육을 먹는 혼령이 들려 엄청난 흥분에 휩싸인 채 마을로 돌아왔다. 결사의 구성원 한 명이 그의 앞에 시체 한 구를 가져다놓자, 귀족 청년은 격렬한 리듬에 맞춰 몸을 떨면서 인육을 찾아다니는 춤을 추었다. 사람들은 그가 사람을 공격하지 못하도록 목에 고리를 채웠고, 그는 식인종이 내는 끔찍한 목소리로 울부짖었다. 하지만 시체를 깨물자 그는 황홀경에서 깨어났고, '진정되었다'…….

이것은 공동체에 가장 해악을 끼치지 않는 의식일 것이다. 현대 세계에서 성실한 가정들의 죽음을 엄숙하게 처리해주는 장의사, 폭력과 유혈이 낭자한 서약 등의 형식으로 졸렬하게 채워온 폭력에 대한 갈망을, 이곳에서는 매년 쓸모없는 시체 하나로 말썽 없이 충족시켜왔던 것이다…….

그러나 식인 풍습의 이런 온갖 활용은 그것이 애국주의의 명분에 기여한 정도에 비하면…… 미미한 수준이다.

*Camicia Nera. 베니토 무솔리니가 이끈 이탈리아의 파시스트 전위대.
†Camicia Rossa. 이탈리아 국가통일운동에 헌신한 주세페 가리발디가 이끈 게릴라 부대.

잘 알다시피 한 국가 [내부]의 적대적 요소를 억누르는 데 보복이라는 공동의 목표만큼 유효한 것은 없다. '적들의 피를 마시기' 위한 우리의 결단을 묘사하는 다양한 연설문의 유명한 구절과 연설문을 읽는 당사자들은 이러한 목표를 무척 효과적으로 내세운다. 그러나 이때 핵심은 이 목표가 죽음을 통해 성취된다는 것, 신체 건강하고 활력 넘치는 젊은이들의 무수한 죽음과 극심한 고통을 대가로 치러야 한다는 것이다. 인간이 이전에 했던 실험이 어떤 것인지에 대해 우리가 얼마나 무지했는지를 이보다 더 유감스럽게 보여주는 것은 없다. 식인 풍습의 바로 이러한 측면이 인류를 열렬히 매혹시켰던 것이다. 식인 풍습은 우발적인 살인이거나 단 한 명의 적의 죽음뿐이라 해도, 철저하고 확실한 방식으로 보복을 맛볼 수 있게 하며 상대방의 뿌리와 가지와 신체와 영혼 모두를 절멸시킨다는 믿음에 일조함으로써, 그 죽음으로부터 최고로 강렬한 정서적 만족감을 끌어낼 수 있다.

[예를 들면] 뉴질랜드의 마오리족은 축제가 열리기 전, 적들이 더없이 자랑스럽게 간직하고 있던 정교한 문신이 새겨진 두상을 갈취해온 뒤 기둥 위로 올리고 이렇게 말하면서 괴롭힌다.

"넌 달아나려고 했지, 안 그래? 하지만 내 힘으로 널 따라잡았어.

내가 널 요리했어. 넌 내 입에 들어갈 음식이 되었어.

네 아버지는 어디 있나? 내가 그를 요리했지.

네 형은 어디 있나? 그는 잡아먹혔어.

네 아내는 어디 있나? 저기 앉아 있다네, 내 아내가 되어!"

우리 시대의 전후문학이 기록해온 대로 전시에 정서

적 만족감이 무너진다는 것이 무엇을 뜻하는지 익히 아는 사람이라면, 온갖 붕괴 징후를 보이는 감정의 집합체를 회복시키기 위한 온갖 희망적인 방법을 받아들이지 못할 리가 없다. 무엇이든 해야 하는 상황에서, 어떤 제안도 뉴질랜드 마오리족의 의식만큼 희망적이지는 않을 터이다.

이로써 식인 풍습의 유용성은 충분히 증명되었다. 여기에서 도출되는 결론은, 현대의 전쟁과 그 결과에서 추구하는 목표는 이와 같이 비교적 순진한 식인 풍습이라는 방법으로 달성될 수 있다는 사실이다. 이러한 사실을 고려하여, 또다른 국가적 선전에 말려들기 전에 전쟁이나 그 밖의 다른 선전을 식인 풍습으로 대체할 수는 없을지 진지하게 고려해보는 것이 어떻겠는가? 선전의 위력은 워낙 잘 입증되어 있으니, 익숙하지 않은 기획이라도 얼마든지 채택될 수 있을 것이다. 예전에야 이제는 거의 따르지 않는 관행을 대중화한다는 것이 가능한지를 두고 의심했을 수도 있겠지만, 지금 우리는 그때보다 대담하게 기획해볼 수 있다. 아직 시간이 있을 때 전쟁과 식인 풍습 사이에서 신중하게 선택해야 하지 않을까?[1]

마흔 가까운 나이에 인류학자 경력을 갓 쌓기 시작한 루스 베네딕트가 1925년 즈음에 썼고, 사반세기 뒤에 마거릿 미드(달리 누구이겠는가?)가 『유고』에서 발췌하여 발표한 이 겸손한 제안*에

*조너선 스위프트가 1729년에 발표한 풍자 수필 「겸손한 제안」을 빗댄 것이다. 이 글에서 스위프트는 당시 극심한 경제적 빈곤에 시달리는 아일랜드를 위해 한 가지 제안을 하는데, 아일랜드에서 태어난 갓난아이를 고기시장에 내다팔자는 것이었다. 물론 이러한 풍자적인 주장은 비참한 현실에서 벗어나기 위한 대책을 전혀 모색하지 않는 아일랜드 정부를 비난하기 위한 것이었다. 기어츠는 식인 풍습의 대중화를 주장하는 베네딕트를 아이를 팔아 가난을 해결하자고 주장하는 스위프트에 견주고 있다.

는 그의 산문이 지닌 모든 특징이 명료하게 드러나 있다. 열정, 거리감, 솔직함, 그리고 그가 이 글에서 모범으로 삼은 거인*과 맞먹는 완벽한 신랄함 등이 그것이다. 베네딕트는 자신의 글에서 스위프트의 재치도 그의 증오에 배어 있는 격렬함도 발휘하지 않았고, 당면 문제를 처리하기 위해 스위프트의 독창성을 발휘할 필요도 없었다. 하지만 그 역시 스위프트의 특징인 목적의 확고함과 준엄함을 지니고 있었다.

베네딕트의 저작을 관통하는 철석같은 태도, 단호하고도 솔직한 문체의 특징은 내가 보기에 내내 평가절하되어왔다. 부분적으로는 그가 여성이라는 것도 이유였다. 여성은, 전문직 여성이라고 해도, 신랄한 풍자를 잘하는 편이 아니라고 여겨졌기 때문이다.(배서 대학 동문인 메리 매카시가 그런 통념을 깨긴 했지만.) 그가 부드럽고 달콤한 분위기의 서정시를 상당량 썼고, 저작들 첫머리와 끝부분에 본문 내용과는 직접적인 관련이 없는 설교를 덧붙였기 때문이기도 할 것이다. 그리고 무엇보다도 베네딕트와의 관계가 실제 이상으로 부풀려진 미드(베네딕트의 제자, 친구, 동료, 결국은 베네딕트라는 명성의 관리인, 혹은 소유자라고 하는 편이 더 나을지도 모르는 인물)를 그와 동화시킨 탓이 크다. 사실 각자의 글에서 미드와 베네딕트는 극단적으로 달랐다. 하지만 이유가 무엇이든, 대다수의 추종자와 비평가가 생각하는 베네딕트의 (직관적이고 투명하고 명랑하고 낭만적인) 기질은 그가 쓴 텍스트에서 보이는 모습과 대립한다.

스위프트와의 관련성, 영어권 지역에서 정평이 난 대가의 사회비평이 취하고 있는 매우 특별한 양식과의 관련성은 그저 긴장을 풀려고 가볍게 쓴 것일 수도 있는 이 의식적 흉내내기 작품 하나만으로는 파악되지 않는다. 그 관련성은 베네딕트가 경력 초반부터 끝까지 다른 전략은 거의 없이 그 비평 양식이 주로 의존하

* 『걸리버 여행기』, 『책들의 전쟁』 등의 저자 조너선 스위프트를 빗댄 것이다.

는 수사학적 전략만을 거듭하여 사용한 데서 나타난다. 그것은 너무나 익숙한 것과 굉장히 이국적인 것의 자리를 뒤바꾸는 병치 전략이다. 스위프트의 저작에서도 그렇듯이(또 몽테스키외, 베블런, 어빙 고프먼, 상당수의 소설가 등 이러한 전통을 이어갔던 다른 사람들의 저작에서도 마찬가지인데), 베네딕트의 저작에서 문화적으로 가까운 것은 괴상하고 인위적인 것으로, 문화적으로 거리가 있는 것은 논리적이고 솔직한 것으로 그려진다. 우리 자신의 생활 형태가 낯선 민족의 낯선 관습이 되는 것이다. 말하자면 실제로 있는 곳이든 상상으로 만들어낸 곳이든 멀리 떨어진 곳의 관습이 주어진 환경 속에서 예측 가능한 행동이 된다. 그곳이 이곳을 혼란스럽게 한다. 우리 아닌 자(또는 미국인이 아닌 자)가 (미국인인) 우리를 긴장하게 한다.

기호를 바꾸어 낯선 것을 친숙하게 그려내는 이 전략을 보통 풍자라고 한다. 이 단어는 너무 광범위하기도 하고 너무 협소하기도 하다. 너무 광범위한 이유는 문학적 조소에는 또다른 종류, 그러니까 마르티알리스, 몰리에르, 제임스 서버의 조소도 있기 때문이다. 너무 협소하다고 말한 것은, 베네딕트가 꼭 어떤 것을 놀림거리로 삼는다거나 도가 지나친 유머를 구사하는 것은 아니기 때문이다. 종종 매우 건조하고 매우 조용한, 신랄한 논평이 등장한다. 이를테면 다음과 같다. "[주니족의] 민담에는 관직을 맡지 않으려고 하는 착한 사람들 이야기가 나오는데, 그러면서도 그들은 항상 관직에 오른다." "어째서 일부러 고리에 매달리거나, 배꼽에 정신을 집중하거나, 돈을 전혀 쓰지 않을까?"[2] 하지만 베네딕트의 저작을 지배하는 어조는 진지하기 짝이 없으며 그 어조에 조롱하는 기색은 전혀 배어 있지 않다. 그의 방식은 인간 권위의 전복을 목적으로 한다는 점에서, 그러면서도 그 태도가 세속적이라는 점에서, 그러나 더없이 진지한 방식으로 구축해나간다는 점에서 그야말로 희극적이다. 베네딕트의 아이러니는 전부 진심 어린 것이다.

이 책을 가장 먼저 접하게 될 독자들의 신념과 관습을 아프리카 여자 마법사와 아메리칸인디언 치료 주술사(혹은 앞의 발췌문에 등장하는 식인종들)의 신념 및 관습과 한데 엮는 데서 생기는 본질적으로 유머러스한 효과는 정말 굉장하다. 그 효과가 워낙 굉장하다보니, 신념과 관습들을 숨기는 데 성공한 저작에서 베네딕트는 그 업적을 근간으로 하여 저자-작가로서 '담론성의 창시자'라는 자리를 차지할 수 있었다. 베네딕트를 유명하게 만들어준, 처음부터 끝까지 '우리가 타인을 들여다보는 것처럼 우리 자신을 들여다보라'는 방식으로 일관하는 『국화와 칼』, 『문화의 패턴』이 그 저작들이다. 이러한 종류의 작업을 지칭하는 일반 명사를 고안해본다면 '자기-원주민화self-nativising' 정도로 표현할 수 있을 것이다. 이 '자기-원주민화'는 문화 현상을 두고 아주 쉽고 자연스럽게 한바탕 웃어젖힐 수도 있게 해주며, 「식인종」에서, 『페르시아인의 편지』, 『캉디드』, 〈미카도〉, 『유한계급론』, 『비의 왕 헨더슨』*에 이르기까지(호러스 마이너의 「나시르마족의 신체 제의」 같은 살롱식 농담이나 토머스 글래드윈의 「잠재기와 말馬의 잠재의식」은 말할 것도 없고) 굉장히 한결같은 방식으로 소용되어왔으므로,[3] 이것 자체가 대상의 일부가 된 것처럼 보이기도 한다. 베네딕트가 했던 것처럼, 패러디를 인물묘사 기법으로 바꾸기 위해, 사회 풍자를 도덕적 변론으로 바꾸기 위해 '자기-원주민화'를 수행한다면, 그 교훈적인 결을 매우 거스르는 방향으로 작업하게 될 터이다.

그것은 또한 한 가지 장르를, 교화적 민족지edificatory ethnography를, 진보하기 위해 구상된 인류학을 완성하는 일이다. 말하자면 대개는 (『산사람들』에 나타나는) 도덕적 생색내기에 의해서든, (『노인을 위한 새 생명』에서 보이는) 과장된 자의식에 의해서든, (『퇴행 사회의 도덕적 기초』에서 거론하는) 이데올로기적 선입견에 의해서든 실패한다는 뜻이다.[4] 오늘날 논란의 여지가 상당히 많은 주

* 몽테뉴, 몽테스키외, 볼테르, 길버트와 설리번, 베블런, 솔 벨로의 작품이다.

니족의 침착함이라든가 일본인들의 수치심에 대한 진위 여부를 차치한다면, 이는 놀라운 업적이다. 하지만 더욱 놀라운 것은 이것이 현지조사의 결과물이 아니라는 점이다. 베네딕트는 현지조사를 거의 하지 않았고, 조사에 흥미를 보이지도 않았으며, 체계적인 이론화 작업을 거치지도 않았고, 그런 이론화 작업에 관심도 거의 없었다. 이것은 거의 전적으로 강력한 해석적 스타일을 간결하고 자신 있고 정교하게, 무엇보다도 단호하게 발전시킨 결과다. 즉 명확한 견해를 명확하게 표현한 것이다. 그는 1920년대에 쓴 것으로 추정되는 일기에서 "15세기의 성무일도서*에 실린 목판화는 목재의 본성이 지닌 순수한 한계를 품은 채, [19세기 후반부터 20세기 초반까지 활동한 백목 목판화가] 티머시 콜의 훌륭한 장인기술로도 결코 맛볼 수 없는 즐거움을 우리에게 안겨준다. 또한 한 줄 한 줄 금속을 파고든 흔적이 역력한 렘브란트의 열두 줄짜리 에칭화는 19세기가 전하지 못했던 즐거움과 궁극의 감각을 일깨워준다"[5]라고 썼다.
　언어도 마찬가지다.

●

나무나 금속과 마찬가지로 언어가 처음부터 그곳에 존재한다면 확실히 그렇다. 전문 인류학자로서 베네딕트의 문체는 애초부터 성숙해 있었다. 그것은 초기의 전문화된 연구들에서 이미 완성된 형태로 존재했고, 그런 연구를 토대로 그는 입문하자마자 그 분야에서 매우 일찍 인정받았으며, 제도의 중심인 컬럼비아 대학 교수라는 지도자급 위치에 오를 수 있었다. 대중적 명성을 가져다준 후기 저작들, 즉 마흔일곱, 그리고 죽기 2년 전인 쉰아홉 살 때 출판된 두 저작은 기존의 문체를 더 세련되게 다듬어 광범하게 활용했을 뿐이다.
　물론 그 초기 단계를 보여주는 것은 그가 대학 재학 당시 쓴 글,

*가톨릭교 미사 때 낭독하는 시편·성서본문·찬송이 실린 책.

인류학으로 돌아선 후 바로 포기했던 여성주의자 전기의 미완성
조각글들, 그리고 (그 타당한 본질은 대개 오해되고 있지만) 시이
다.[6] 하지만 민족지를 써나가는 그의 문체는 시종 변함이 없었다. 그
것은 단호함이 흠뻑 배어 있는, 예리하게 그어진 선이었다.

1922년의 글을 보자.

> 대평원의 아메리칸인디언들 및 그 동쪽과 서쪽의 부족들
> 은 공통적으로 무절제한 환상을 추구한다. 그것과 관련된
> 고도로 형식화된 인식은 대서양 연안과 태평양 연안에서
> 도 발견된다. 그러므로 지역마다 우세한 형태는 무척 다르
> 지만 환상에 다가가는 방식은 항상 동일한 고립과 자기고
> 행이라는 형태다. 형식적인 측면을 더 들여다보면, 광범위
> 한 지역에서 그 환상은 한 가지 공식에 따라 진행된다. 동
> 물이나 새 또는 목소리가 탄원자에게 나타나 말을 건네고,
> 자신이 그에게 부여하는 힘에 대해 설명하고, 노래, 기억해
> 야 할 것, 금기를 가르쳐주며, 어쩌면 제의 절차에도 관여
> 할지 모른다. 그리하여 이 개인에게 그와 대화를 나눈 존재
> 는 '수호자 혼령'이 된다.[7]

다음은 1934년의 글이다.

> 주니족은 지나치게 형식을 차리는 종족이다. 그들은 다른
> 어떤 덕성보다도 절제와 관습을 거스르지 않는 것을 가치
> 있게 여긴다. 그들의 주 관심은 호화롭고 복잡한 의례생활
> 에 있다. 가면 쓴 신, 치유, 태양, 희생양, 전쟁, 망자에 대한
> 숭배는 날짜 준수 및 사제와 더불어 공식적으로 확립된 제
> 의의 핵심을 이룬다. 제의 이외에 어떤 행동 영역도 그들의
> 관심에서 우선권을 다툴 수 없다.[8]

다음은 1946년의 글이다.

일본인을 이해하려는 모든 시도는 '각자 알맞은 위치를 잡는다'라는 말의 의미를 그들식으로 이해하는 것에서 시작해야 한다. 질서와 계급제도에 대한 그들의 의존과 자유와 평등에 대한 우리의 믿음은 천양지차며, 우리가 계급제도를 하나의 가능한 사회체제로 당연하다는 듯 인정하기는 어렵다. 계급제도에 대한 일본인들의 확신은 인간 상호관계뿐 아니라 국가와 인간의 관계에서 일본인이 품고 있는 개념 전체의 기초다. 우리는 가족, 국가, 종교, 경제생활 등 국가 제도를 살펴봄으로써 그들의 사고방식을 이해할 수 있게 될 것이다.[9]

어떤 종류의 글이든 마찬가지다. 운동 법칙처럼 명백한 것으로 보일 때까지, 또는 법률가의 발표문처럼 날조한 것으로 여겨질 때까지, 같은 것이 계속해서 이야기되고 또 이야기된다. 예로 드는 보기만 바뀔 뿐이다. 그의 글에는 스스로 단 하나의 진리를 말하는, 진리를 말하는 사람이고자 하는 고슴도치 같은 태도*가 배어 있다. 하지만 그 본질적인 진리(대평원의 아메리칸인디언들은 황홀경에 빠지기 일쑤이고 주니족은 지나치게 형식을 중시하며 일본인들은 위계적이라는, 그리고 우리는 언제까지나 그렇지 않다는 진리) 때문에 베네딕트의 전문 독자들은 그의 글을 권위 있다고 평가하는가 하면 편집증 같다고 보기도 한다. 폭넓은 독자층이 생긴 까닭 또한

*고대 그리스 시인 아르킬로코스가 남긴 시구인 "여우는 아는 게 많지만, 고슴도치는 딱 한 가지 큰일에만 집중한다"에서 비롯된 표현이다. 20세기의 사상사가인 이사야 벌린은 이 표현에서 출발한 「고슴도치와 여우」라는 에세이를 발표했는데, 여기에서 고슴도치는 최상위에 있는 한 가지 개념으로 세계를 해석하려고 하는 사람으로, 여우는 한 가지 이론에 천착하기보다 될 수 있는 한 많은 경험과 자료를 찾아보는 사람으로 비유된다.

140

 저자로서의 인류학자

여기에 있다. 결과 면에서는, 그러니까 대중 독자가 많다는 점에서는 미드도 비슷했다. 하지만 미드는 느슨하고 즉흥적인 문체를 사용하며 열일곱 가지 문제를 한꺼번에 말하는 중에도 스쳐가는 생각에 경이적으로 반응할 수 있는, 소용돌이무늬를 그리며 빙글빙글 도는 행간의 공백 같은 인물인 데 비해, 베네딕트는 그와 달리 요점에만 집중함으로써 독자층을 확보했다.

주변 세계와 조화를 이루지 못하는 미적인 심성, 그리고 유용한 지식을 찾아다니는 실용적인 일반 대중 간의 있을 법하지 않은 만남을 이끌어낸 작품은 물론 『문화의 패턴』이다. 간결하고 생생하고 탁월하게 구성된 이 책은 약 스물네 개의 언어로 번역되었고 200만 부 가까이 팔렸다. 이는 분명히 독자들의 공감을 불러일으켰고, 그들을 매료시켰으며 그들에게 어떤 메시지를 보냈기 때문이었다. 적절한 시기에 꼭 알맞은 텍스트가 등장한 것이다.

그 작업의 문학적 형식은 매우 단순하고 집약적이며 개요 또한 워낙 빈틈없이 짜여 있어 책을 읽고 무척 분개했던 사람도 결코 잊을 수는 없는 종류의 것이었다. 세 개의 사례가 한 벌로 이루어지는 서술 구도(무척 대조적인 부족 문화 셋), 이분법적 개념 유형론(뚜렷하게 상반되는 두 가지 인간 기질), 일원화된 지배 은유(유효하면서도 가능한 것들이 나열된 우주적 '아치'에서 선택한 대안적 삶의 방식들)를 한데 모은 그 구성은 극도로 간결하고 구조도 명시적이다. 『걸리버 여행기』(비록 그 책은 4부로 구성되어 있고 상당 부분이 은유에 할애되어 있지만)와 마찬가지로, 이 책은 여운을 남긴다.

베네딕트의 후이늠인, 브롭딩낵인, 야후인*(말하자면 주니족, 콰키우틀족, 도부족)은 그의 텍스트 틀을 규정하는데, 그 틀의 성격

*후이늠, 브롭딩낵, 야후는 모두 『걸리버 여행기』에 등장하는 부족들의 이름이다. 또 뒤에 언급되는 러그낵, 릴리퍼트, 블레푸스쿠, 라퓨타는 걸리버가 들른 왕국들의 이름이다.

은 서사적(연속적으로 이어지는 사건에 설명적 논리를 부여하는 플롯을 지닌 이야기)이기보다는 표상적(실천 체계에 도덕적 색채를 덧씌우는 주제와 관련된 기존 양식)이다.『문화의 패턴』은 인용될 목적으로 쓰인 글이 아니다. 그것을 둘러싸고 '실제로 그런가?'라는 열띤 논쟁이 벌어지기는 했지만, 푸에블로, 북서 연안, 멜라네시아의 사회생활에 대한 사실 문제를 따지기 위해 그 책을 읽는 사람은 없다.(물론 그가 제시한 세 가지 사례 중 두 사례는 어떤 현지조사와도 관련이 없다. 심지어 그가 직접 경험해 지식을 쌓은 나머지 한 가지 사례 역시 마찬가지인데, 주니족에 관한 연구의 매우 국한적인 성격을 감안했을 때 그가 직접 확인해서 얻은 자료는 중요한 원천이 아니었다.)[10] 이 글에서만이 아니라 다른 모든 연구에서 베네딕트가 은밀히 건네는 것은, 일차적인 서술이 아니라(민담을 제외하면 사실상 그가 직접 기록한 것은 없다) 독특한 재서술이라 할 수 있다. 그것은 사람을 깜짝 놀라게 한다. 그의 현실에 존재하는 러그낵인과 릴리퍼트인은 그 허구적인 존재들처럼 무엇보다도 사람들을 혼란스럽게 만든다.

그들은 정말 혼란을 일으킨다. 주니족이 그랬듯 우리를 비난하고(우리는 왜 그처럼 협동적이지 못한가?), 콰키우틀족이 그랬듯 우리를 풍자하며(노예들을 불태워 죽이는 일은 높은 지위를 얻기 위한 수단이 아니라 자신들이 대단하다는 것을 보여주기 위한 과시적 낭비가 아닌가?), 도부족이 그랬듯 우리를 책망하기(우리 역시 '좋은 사람, 성공한 사람이란 다른 사람을 속여 그 자리를 빼앗은 사람'이라고 반쯤은 믿고 있지 않은가?) 때문이다.[11] 더없이 기이한 생활방식(주니족의 통과의례, 콰키우틀족의 송가, 도부족의 거주지 배정)에 대한 상세한 자료들로 꽉 채워져 있는 세 장章, 그 내용을 관통하는 전체 기획은 블레푸스쿠의 소송절차나 라퓨타의 언어학에 대해 가차없이 표현하는 것과 매한가지인 것처럼 보인다. 그러니까 무엇인가 다른 것, 어딘가 다른 곳, 아주 가까운 곳과 관련 있는 분위기인 것이다. 거듭 보여주는 반대항, 그 지적 대상은 (이따금 상기시켜주는 암시는 제쳐둔다면) 그럴듯하게 누락한 것에 반해, 모든 것은 이 요령 있는 대비의 연쇄로 처리된다. 그것은 그저 이솝우화에 숨겨진 것 같은 깊은 의미, 알레고리일 뿐만 아니라 여백의 글쓰기다. 눈에 띄도록 명백하게 그곳에 있는 것이 그곳에 없는 것을 구성한다. 이를테면 인육을 먹는 우리의 얼굴을.

　　사방에서 지배적인 수사(우리는 우리 아닌 사람을 만났고 그들은 우리가 아니라는 자기비판 같은 터무니없는 타자성)가 긴 세 개의 민족지 장章을 괄호로 묶어낸 채 논지를 밀고 나가는 다섯 개의 짧은 장章 속으로, 더 명백하고 더 의도적인 아폴론적인 것/디오니소스적인 것 속으로, 그리고 선택의 아치arc-of-selection라는 이미지 속으로 모여든다. 이런 요란한 은유들은 핵심을 명쾌하게 설명한다. 그러나 이것이, 베네딕트의 저술 작업을 미드의 저술 작업에 잘못 동화시키는 것, 그리고 베네딕트의 작업을 고증적인 것으로 오해하게 만듦과 동시에 베네딕트의 저술 작업이 계속 문제시되게 하는 아이러니다. 이 아이러니는 결국 베네딕트의 저술을 이해하기 어렵게 만드는 쪽으로 주로 기여했다. 때로는 부족함이 더 나을 때도 있다. 명료해지려고 너무 애쓰다보면, 시인이었던 어떤 사람이 당연히 알았어야 했던 것처럼, 불투명한 그대로 두는 것이 좋았을 논의를 더 막연하게 만들 수도 있는 것이다.

　　베네딕트의 아폴론적인 것과 디오니소스적인 것의 대비는 물론, 많은 부분을 인용한 것은 아니지만, 대부분 니체의 『비극의 탄생』에서 빌려왔다.('중도를 지키는 자, 잘 알려진 지도 속에 머무는 자'와 '오감이 덧씌운 자신의 굴레를 벗어나려고 하는 자, 경험의 또 다른 질서를 뚫고 나가려고 하는 자'의 대비)[12] 선택의 아치라는 은유는, 이 또한 많이 활용하지는 않았지만, 음운론에서 빌려온 것이며("말을 할 때도 그렇듯이 문화생활에서도 [신체적으로 가능한 범위 내에서의] 선택은 필수적이다"),[13] 그 책의 제사題詞로 쓰인 유명한 디거 인디언 속담으로 요약되기도 했다. "태초에 신은 모든 인간에게 흙으로 만든 작은 그릇 하나를 주었는데, 인간은 이 그릇으로 자신의 생명을 마셨다."[14] 근본적으로 비교 불가능한 극단적 기질을 지닌 아치의 한쪽과 상호배타적 선택의 영역인 다른 한쪽, 이 두 존재는 민족지 자료를 극단적인 특수성으로부터 구해내기 위해 설정된 존재들이다. 즉 서술은 독특하게 하면서, 결과는 보편적인 것으로 만들고자 하는 것이다. 시를 통한 과학, 이 '원시문명' 연구는 문화를 생물학처럼 엄밀하게 분석하는 토대가 될 것이다.

우리 자신의 문화적 절차를 이해하는 가장 경제적인 방법은 우회로를 택하는 것이다. 인간과 인간의 직계 조상인 동물들 간의 역사적 관계는 생물학적 진화 사실의 확증을 위해 참조하기에 너무 복잡하므로, 다윈은 그 대신으로 딱정벌레의 구조를 사용했다. 복잡한 인체 조직에서는 혼란스러워 보이는 과정이 딱정벌레에서는 단순하게 나타나기에 그 타당성이 투명하게 드러난다. 문화 메커니즘 연구도 마찬가지다. 우리는 덜 복잡한 집단에서 체계화된 사고와 행동을 연구함으로써 깨달음을 얻어야 한다.[15]

하지만 이런 딱정벌레식의 분류(그토록 인간지향적인 학자가 선택하기에는 놀라운 이미지이지만)가 인류학계의 다윈에게 기대할 법한, 서술자가 재현해내는 문화적 변주, 체계적인 플롯을 갖춘 역사소설로 이어지지는 않는다. 그보다는 적절한 명칭을 부여한 문화적 종류와 장르의 일람표를 구축하려는 시도가 이어진다. 베네딕트는 굳이 '절차'나 '체제'를 찾으려고 애쓰지 않는다.(또 '통합'이나 '이상異常'에 대한 일반화된 언급이나 분석이 아닌 충고조의 견해도 전혀 제시하지 않는다.) 이 책에서도 그보다는 차이가 스스로 드러나게 만드는 방법을 추구한다. 문제는, 그가 기대와는 다르게 어떤 이론을 시험하고 있다고 이해하도록 부추기는 것처럼 보인다는 사실이다. 실제로 자신이 하고 있는(또 자신도 의식하고 있는) 일은 어떤 비판적 주장을 역설하려는 것인데 말이다. 그 책의 유명한 (혹은 악명 높은) 마지막 단락은 이렇게 이어진다.

> 문화상대주의를 인정하는 것은 그 자체로 가치가 있다. ……그것은 사람들에게 격심한 불편을 불러온 관습적인 견해와 명분에 도전한다. 그것은 낡은 공식을 혼란에 빠뜨리므로 염세주의를 유발한다. ……[하지만] 새로운 견해가 관습적 신념으로 받아들여지는 순간 그것은 훌륭한 인생을 위한 또하나의 믿음직한 방어벽이 될 것이다. 그럴 때 우리는 인류가 실존이라는 재료를 토대로 스스로 창조해온 다양한 삶의 유형이 똑같이 소중하고 타당하다는 사실을 받아들이고, 이를 희망의 근거로 또 관용의 새로운 발판으로 삼아 훨씬 더 현실적인 사회적 신념에 도달할 수 있을 것이다.[16]

저자로서의 인류학자

그토록 불안하게 하는 데 몰두했던 인물이 스스로를 인간 가능성의 체계적 일람표를 구축하는 일에 종사하는 사람으로 묘사해야 했던 이유는 주로 그가 작업했던 지적 환경이라는 배경으로 설명할 수 있겠지만, 후발 주자인데다 사고 취향도 은유적인 베네딕트는 그 환경에 결코 완전히 녹아들 수 없었다. 복잡하고 현대적인 사회 속에서 완전히 가려져 있었거나 은폐되어 있었던 사회생활의 본질을 찾는 인류학적 구상의 독특한 위치는 아마 양차 대전 사이에 그 정점에 도달했을 것이다. 물론 그전에는 뒤르켐의 사유 속에 존재했고('기본 형태'*), 그뒤에는 레비스트로스('기본 구조'†)가 이

---

* 뒤르켐의 『종교생활의 기본 형태』(1912)를 염두에 둔 표현이다.
† 레비스트로스의 『친족의 기본 구조』를 염두에 둔 표현이다.

어나가긴 했지만 말이다. 미국에서는 프란츠 보아스, 폴 래딘, 로버트 로위, 마거릿 미드, 에드워드 사피어가, 영국에서는 브로니슬라프 말리노프스키, A. R. 래드클리프브라운, A. C. 해든, C. C. 셀리그먼이 모두 그러한 인식을 공유하고 있었고, 그에 따라 그들에게 미개사회의 이미지는 '자연 실험실', 인류학의 갈라파고스였다. 하지만 이러한 관점은 베네딕트 감수성의 상상적 중심인 우리 사회를 유령의 집 거울―어느 하나는 길쭉해지고 다른 것은 납작해져 있고 또다른 것은 뒤틀려 보이는 그런 거울―로 비춰보려는 입장과 호응하지 못한다.

　이때 고안된 지복의 상태인 '진정한 과학자'가 되고자 하는(어쨌든 그렇게 보이고자 하는) 시도가 바로 둘로 구분되는 유형 분류 체계, 곡선 없는 아치, 그리고 "다양한 삶의 유형이 똑같이 소중하고 타당하다"라는 참담한 마지막 문장으로 이어지게 된 원인이다. 그 문장은 엘긴 윌리엄스가 오래전에 지적했듯이, 책의 본론이 전하는 모든 것과 충돌한다.[17] 얼마 지나지 않아 이 사실을 적어도 반쯤은 깨닫게 된 그는 자신도 믿지 않는 방법론적 기만으로부터 스스로 벗어나, 가장 확실하게 자신의 것인 새 책을 만들어냈다. 그 책은 '고작' 35만 부가 팔렸지만 가장 확고한 생명력을 지닌 책이 되었다. 그 책이 바로 『국화와 칼』이다.

●

너무나 방대하고 포착하기 어려운 실체인 서구적 상상력이라는 것을 이해하기 쉽게 말할 수 있는 차원에서 이야기하면, 그것은 이런저런 부류의 타자들과 실제로 접촉을 하면서 타자의 타자성이 표상하는 바를 원래와는 좀 다르게 구축하는 경향이 있다. 이를테면 다음과 같다. 아프리카, '어둠의 심연': 톰톰, 주술, 형언하기 어려운 의식.* 아시아, '무너져가는 대저택': 나약한 인도의 종교 지도자들,

*『어둠의 심연Heart of Darkness』은 조지프 콘래드의 소설 제목이며, 톰톰은 아프리카의 타악기이다.

부패한 중국 관료들, 방종한 이슬람 왕족들. 토착민들이 사는 오스트레일리아, 오세아니아, 아메리카의 여러 곳, '인간성의 영도'*: 원형적 친족과 원형적 종교와 원형적 과학, 근친상간의 기원. 하지만 그런 식의 여정을 거쳐 마지막으로 도달한 곳, 혹은 어떻게든 침투했을 장소인 일본은 우리에게 그 어디와도 절대적으로 다른 곳이었다. 그것은 대단히 곤란한 대상이었다. 엄청난 그 어떤 것, 다듬어져 있고, 복잡하게 뒤엉켜 있고, 정신없이 바쁜 곳, 에스허르의 그림처럼 추측할 수 없는 장소였다. 〈나비부인〉에서 『마음』, 〈태평양 서곡〉, 『기호의 제국』†에 이르기까지 (영국을 제외하면 『걸리버 여행기』가 참조 대상으로 삼았을 법한 유일한 현실적 공간인) 그 나라는 그저 멀기만 한 것이 아니라 지도에도 나와 있지 않았다. 말하자면 그곳은 '기이한 장소'이다. 베네딕트의 책은 이렇게 시작한다. "일본인은 미국이 지금껏 전력을 기울여 싸운 이들 가운데 가장 낯선 적이다." 이러한 사실은 우리의 힘에 대한 도전일 뿐만 아니라 이해능력에 대한 도전이기도 하다. "서양의 국가들이 인간 본성에 비추어 당연히 받아들였던 전시 관례가 일본인에게는 존재하지 않음이 분명하다. [이 때문에] 태평양에서 벌어진 전쟁은 그저 섬의 해안에 당도하는 일련의 상륙작전이나 수송과 보급의 어려움 이상의 것, 즉 적의 본성을 파악하는 것이 더 중요한 문제가 되었다. 우리는 적과 상대하기 위해서 그들의 행동을 이해해야 한다."[18]

베네딕트가 쓴 (물론 그가 전쟁 동안 맡았던 정보 업무와 선전 작업에서 처음 시작된) 책의 탁월한 독창성과 그것이 가진 힘의 토대, 준열한 비판자들조차도 느낀 그 힘의 토대는 그가 일본과 일본

---

*degré zéro. 바르트의 책 『글쓰기의 영도』에서 가져온 표현으로, 어느 쪽으로 기울어지지 않고 중립적이며 비활성적인, 일체의 속성이 부재한 상태를 의미한다.

†모두 일본을 배경으로 한 작품들로, 〈나비부인〉은 푸치니의 오페라, 『마음』은 나쓰메 소세키의 소설, 〈태평양 서곡〉은 손드하임의 뮤지컬, 『기호의 제국』은 바르트의 에세이다.

인들이라는 수수께끼를 푸는 방법을 괴상하게 무장한 사람들이 살고 있는 괴상하게 생긴 세계라는 느낌을 완화하는 방향에서 찾으려 하지 않는다는 데 있다. 그는 그런 느낌을 오히려 더 강화한다. '우리가 알고 있는' 우리와 '상상 속의' 그들을 대비시키는 습관은 이 책에서 절정에 이른다. 아메리칸인디언과 멜라네시아인에 대한 연구는 진짜 이질적인 대상을 연구하기 위한 전초전에 불과한 것이었다고 여겨질 정도다. 더욱이 그런 대조는 『문화의 패턴』에서도 그랬지만, 함축적이고 일반적인 것이 아니라 명시적이고 특징적인 것이 되었다. 특정한 이것을 특정한 저것에 대비시키는 것이다. 나는 『국화와 칼』에서 '미국에서는'이라는 구절과 '일본에서는'이라는 구절이 몇 번 나오는지 세어볼까도 했지만 곧 포기했다. 도저히 셀 수 없을 정도로 많아 골치가 아팠기 때문이다. 하지만 그런 구절은 수많은 사례 속에 반복적으로 등장하며, 책 전체에서 울려펴진다.

다음은 잠에 대한 구절이다.

> 잠은…… 일본인들이 가장 통달한 기술 중 하나다. 그들은 완전히 긴장이 풀린 상태로…… 우리라면 도저히 잠들 수 없을 것 같은 상황에서도 잘 잔다. 이는 서양의 수많은 일본 연구자를 놀라게 했다. 미국인들은 불면증을 정신적 긴장과 거의 동의어처럼 여기며, 우리 기준에서 보면 일본인들은 기질적으로 매우 긴장을 잘 하는 편이다. ……미국인들은 잠을 자는 것이 사람들의 체력을 유지하기 위해서라고 여기고, 우리 대부분은 아침에 눈을 뜨면 제일 먼저, 지난밤에 몇 시간 정도 잤는지 따져본다. 몇 시간 잤는지 알면 그날의 에너지 소비 정도와 능률을 가늠할 수 있기 때문이다. 일본인들이 잠을 자는 이유는 이와 다르다.[19]

다음은 먹는 것에 대한 구절이다.

우리/우리 아닌 자

일본식 사고방식에 따르면, 음식을 먹고 싶은데도 참는 것은 그가 얼마나 '단련되었는지' 알아볼 수 있는 뛰어난 감별법이다. ……단식은 자신이 그것을 '감당할' 수 있는지를 입증할 기회다. ……체력은 칼로리와 비타민으로 저하되기는커녕 정신의 승리 덕분에 고양된다. 일본인은 미국식으로 설정된 영양과 체력 간의 일대일 상응관계를 인정하지 않는다.[20]

다음은 성性과 결혼에 대한 구절이다.

그들은 아내에게 속하는 영역과 성적 향락에 속하는 영역을 구분한다. 두 영역은 똑같이 공공연히 인정된다. 두 영역은 미국인의 생활처럼 한쪽은 공인되는 것이고 다른 한쪽은 은밀한 것이라는 식으로 분리되어 있지 않다. ……우리 미국인들의 이상인 사랑과 결혼의 동일시를 일본인들은 전혀 추구하지 않는다.[21]

다음은 남성성에 대한 구절이다.

[동성애는] 도덕적으로 비난받을 일이 아닌, 인간적 감정에 속하는 것으로 여겨진다. 하지만 정해진 곳에만 머물러야 하며, 가정생활을 방해해서는 안 된다. 따라서 남자가…… 서구에서 표현하듯 동성애자가 '될' 위험은 거의 없다. ……일본인들은 미국에서처럼 성인이 동성애 관계에서 수동적 역할을 하는 것에 특히 놀라움을 느낀다. 일본에서 성인 남자는 소년 파트너를 구한다. 성인 남자가 수동적 위치에 있는 것은 그들의 품위를 떨어뜨리는 일이기 때문이다. 일본인들은 남자가 할 수 있고 자존심을 유지할 수

있는 일에 대해 나름대로 경계선을 긋는데, 그 경계선은 우리의 경계선과 다르다.[22]

다음은 음주에 대한 구절이다.

일본인은 미국인의 완전한 금주 서약을 서양인의 괴팍한 행동 중 하나로 여긴다. ……정상적인 남자라면 사케를 마시는 즐거움을 거부할 이유가 없다. 하지만 술은 하찮은 기분전환거리이므로, 제정신이 있는 사람은 그것에 중독되지 않는다. 그들의 사고방식에 따르면 동성애자가 '될' 위험이 없는 것처럼 알코올중독자가 '될' 위험은 없다. 사실 일본에서는 알코올중독자가 사회문제로 대두되지 않는다.[23]

다음은 선과 악에 대한 구절이다.

미국인들은 그런 가르침[악이 인간 영혼에 내재하는 것은 아니라는 가르침, 악과 싸우는 것이 곧 덕이 아니라는 가르침]을 방종을 허용하는 철학으로 여길 것 같다. 하지만 일본인들은…… 각자의 의무를 다하는 것을 삶의 과제로 삼는다. 그들은 [은혜를] 갚는다는 것이 자신의 개인적 욕망과 쾌락의 희생을 의미한다는 것을 잘 알고 있다. 행복 추구가 삶의 진지한 목표일 수 있다는 생각은 그들에게는 놀랄 만큼 부도덕한 가르침이다.[24]

다음은 행복한 결말에 대한 구절이다.

'행복한 결말'은…… 일본인들의 소설과 연극에서 매우 드물다. 미국 관중은 해결을 열망한다. 그들은 인물들이 그후 언제까지나 행복하게 살았다고 믿고 싶어한다. 그들은 사람들이 덕성에 대한 보상을 받았는지 알고 싶어한다. ……일본의 일반 관중은 꼼짝 않고 앉아서 주인공이 비극적 최후를 맞는 장면과 아름다운 여주인공이 운명의 수레바퀴 속에서 살해당하는 장면을 보면서 눈물을 흘린다. 그런 플롯이 그날 저녁 여흥의 절정이다. 사람들은 바로 그런 것을 보러 극장에 간다. ……그들이 만든 현대의 전쟁영화도 같은 전통을 따른다. 미국인들은 흔히 일본 영화를 보고 자기들이 본 최고의 평화주의 선전물이었다고들 말한다. 그런 영화들은 전쟁의 희생과 고통에 완전히 집중하기 때문에 미국인들은 그런 반응을 전형적으로 보이게 된다. ……그런 영화의 마지막 장면은 승리도, 만세 돌격*도 아니다. 그것은 진흙 속에 깊이 묻힌 특징 없는 중국의 어느 마을에서 숙영하는 정경이다. 아니면 세 번의 전쟁을 겪은 생존자, 저마다 장애인이 되고, 절름발이가 되고, 앞을 보지 못하게 된 일본인 가족 삼대를 보여준다. 박진감 넘치는 영미 영화 〈캐벌케이드〉†식 배경 따위는 전혀 찾아볼 수 없다. ……심지어 그 전쟁의 목적은 언급조차 되지 않는다. 일본 관중에게는 스크린에 나오는 모든 사람이 그들에게 있는 모든 것을 바쳐 [황제 폐하의 은혜에] 보답하기만 하면 족하다. 따라서 일본에서 이런 영화는 군국주의의 선전물이었다. 영화 제작을 후원하는 사람들은 일본 관중이 이

---

*이차대전 당시 일본군이 사용한 전술. 위기 상황에서 총검이나 장검을 들고 적진 중심으로 달려들었던 구식 공격 방식이다.
†노엘 카워드의 뮤지컬을 각색하여 1933년에 미국에서 제작된 프랑크 로이드 감독의 영화로, 일차대전의 소용돌이에서 사랑하는 아들을 잃는 한 가정의 비극 이야기다.

런 영화를 본다고 해서 반전사상을 품지는 않는다는 것을 알고 있었다.[25]

　이 책을 대표하는 내용이라고 할 수는 없지만, 책의 중간부분에 나오는 그런 곁가지 이야기(그중의 일부는 그가 조사한 것이 아니라 짐작으로 파악한 사회 보고서처럼 들린다)는 끝없이 쌓여 있으며, 겨우 하나를 처리하자마자 다음 것이 또 나타난다. 고작 열 쪽 정도의 텍스트에서 이리저리 발췌한 다양한 단언의 경험적 타당성은 베네딕트의 주장에 비상한 활기를 불어넣는다. 그는 반복의 순수한 힘을 통해 사람들을 최대한 설득하는데, 의미심장하게도 그 자신들을 이해하지 못해 당혹스러워하는 일본인들까지 설득한다. '우리/우리 아닌 자' 모티프는 매우 다양한 출처(전설, 영화, 외국에 거주하는 일본인들 및 전쟁포로들과의 인터뷰, 학술조사, 신문기사, 라디오 방송, '고서', 소설, 내각 연설, 군사정보 보고서)에서 얻은 매우 다양하고 방대한 자료에서, 일반적인 신념이든 일반적인 회의주의든 한 가지만을 강제함으로써 관철된다. 전쟁 때문만이 아니라 청력도 나쁘고 싫증을 잘 내는 성격 때문에 문자 그대로의 '그곳에 있기'를 실행하지 못했던 베네딕트는, 상상력을 동원한 그곳에 있기로 자신의 권위를 세운다. '불가능한 사물'*을 이리저리 가로지르면서, 모든 페이지에서 "'이 그림의 문제'는 무엇인가라는 상존하는 물음"이라고 스스로 말하는 것과 대결하면서.[26]

　하지만 별나 보이는 '그들'의 사례들에서 '우리'의 사례들로 이동하는 이 짧은 일련의 인용문들에서도 볼 수 있듯, 문화적 차이를 통과하는 행군 도중에 불편한 왜곡이 나타난다. 더불어 작전을 약간 엉뚱한 방향으로 흘러가게 하는 예상치 못했던 일탈이 생겨난다. 그것은 파손된 전함을 구해낸 미국 제독에게 훈장이 수여되기

---

*바위를 뚫은 나무 화살이나 입구가 좁은 유리병 안에 들어간 탁구공처럼, 삼차원 공간에서는 가능하지 않는 것 같은 오브제를 가리키는 말.

를 기대하는 미국인들을 의아하게 여기는 일본인들의 태도부터, 일본인들이 자살을 삶의 완성으로 볼 수도 있다는 것을 믿기 어려워하는 미국인들의 반응까지 통틀어 살펴보다보면, 어찌된 일인지 일본은 갈수록 오류가 적고 제멋대로가 아닌 나라로 보이는 반면 미국은 점점 그 반대인 나라로 보이게 된다는 사실에서 온다. 사실 '이 그림의 문제'는 아무것도 없다. 단지 그것을 뒤집어서 바라보는 사람에게 문제가 있는 것이다. 이 책을 처음 펼쳤을 때는 지금껏 맞서 싸운 적들 중에서도 가장 낯설었던 적이, 책이 끝날 무렵에는 우리가 지금껏 정복한 적 가운데 가장 분별 있는 이들로 보인다. 일본 신문들은 패배에 대해 '일본의 궁극적인 구원을 위해 잘된 일'로 보도했다. 일본의 정치가들은 맥아더의 보호 아래 그 나라를 행복하게 통치했다. 장군의 보좌관들이 일본 천황에게 신성성을 포기하라고 압력을 넣었을 때도, 천황은 자신이 정말 신으로 받들어지는 것이 아니며, 형식적으로 받들어지는 것에 불과하다고 항의했다. 외국인들이 자신을 일본인이 받드는 신으로 보는 것 같았기 때문에, 또 그것이 국가 이미지를 위해 좋을 것 같았기 때문에 그래왔을 뿐이라는 것이다.

아시아인에 대한 것은 괴팍함에서 실용주의로 나아가고 미국인에 대한 것은 상식에서 편협함으로 나아가는 진행, 엄격함과 유연함이 교차하는 태평양 중부 어디쯤에서의 이 기이한 이행, 이것이 『국화와 칼』이 하고자 하는 진짜 이야기다. 여기에서도 방향성을 지닌 플롯 위주의 이야기보다는 사례와 교훈이라는 형식의 이야기가 더 많긴 하지만 말이다. 처음에는 동양의 수수께끼를 풀려는 평범한 시도였던 일이 결국 서구의 명료성에 대한 더없이 성공적인 해체—해체라는 용어가 사용되기 이전의 해체—가 되고 말았다. 『문화의 패턴』에서도 그렇지만 우리가 궁금해하는 대상은 결국 우리다. 말해 달라, 우리의 확신을 뒷받침해주는 것은 무엇인가? 보아하니, 그 확신이 우리의 확신이라는 점 외에는 별로 없는 것 같다.

●

그러므로 베네딕트는 또다시, 여기에서는 더 단호하게, 그래서 더 강력하게 다가오는 말투로(『문화의 패턴』에서 베네딕트의 문체는 사건을 변호하는 변호사 같고, 『국화와 칼』에서는 판결을 내리는 판사 같다), 미국 예외주의*를 기이한 타자의 (한층 예외적인) 예외주의와 대면시킴으로써 해체한다. 하지만 여기에서도 역시, 그것이 그가 실제로 하고 있는 일이고, 하려고 하는 일이며, 결국 훌륭히 해낸 일이라는 사실은 어쩐지 흐릿해진다. 요컨대 그 사실은 때때로 전혀 보이지 않는다. 또한 온갖 문제가 똑같은 해석적 오류, 오독을 가장 많이 하는 베네딕트 본인도 부추긴 그 오류 때문에 일어난다. 즉 그의 작업과 그것을 둘러싸고 있는 지적 환경을 잘못 동일시하는 데서 문제가 생기는 것이다.

생각해보면, 진주만공격, 바탄반도에서 있었던 죽음의 행군, 과달카날전투, 근시안적인 사디스트들이 증오에 차 중얼대는 장면으로 채워진 할리우드 영화 수천 편이 나온 지 불과 몇 년 후에 일본에 대한 글을 쓴 베네딕트의 용기는 대단한 것이고, 이 점은 어쨌든 한 번씩 언급되곤 했다. 하지만 그의 연구가 끼친 전복적인 영향, 어떤 길이 성공을 향한 것이고 어떤 목표가 상위의 것(더 위험한 것)인지에 대한 미국 독자들의 기존 견해에 끼친 그 작업의 전복적인 영향은 언급되지 않았다. 인류학 논문 중 가려 보아야 할 저서에 대해 미처 제대로 가르침을 받지 못한 대학생들은 때때로 그 책의 풍자적 날카로움을 감지했고 그 때문에 혼란스러워하기는 했지만, 대개는 그 책이 일본인을 심리적-정치적으로 다루는 법에 대한 훈련 지

> *American exceptionalism. 미국 대외주의의 특징 중 하나로, 미국이 자유·인권·민주주의 증진의 소명을 가진 '특별한' 국가라는 의식이다. 19세기 프랑스의 사상가 토크빌의 『미국의 민주주의』라는 저서에서 유래한 이 개념이 근래에는 미국인의 민족적 자부심을 드러내는 표현으로 사용되면서 미국 우월주의를 강조한다는 비판을 받고 있다.

우리/우리 아닌 자

침서에 해당하는, 개념적으로는 약간 경솔하고, 경험적으로는 조금 빈약하고, 도덕적으로는 다소 수상쩍은 책이라고 여겼다. 지금껏 쓰인 민족지 기록 가운데 틀림없이 가장 신랄한 책이라는 것("미국인들이 범죄사건을 크게 떠들어대는 것과 마찬가지로, 일본인들은 자살을 그렇게 다룬다. 그들은 그 일에서 같은 종류의 대리만족을 느낀다"[27]), 가장 황량한 조소를 보내는 책이라는 것("일본인에게 [도덕적 빚]은 항상 따라다니는 그림자다. 그것은 뉴욕 주의 농부들이 주택대출금을 걱정하는 것이나 월스트리트 금융분석가가 주식을 공매한 뒤 시장이 상승세를 타는 것을 지켜보는 것과 비슷하다"[28])은 과학과 감수성, 낙관주의를 위한 지침서로 보이게 한다.

이것이 이 책이 집필된 지적 맥락이자 정치적 맥락이었다.(아니, 이때가 전쟁중, 그리고 그 직후였으니, 지성과 정치가 결합된 맥락이라 해야겠다.) 이제 베네딕트가 자신의 저작을 순수문학을 넘어 더 과학적으로 존경받을 만한 어떤 것으로 끌어올리기 위해 필요한 것은 자연 실험실도, '기본 형태'도, 인류학 버전의 '딱정벌레를 보라'식 이미지도 아니다. 그보다는 '국민성', '정책과학', '먼 거리 문화 연구'*가 필요하다. 그리고 이제 베네딕트 주위에 있는 이들은, 언제나 그에게 따라붙는, 더 큰 무대와 더 전략적인 목적을 향해 움직였던 마거릿 미드뿐만 아니라, 한 군단은 될 법한 규모의 심리학 전사들, 선전 분석가들, 정보 전문가들, 기획자들이다. 이들은 일종의 군복 입은 연구자들이다.

미국 사회과학에서 이 특정한 시기에 대한 이야기(이러한 국면은 1950년대 말에 끝나고 만, 하나의 과정이었다. 태산 명동에 서일필 격으로, 예고만 떠들썩하고 실제 결과는 보잘것없었기에 관심이 죽어버린 것이다)는 여태껏 초연하고 분석적인 방식으로 기록되어

---

*현지조사를 수행할 수 없을 때, 해당 지역 출신 사람들을 심층적으로 면접하고 그들과 지내면서 연구하는 방법으로, 대표적인 먼 거리 문화 연구 결과물이 『국화와 칼』이다.

왔다. 오직 일화, 과대선전, 한물간 작품에 대한 회상만 있다. 하지만 베네딕트가 그 문체, 그 목적, 그 자신이 성질이라 불렀을 법한 기질에 대해 완전히 정통하지 않았다는 사실은 의심의 여지가 없다. 여기서도 마찬가지로, 그가 주제에 대해 이야기할 때 말하는 바와, 그 주제를 이야기하는 이유를 이야기할 때 말하는 바는 별로 부합하지 않는다.

　『국화와 칼』도 『문화의 패턴』처럼 본문의 첫 50쪽이 지나서야 본격적으로 이야기가 시작되며, 마지막 50쪽을 남겨둔 시점에 이야기가 이미 끝나기 때문에(대부분의 도덕극과 마찬가지로 베네딕트의 저작에도 클라이맥스가 중간에 배치된 것처럼 보인다), 또다시 이 양면가치는 도입부과 종결부에서 가장 두드러진다. 제1장인 「연구 과제—일본」은 북소리처럼 둥둥 울리며, 보고서라 할 수 있는 마지막 장 「패전 후의 일본인」은 그 시대가 요청한 것으로 여겨지는, 국가를 위해 복무하는 학문이라는 틀에 어울리는 절박함을 저작에 부여한다. 이를테면 다음과 같은 문장이 그렇다. "[미국 정부가 직면한] 문제가 군사적인 것이든, 외교적인 것이든, 최고정책의 여러 문제에서 비롯된 것이든, 일본 최전선에 뿌리는 선전물에 관한 것이든, 통찰력이 필요하다."[29] 하지만 전쟁정보국 대외사기분석과의 지적 스타일, 그리고 그 민간 후계자 격으로 해군의 후원을 받는 컬럼비아 대학 현대문화연구소의 지적 스타일이 베네딕트의 모순적인 세계에 가장 치명적으로 침투해 들어온 부분은 끝에서 두번째 장인 「어린아이는 배운다」이다. 선전물과 최고정책의 인류학에서 사용된 돈호법은 그 이름들을 내뱉게 했던 흥분과 함께 사라졌지만, 『문화의 패턴』에 실린 상대주의에 관한 글처럼, 『국화와 칼』에 나오는 수치심, 죄책감, 포대기로 싸기, 놀리기에 관한 글들은 지금까지도 굉장한 저력을 발휘한다.

　내성적이고 예의바르고, 더 정확히 말해 우울하고 거드름 피우는 기색이 있는, 그리고 분명 생각이 올바르지는 않은 이 여성이 인간 행동에 대한 심미적 견해를 행동주의자의 사회학으로(어딘가 어긋나 있다는 느낌, 연결되고자 하는 욕구, 믿고자 하는 의지, 인류학으로도 해소되지 않는 기독교적 이상주의로) 에워싸고 싶어 한 이유들이 무엇이었든 간에, 그것들은 그의 사생활의 안갯속에 잠겨 있다. 그렇지만 그가 그렇게 하는 데 완전히 능숙하지 않았다는 것은, 확신하는 어조의 설명 양식을 이어오다 아동 양육에 관한 장章에서 갑자기 덜 확신하는 듯한 어조의 가벼운 양식으로 전환하는 데서도 드러난다. 일본식 위계 개념, 도덕적 빚, '감정의 순환', 자율에 관한 장이 실린 집약적이고 밀착해서 들여다보는 중간 장들에서, 모든 것은 어떤 관습이나 지각, 믿음, 가치를 이치에 맞게, 어쨌든 일본인들이 납득할 수 있는 맥락에 배치하는 양식에 대한 문제다. 이 책에서 가장 길고 두서없는 장인 「어린아이는 배운다」에서 목표는 메커니즘의 탐색으로 전환된다. 마치 물을 끓게 하는 것은 열이고 상처를 남기는 것은 감염이라는 성질과 마찬가지로, 일본인은 왜 '조롱을 견디지 못하는지', 손질되지 않은 정원을 왜 싫어하는지, 왜 사당에 거울을 두는지, 왜 신을 자비로운 존재로 믿는지 등을 설명해줄 심리학적 성질을 유도해낼 수 있는 구체적인 사회 관습을 찾아내려는 것이다. 형식에 대한 담론이 혼란스럽게도 지렛대에 대한 담론으로 바뀐다.

여기서 말하는 지렛대는 물론 젖은 기저귀, 잔소리하는 어머니, 또래집단의 압박처럼 악명 높은 것까지는 아니더라도 친숙한 것들이다. 은둔자처럼 보일 만큼 지적으로 독립적인 것과는 달리, 흥미롭게도 이 책에 등장하는 지렛대 대부분은 베네딕트의 것이 아니다. 서둘러 기정사실로 처리하고 넘어간 아기 포대기 이야기는 물론 영국인을 열렬히 선호하는 미드가 베이트슨이 은퇴한 컬럼비아 대학과 워싱턴 사회로 불러들인 제프리 고러에게 빌린 것이다. 베네딕트는 고러의 이름을 언급하며 그 역시 "일본인이 하는 배변 훈련의 역할을 강조했다"라고 어쩐지 냉정한 투로 언급했으면서도,

다른 사람들에게는 후한 인사를 전한 「감사의 말」에서 그의 이름을 보란 듯이 빠뜨렸다. 그보다 더 중요하게 다루고 있는, 애를 태우는 것에 대한 것(아이에게 무관심과 애정을 번갈아 전하는 것)은, 발리에 관한 연구에서 이 문제를 중심주제로 다루었던 베이트슨과 미드의 1942년 논문에서 가져왔다. 또 또래집단의 문제는 고러가 전쟁중에 제출한 보고서에서 가져왔는데, 그래도 여기에서는 간략하게나마 인용하고 있다.[30]

서투르게 소개하며 엉성하게 적용한 이러한 차용 요소들로 채워진 베네딕트의 책에 담긴 형식주의는 그 장이 진행되는 과정 전체에서 발견된다. 그런 요소를 불안한 듯 지나쳤다가 마치 안도의 한숨을 내쉬듯 일본의 초상(만개한 벚꽃, 다도, 옻칠된 것 같은 일본 남성의 삶)으로 돌아와 결론을 향해 나아가는 것이다. 그러나 이런 요소에 대해 베네딕트가 느꼈던 긴장감을 가장 잘 말해주는 장면은 역시 마거릿 미드의 글에 나와 있다. 미드는 베네딕트가 죽은 지 약 10년 뒤에 베네딕트와 베네딕트의 글에 대한 책을 썼는데, 이 저술은 거의 베네딕트의 페르소나를 자신의 페르소나에 결합해 넣으려는(전임자를 후임자로 보이게 하려는 맹렬한) 시도였다. 미드는 이 책에서 칭송 일색의 전기마냥 써내려간 다른 부분과 달리, 『국화와 칼』이 호응을 얻었던 배경을 설명하는 부분에서만 유독 분노 어린 것처럼 보이기까지 한 절박한 어조로 말한다.

> 루스 베네딕트는 자신이 사용한 인류학적 방법이 세계의 안전을 위해 유용하다고 보는 입장으로 완전히 전향했다. 이런 방법을 다른 식으로 제시한 저술 중에는 독자들의 반감을 산 것도 있다. 직관을 끌어내는 그것들 나름의 방법이 너무나도 적나라한 나머지 독자들의 마음을 불편하게 흔들었기 때문이다. 베네딕트는 정신분석학적 방법에 그다지 의존하지 않기 때문에(여기서 이는 신체 영역에 별로

의존하지 않는다는 뜻인데, 그는 처음부터 신체를 중요시한 적이 없었다), 제프리 고러가 1942년에 일본 천황에 관해 처음으로 제기한 주장에 저항해온 독자들도(이제는 이들도 그의 견해에 찬사를 보내지만) 이 책은 마음에 들어했다. 그뿐만 아니라 그가 미국 문화에 대해 품고 있는, 자기 세대 자유주의자 대부분과 공유하고 있는 회의주의는, 일본 문화의 장점에 대한 그의 동정적 이해를 자유주의자들도 받아들일 수 있게 했다. 자신의 문화에 대해서도 그와 비슷하게 공감하는 태도를 취해야 한다는 강박을 느끼지 않고도 말이다. 이것은 회의주의를 그다지 무게감 있게 여기지 않아온 인류학자들을 가로막고 있던 걸림돌을 제거해주었다. 이 책은 대령들이 장군들과 제독들 또는 해군 대장들에게, 전문용어 때문에 짜증을 낼까 염려할 일 없이 추천할 만한 종류의 책이었다. 또 '머리 긴 지식인들의 음모'를 경계하고 물리치려는 하원의원들에게 권하기에도 안전한 종류의 책이었다. 논점들은 지극히 품위 있게, 지극히 설득력 있게 전개되었으므로, 있을 수 있는 거의 모든 적수를 무장해제했다. 다만 심하게 좌익으로 기울어진 사람들이나, 오랫동안 직접 일본에서 살며 경험한 바에 따라 대체로 불완전하지만 매우 분명한 개념을 이미 형성한 사람들, 또는 다른 맥락에서 우리가 '노련한 중국통'이라 부르곤 했던 부류의 사람들은 여기서 제외된다.[31]

다른 일에서도 마찬가지겠지만 인류학 저술에서는, 당신이 어떤 사람들을 만나는지에 모든 것이 달려 있다. 미드는 자신과 자신의 세례 요한인 베네딕트를 앞서 말한 바와 같이 어떤 부류의 담론 공동체에 들여야 하는지 결정한 뒤, 베네딕트가 그곳에서 달아나지 못하도록 필사적으로 막았다. 그는 그곳에서 베네딕트의 입지가 얼마나 불안정한지, 세계를 구원하는 인류학으로 건너간 그의 '전향'이 실제로는 얼마나 불완전한지, 또 책에 실제로 기록된 내용을 보고 나면 제독들을 위한 민족지라는 이미지가 얼마나 쉽게 사라져버릴지를 감지했고 다른 사람들도 감지할 것이라고 예감했기 때문이다. 이와 같이 베네딕트를 그 공동체 밖으로 내보내는 일은 그를 공동체 안에 집어넣는 것과 마찬가지로 해석적인 행위이고, 다른 사람보다 먼저 내가 이렇게 말해도 될지 모르겠지만, 나름의 공명심이 결부된 논쟁을 초래하는 행위이다.

그러므로 베네딕트를 고러나 미드, 알렉산더 레이턴, 로런스 프랭크 같은 사람이 아니라, 스위프트, 몽테스키외, 베블런, W. S. 길버트 같은 사람을 떠올리면서 읽어야 한다는 말은 그가 하는 말에 대한 특정한 이해를 주장하는 일이다. 『국화와 칼』이 예쁘게 단장된 '피도 눈물도 없는 과학정책'에 속하지 않는다는 것은 『원래는 의사였다가 다음에는 배 여러 척의 선장이 된 레뮤얼 걸리버가 세계 방방곡곡 오지로 떠난, 4부로 구성된 여행기』*가 동화책이 아닌 것과 마찬가지다. 실제로는 여행을 거의 하지 않았던 베네딕트는, 자신은 '세계를 바꾸기보다는 성가시게 하려고' 글을 쓴다고 한 스위프트처럼 글을 썼다. 세상이 그 점을 알아보지 못한다면 꽤 애석할 것이다.

---

*『걸리버 여행기』의 원제 *Travels into Several Remote Nations of the World. In Four Parts. By Lemuel Gulliver, First a Surgeon, and then a Captain of Several Ships*를 풀어쓴 것이다.

6 **이곳에 있기**

그것은 도대체 누구의 삶인가?

그날 오후 당장 나는 제롬 수도원장과 함께 [에티오피아 여성] 에마와이시를 만나러 가서, 펜과 잉크와 공책을 주었다. 그러고는 그에게 [그가 부르는 노래의] 악보를 직접 기록해달라고 하거나 그의 아들에게 받아쓰게 했다. 원정대장이 만족스러워하면 그가 원하는 선물을 줄 것이라고도 알려주었다.

나는 그날 오후에 에마와이시를 만나 노래를 적은 원고에 대해 이야기하면서, 그녀가 요전날 밤에 부른 것과 비슷한 다른 사랑 노래를 적어준다면 정말 좋겠다고 말했다. 그러자 에마와이시가 이렇게 물었다. 프랑스에도 시가 있어요? 프랑스에도 사랑이 있어요?[1]

인류학자들이 학계라는 환경에서 제아무리 먼 곳(폴리네시아의 비탈진 해변, 아마존 유역의 검게 타버린 고원, 아코보 지역, 메크네스,* 팬서 번†으로 떠나 연구 주제를 찾아낸다 하더라도, 그들은 그 모든 해석을 강단과 도서관과 칠판과 세미나의 세계에서 기

* 모로코 중부 지역에 있는 도시.
† 미시시피 강 유역의 작은 마을.

163

록한다. 이것이 인류학자를 만들어내는 세계로, 이 세계가 그들이 하는 온갖 일을 허용해주고, 그들이 하는 일이 관심을 받을 만하다면 그 세계에서 차지할 자리를 마련해준다. '그곳에 있기'는 본질적으로 엽서 쓰기 체험('난 카트만두에 가봤어. 너는?')이다. 학자들 사이에 있어야 당신의 인류학이 읽히고…… 출판되고 논평되고 인용되고 교육된다. 이것이 '이곳에 있기'이다.

이러한 점에서 특별히 새로운 것은 전혀 없다. 1920년대 이후 부유한 괴짜들은 대부분 민족지 연구에서 손을 뗐다. 감식가, 자문관, 여행기 작가 들은 별 성공을 거두지 못했다.(몇몇 선교사가 성공하기는 했지만 대개 독일인 교수라는 옷을 걸치고 있었다.) 모든 인류학자가 저마다 (콜레주드프랑스, 올솔즈 칼리지, 유니버시티 칼리지,'모닝사이드 하이츠*에서) 교직에 몸담았다는 사실은 이제 당연한 일로 여겨진다. 고문헌학이나 이끼 연구 등 인류학보다 더 철저히 교직사회를 이루는 직군이 없는 것은 아니지만, 그렇게 많지도 않다.

거의 모든 민족지학자가 이런저런 방식으로 대학에 재직하고 있다는 사실에 익숙해지다보니 그렇지 않은 경우를 생각하기가 어렵기는 하지만, 양분된 존재 양식에 내재되어 있던 균열은 최근 들어 더 첨예하게 감지되기 시작했다. 이를테면 두어 해씩 목축민들이나 얌을 재배하는 농부들과 드잡이하다가, 학기가 시작되면 학생들에게 강의하고 동료들과 논쟁하는 생활방식 사이에 생긴 균열 말이다. 그들이 사는 곳에서 그들의 관심을 끄는 것과 그들이 없는 곳에서 그들을 대변하는 것 사이의, 항상 엄청났지만 잘 인지되지 않았던 간극이 갑자기 극도로 눈에 잘 띄게 된 것이다. 단지 기술적으로 어려운 것으로만 보였던, '그들의' 삶을 '우리의' 연구로 옮겨오는 일이 이제는 도덕적으로, 정치적으로, 심지어 인식론적으로 민감한 문제가 되었다. 레비스트로스의 자족성, 에번스프리처드의 자

*올솔즈 칼리지부터 각각 옥스퍼드 대학, 런던 대학, 컬럼비아 대학을 가리킨다.

신감, 말리노프스키의 무모함, 베네딕트의 태연함은 이제 무척 먼 일이 되었다.

당장 느껴지는 것은 어디에나 스며 있는 초조함이다. 즉 그들이 토착해 사는 거주 환경에 들어가서 그들과 함께 지냈다는 것을 토대로 타자를 설명한다고 주장하는 상황 전체에 대한 초조함, 또는 그렇게 했던 사람들의 글을 샅샅이 뒤져 수수께끼 같은 타자를 설명한다고 주장하는 상황 전체에 대한 초조함이 어디에나 만연해 있다. 이 초조함은 다양한 흥분과 반응을 초래한다. 정전正典으로 대접받아온 저작, 또는 어떤 저작을 정전으로 여기는 생각 자체에 대한 해체적 공격이 있다. 인류학적 글쓰기를 수단만 달리한 제국주의의 연장이라고 보고 그 가면을 벗기려는 '이데올로기 비평'도 존재한다. 성찰에 대한 긴급한 요청, 대화, 이질언어성,* 언어학적 연극, 수사학적 자의식, 수행적 번역, 축어적 기록, 일인칭 서술 형태를 해결의 형식으로 내세우기도 한다.[2] 에마와이시의 물음이 이제는 어디에서나 제기된다. 현실이 외국으로 옮겨졌을 때 무슨 일이 일어나는가?

한때는 원시적·부족적·전통적·민속적이라고 일컬어졌고 이제는 떠오르는·현대화된·주변적인·감추어진으로 표현되는 곳, 인류학자들이 주로 연구하는 세계, 그리고 인류학자들이 연구하기 위해 돌아오는 세계인 학계, 이 양쪽 모두는 딤딤과 더티 딕 시절†과도, 또 컬럼비아 대학 현대문화연구소 시절‡과도 눈에 띄게 달라졌다. 식민주의의 종식은 질문을 던지고 관찰하는 쪽과 질문을 받고 관찰되는 대상이 맺는 사회적 관계의 특징을 근본적으로 바꾸었다. 인문학 및 학문 일반에서 절차로 굳어 있던 엄연한 사실과 소속 없는 지식에 대한 신뢰의 쇠퇴는 자신들이 하려고 했던 일에 대

＊heteroglossia. 다성적 언어. 하나의 언어코드 안에 다양한 변종들이 공존하는 사태를 의미하는 바흐친의 용어다.

†말리노프스키의 『일기』가 집필된 시절을 말한다.

‡베네딕트의 『국화와 칼』이 집필된 시절을 말한다.

한 질문자와 관찰자의 인식 또한 그에 못지않게 급격하게 바뀌었다. 식민지 본국과 속령 같은 고전적 형태의 제국주의, 그리고 충동과 당구공 실험 같은 고전적 형태의 과학만능주의는 거의 동시에 무너졌다. 제1세계에서 가져온 소소한 장신구와 제3세계의 노래가 균형을 이루기보다는 조롱하는 쪽으로 기울어진 인류학 방정식에서, '그곳에 있기'든 '이곳에 있기'든 그 이후의 사정은 좀더 복잡해진 것이다.

●

법적으로, 이데올로기적으로, 또는 실제로 일어난 변화, 즉 인류학자 대부분이 글로 다루었던 종족들이 식민주의의 대상에서 주권국가의 시민으로 변한 상황은 (우간다, 리비아, 캄보디아에서 어떤 아이러니한 상황이 벌어지든 간에) 민족지 연구가 이루어지는 도덕적 맥락을 완전히 바꾸어버렸다. 식민지는 아니었더라도 외딴 오지나 '바다 한복판에' 고립된 황제의 영토라는 전형적인 다른 어떤 곳(레비스트로스의 아마존이나 베네딕트의 일본)들은 그 처지가 매우 달라졌다. 팔레스타인 분할, 루뭄바, 수에즈, 베트남을 둘러싸고 일어난 사건들이 세계의 정치 문법을 바꾸어버렸기 때문이다. 한정된 장소에서 살던 민족들이 전 세계로 흩어지게 된, 더 최근의 현상(프랑스에 사는 알제리인, 쿠웨이트의 한국인, 런던의 파키스탄인, 마이애미의 쿠바인 등)은 다양한 사고방식의 차이를 줄임으로써 그런 과정이 확대된 것에 불과하다. 제트기를 이용한 관광업도 물론 한몫했다. 인류학적 글쓰기가 바로 엊그제까지만 해도 의거해온 주된 가정, 대상과 독자는 분리될 수 있을 뿐만 아니라 도덕적으로도 무관하며, 대상은 서술되기만 할 뿐 발언할 수 없고, 독자는 통지를 받을 뿐 책임은 없다는 가정은 철저히 와해되었다. 여전히 세계는 구역화되어 있지만 그 구역들을 잇는 연결통로가 훨씬 더 많이 생겨났고, 격리되는 정도도 훨씬 더 약해졌다.

이를테면 기번이 로마인 독자를 불쑥 만나게 된다든가, 오메 씨*가 「『보바리 부인』에서의 시골생활 묘사」라는 에세이를 『라 르 뷔 데 되 몽드』†에 기고하는 것과 같은 상황이 벌어지는 것이다. 이 러한 연구 대상과 독자의 상호 혼입混入은 현대의 인류학자들의 수 사학적 목표를 의심스러운 것으로 만든다. 이제 설득의 대상은 누 구인가? 아프리카 연구자인가, 아프리카인인가? 아메리칸인디언 연구자인가, 아메리칸인디언인가? 일본 연구자인가? 일본인인가? 또 무엇으로 설득해야 하는가? 사실의 정확성? 이론의 장악력? 상 상적 이해? 도덕적 깊이? '위에서 말한 모두'라고 대답하기는 쉽다. 다만 이러한 대답을 담은 텍스트를 만들어내기가 그만큼 쉽지 않 은 것이다.

확실히, 쓸 권리—민족지를 쓸 권리—자체가 위험에 처한 것 같다. 한때 피식민 민족이었거나 유랑하던 (고유의 가면을 쓰고 고 유 언어를 쓰는) 민족이 세계 경제의 무대, 국제적인 최고 정치 및 세계문화의 무대로 진입하게 되자, 인류학자들이 들어본 적 없는 이들의 옹호자, 보이지 않았던 자들의 소개자, 오해되어온 자들의 해설자가 되어야 한다는 주장은 점점 더 고수하기가 어려워졌다. 트로브리안드 제도에 처음 도착했을 때 말리노프스키가 터뜨린 '알 았다Eureka!'라는 행복한 외침("소유했다는 느낌. 그들을 서술하는 것은 나이고…… 그들을 창조하는 것도 [나라는 것]")은 석유수출 국기구OPEC, 동남아국가연합ASEAN, 『모든 것이 산산이 부서지다』,‡ 통가인이 워싱턴 레드스킨스 팀에서 미식축구를 하는 세계(또 요 루바족, 신할리즈족, 테와족 출신이 인류학자가 되는 세계)에서는 주제넘을 뿐만 아니라 솔직히 우스꽝스럽다. 메타민족지학자인 제

이곳에 있기

---

*플로베르의 소설 『보바리 부인』의 등장인물인 약제사이다.
†*La Revue des Deux Mondes*. 1829년에 창간된 프랑스 최고最古의 문예지. 지금도 계속 발간되며, 주로 국제관계, 시사, 문학 분야를 다룬다.
‡*Things Fall Apart*. 나이지리아 작가 치누아 아체베가 1958년에 영어로 쓴 소설.

임스 클리퍼드는 "더 단순화할 수 없을 만큼 기이해진 것은 이제 타자가 아니라 문화 서술 그 자체"라고 썼다.(사실 그는 기이하다기보다는 의심스럽다고 쓰고 싶었겠지만.)[3]

그것은 기이해졌다.(또는 수상한 것이 되었다, 착취적인 것이 되었다, 압제적인 것이 되었다, 잔인해졌다 등 더 수위 높은 형용사로 표현할 수도 있다.) 지금 글을 쓰는 인류학자들은 자신들의 직업이 대체로 역사적인 맥락(식민지 시대의 충돌)에서 형성된 것임을 알고 있지만, 그들 자신은 그런 맥락을 경험한 적도 없고, 경험하고 싶은 마음도 없기 때문이다. 다른 영역에서와 마찬가지로 인류학계에서도, 접촉의 기반이었던 (아무리 형태가 바뀌었다 하더라도 결코 사라지지는 않은) 권력의 비대칭성으로부터 거리를 두고 싶은 욕구는 전반적으로 매우 강하다. 때로는 그것에 압도되어 민족지라는 관념 자체에 대해 적어도 양면적인 태도를 만들어내기도 한다.

우리가 현지조사라 부르는, 의례적으로 타자와 거듭 만나는 일은 서구와 타자가 벌이는 일반적인 투쟁의 특수한 사례에 지나지 않는지도 모른다. 제국주의자들과 제국주의를 비판하는 수많은 서구인이 공유하고 있는 사라지지 않는 신화는 단 한 번의 결정적인 정복, 점령, 식민지 권력의 수립이라는 신화다. 여기에 갑작스러운 탈식민화와 독립의 달성 등 그와 비슷한 개념이 이 신화를 보완하고 있다. 양쪽 모두 억압 행위와 진압 작전, 반란과 탄압이 수없이 반복되었다는 압도적인 증거가 적절한 이론적 중요성을 얻지 못하게 하는 방향으로 작용했다. 그런 행위가 군대에 의해서 행해졌건, 종교적 또는 교육적 세뇌 작용에 의해서 행해졌건, 행정적 수단에 의해서 행해졌건, 아니면 요즘 더 일상화된 예를 들자면, 외국의 원조라는 포장을 둘러쓴 교묘한 통화와 경제 조작에 의해서 행해졌건 모두 마찬가지다. ……아무리 완곡하게 말하더라도, 전문적인 인류학자가 되고 싶어하는 수천 명의 연구자가 반복적으로 시행해온 현지조사가 서구와 타자의 특정한 관계 유형을 유지하기 위한 한결같은 노력의 일부가 될 가능성을 배제할 수 없다.[4]

모든 발언이 이처럼 노골적이지도, 이처럼 단호하지도 않다. 하지만 여기 제시된 분위기("이제 인류학의 미래가 걱정스러운 현실적인 이유가 있다. 제국주의의 종말은…… 지금껏 인류학이었던 것의 종말을 의미할 것이다"라는 또다른 논평자의 경고도 어느 프로그램에 기록되어 있다)[5]는 라이트모티프라 할 정도로 낯이 익다. 포크너가 묘사한 미국 남부와 마찬가지로 인류학에서 과거는 죽지 않았다. 심지어 그것은 과거도 아니다. 글을 통해 '서구와 타자의 관계'를 정리하는 작업에서 벗어나려고 애쓰는 돌아온 현지조사자들은 지금까지의 방식을 고수하는 사람들만큼이나 흔하다. 서구 사회의 신비화에 맞서 인류학을 내향화하는 일부터 포스트모던 문화의 국제적인 잡동사니를 가로질러 외향적으로 인류학을 분산시키려는 시도에 이르기까지 다양한 제안이 나오고 있지만, 옛날 방식 대신 그들이 어떤 일을 하게 될지는 다소 불확실하다.

이 모든 상황은 여기저기에서 절망과 위기의 비명이 터져나오게 할 만큼 더 심각해졌다. 그 비명은 '그곳에 있기' 편에서 볼 때 탈식민화로 인해 민족지의 도덕적 토대가 흔들리는 것과 동시에, '이곳에 있기' 편에서는 민족지적인 것이든 다른 것이든 재현의 본질에 관한 기존 주장의 신뢰가 전반적으로 상실됨으로써 인식론적 토대가 흔들린다는 사실에서 터져나온다. 논쟁적인 접두사(네오neo, 포스트post, 메타meta, 안티anti)와 전복적인 제목(『덕의 상실』,『방법에의 도전』,『믿을 수 없을 만큼』)의 사용 빈도가 폭발적으로 늘어나는 학계의 현상 앞에서, 인류학자들은 본래 안고 있던 '이것이 온당한 일인가?'라는 걱정(그들을 기술하는 우리는 누구인가?)에다 '이것이 가능한가?'라는 걱정(프랑스에서도 에티오피아식 사랑 노래를 부를 수 있을까?)을 추가하게 되었다. 이 추가된 걱정을 다룰 준비는 더더욱 되어 있지 않다. 당신이 안다는 것을 당신은 어찌 아는가라는 질문은 그들이 던져왔던 실용적이고 경험론적인 질문─증거는 무엇인가? 그것을 어떻게 수집했는가? 그것은 무엇을 보여주는가?─이 아니다. 어떤 말이 세계와 관련이 있는가, 어떤 텍스트가 경험과 관련이 있는가, 어떤 작품이 삶과 관련이 있는가 하는 것들은 그들이 익히 던져오던 물음이 아닌 것이다.

관례적인 기술을 연습하는 것만으로는 만족하지 못하던 사람들이 이제 이런 질문을 던지는 데 익숙해지기 시작했다. 또 일부는 약간 뒤뚱거리기는 해도 대답하려 애쓰기도 한다. 자신들이 대답하지 않는다면 다른 사람들(언어학자, 철학자, 기호학자, 최악의 경우에는 문학비평가들)이 자신들을 대신해 대답할 것이기 때문이다.

> [민족지 담론의 이상을] '재현하기'보다는 '환기하기'라고 말한 것의 핵심은 민족지를 미메시스mimesis 및 과학적 수사학의 부적절한 양식에서 해방시켜준다는 사실이다. 그런 양식은 '대상', '사실', '기술', '귀납', '일반화', '증명', '실험', '진리' 등의 개념들을 수반하는데, 이런 개념들과 양식들은 무의미한 기원祈願이라는 것 외에는 민족지적 현지조사의 경험에 있어서나 민족지를 서술하는 경험에 있어서나 아무런 유사성도 없다. 과학적 수사학의 규율에 순응해야 한다는 압박은 박물학의 느슨한 리얼리즘을 민족지 산문의 지배 양식으로 만들었다. 하지만 그것은 환상에 불과한 리얼리즘으로, 한편으로는 '문화', '사회' 따위의 비실재적인 것을 어렵기는 하지만 곤충처럼 충분히 관찰할 수 있는 대상인 듯 '기술하는' 터무니없음과, 다른 한편으로는

배우들이 자신들의 연기를 구성하거나 고려할 때 쓰곤 하는, 담론과 유리된 반복적 행동 패턴을 '기술하는' 척하는 우스꽝스러운 행동주의 심리학자의 부당한 주장을 조장한다. 또 관찰자들의 기초적인 논의가 그 자체로서 행동 묘사를 수행하기에 충분히 객관적인 형식이라는 단순무식한 보증을 발휘하기도 한다. 흔히 주장되는 것처럼 박물학의 리얼리즘에서 일어나는 문제는 이른바 관찰 대상이 지닌 복잡성 때문이거나 충분히 엄격하고 반복 가능한 방법을 적용하지 못한 탓이 아니며, 또 외견상 다루기 어려워 보이는 기술 언어의 성격 때문은 더욱 아니다. 그것은 '서술하기', '비교하기', '분류하기', '일반화하기'의 수사학이 실패했고, 재현 기호의 가정이 실패했기 때문에 일어난, 지시적 담론이라는 시각 중심의 이데올로기 전체의 실패다. 민족지에는 기술의 대상이 될 어떤 '상황', 기술 언어가 비교와 분류와 일반화의 지표 대상으로 '재현하는' 본래 모습인 어떤 '상황'은 없다. 정확히 말하면 그렇게 할 수 있는 담론은 존재한다. 하지만 그 담론 역시 상황은 아니다. 구조주의나 민족-과학, 대화라는 번역적 방법을 이용하는 민족지에서 엉뚱한 주장을 하기는 하지만 말이다. 그런 방법들은 토착적 담론이나 그 무의식적 패턴을 재현하려고 시도하며, 그럼으로써 박물학이 범해온 잘못을 상상 속에서 저지르게 된다.[6]

이 글은 인류학이라는 쉽고 엉성한 과목이 감당하기에는 다소 거창한 내용을 담고 있으며, 전체를 관통하는 일관성도 없다. 하지만 부풀림이 심하고 과열되어 있기는 해도(타일러는 나아가 민족지를 "초자연적인 자료…… 현실과 환상의 불가사의하고 역설적이며 은밀한 결합…… 현실적 환상의 환상적 현실"이라고 선언한다), 타일러의 논의에는 '그것을 실재하는 것처럼 말하는 것'이 비트겐슈타인(혹은 가다머) 이후의 철학이나, 콜링우드(혹은 리쾨르) 이후의 역사학, 아우어바흐(혹은 바르트) 이후의 문학, 곰브리치(혹은 굿맨) 이후의 회화, 푸코(혹은 스키너) 이후의 정치학, 쿤(혹은 헤세) 이후의 물리학에서나 마찬가지로, 민족지에서도 그다지 적절한 구호가 아니라는 인식의 지속적인 확산이 반영되어 있다. '환기하기'가 문제를 해결해주든지 그렇지 않든지, 역설적인 상황이 문제를 정확히 짚어주든지 그렇지 않든지 간에, 문제가 있는 것은 매우 분명하다.

예술과 과학에서 방법론적 성찰이 이루어지고 있는 전체 상황을 살펴보면, 소나기 뿌리듯 쏟아낸 위의 이름들은 금방 열대성 폭우로 증폭될 터이다. 어쨌든 이렇게 읊어댄 이름들은 최소한 '사실, 기술, 귀납, 진실'에 대해 미련이 있는 민족지학자들, 사실상 모든 민족지학자가 어떤 차원의 문제에 직면하고 있는지를 시사할(아마 '환기할') 것이다. 텍스트 구축을 위한 표준 양식(및 텍스트 읽기를 위한 표준 양식)에 대한 전반적인 것을 의문시한다면 느슨한 리얼리즘이 덜 느슨해지는 것에 그치는 것이 아니라 그 리얼리즘의 설득력도 떨어지게 된다. '박물학'이 상상 속의 잘못이든 아니든, 그것은 독자에게나 필자에게나 더이상 예전처럼 자연스럽지는 않다. 키플링과 리요테의 동시대인들로부터 물려받은 작업을 수행할 때 따라붙는 도덕적 우울증 외에도, 패러다임, 인식, 언어 게임, 선입관Vorurteile, 시대, 발화수반행위, S/s,* 문제설정problématiques, 지향성, 아포리아, 글쓰기écriture—'언어로 작업하는 방법', '우리가 하는 말은 반드시 진심이어야 하는가?', '텍스트 바깥은 없다', '언어의 감옥'—따위에 시달리는 학계에서 작업하면서 짙어지는 저자로서의 자기 의혹이 있다. 말이 경험에 잘 들어맞지 않고 단지 또다른 말을 끌어나갈 뿐이라는 사실을 시인들과 수학자들은 오래전부터 알고

*라캉의 은유 공식으로, 기표와 기의가 어긋난다는 뜻이다.

있었다. 하지만 민족지학자에 관한 한 이것은 약간 새로운 발견이었고, 그것은 그들 혹은 그들 일부를 영원할 수도 있지만 아마도 그렇지는 않을 어떤 혼란 상태 속으로 밀어넣었다.

●

그 혼란은 영원하지 않을 수도 있다. 혼란을 유발하는 불안은 그 진정한 기원을 더 명료하게 인식하면 해소될 수도 있기 때문이다. 근본적인 문제는 다른 사람들이 어떻게 사는지를 이야기하는 것과 관련된 도덕적 불확실성도 아니고, 그런 이야기를 학술적 장르 속에서 개진하는 것과 관련된 인식론적 문제도 아니다. 매우 현실적인 두 가지는 모두 늘 있어왔고 이 분야와 공존해왔다. 문제는 그런 사항들이 전문가의 비밀스러운 분위기로 은폐되지 않고 공개적으로 논의되기 시작하면서부터 저술의 부담이 갑자기 더 무거워진 데 있다. 민족지 텍스트가 조사된 내용으로 그치는 것이 아니라, 검토의 대상이 되기 시작하자, 민족지 텍스트가 만들어지는 과정과 설득하려는 의도가 명시되자, 그것을 만드는 사람들이 대답해야 할 것이 더 많아진 것이다. 주류 학계는 사실에 충실하라고 책상을 두드리고, 그 상대편은 힘에의 의지를 품고 도전해오는 이런 상황이 처음에는 불안을 몰고 올지도 모른다. 하지만 충분히 끈기 있게 용기를 낸다면 익숙해질 수 있을 것이다.

바로 앞의 시대가 인류학의 담론적 에너지를 쇄신하는 길로 이끌지 아니면 낭비하는 길로 이끌지, 저자의 대담함을 회복시키는 길로 이끌지 아니면 잃는 길로 이끌지는 이 분야가(더 정확하게 말하면 이 분야에 있는 장래의 전문 인류학자들이) 그 목표, 관련성, 동기, 절차 등 모든 것이 의문시되는 상황에 적응할 수 있는지에 달려 있다. 앞에서 살펴본 '담론성의 창시자들'(그리고 검토되지는 않았지만 최소한 그에 필적하는 다른 사람들), 이 분야를 현재의 형태로 빚어낸 그들에게는 극복해야 할 계통적 서술과 설득에 관한 어마어마한 문제가 있었다. 불신의 유예가 특별히 자발적이었던 적도 없었다.* 하지만 그들은 적어도 자신들이 세운 기획의 정당화에 대한, 혹은 그것의 수행 가능성 자체에 대한 공격이라고 할 만한 것은 면했다. 그들이 했던 일은 이상했는지는 몰라도 훌륭한 것이었고, 어려웠을 수도 있지만 상당한 수준에 올라서기도 했다. 민족지를 쓰는 일이 지금은 저자로서나 독자로서나 그런 예상들이 과거의 것이라는 것을 실감하는 가운데 진행된다. 무죄 추정도, 선의의 해석도 저절로 주어지지 않는다. 사실, 상관계수와 유의성 검정을 제외하면, 이런 것들은 조금도 주어지지 않는다.

저자를 충분히 신뢰하지 못하는 독자들을 적당히 설득하려 드는 확신 없는 필자들이 그런 상황을 만났을 때, 레비스트로스, 에번스프리처드, 말리노프스키, 베네딕트가 각자의 결점에도 불구하고 확실히 성취해낸 것처럼 삶의 감각을 키우는 저작, 읽는 사람이 무엇을 느꼈든 강한 위력을 발휘하는 저작을 만들어낼 가능성은 거의 없을 것이다. 하지만 인류학을 존속시키려면 바로 그런 일이 일어나야 한다. 그리고 그냥 파헤치기만 하거나('민족지는 생각하지 말고, 작업이나 해'), 그냥 증발해버리지('민족지 작업은 하지 말고, 그것에 대해 생각하기만 해') 않는다면 그 일은 분명히 가능할 것이다. 전적으로 필요한 것은 둘을 비교해내는 기술技術이다.

그 장르를 살아 있게 하고 활발하게 하는 데 가장 직접적으로 관련되어 있는 것이 기술이라고 말하는 것은(이보다 덜 중요한 업적으로 보이는 전문성이라고 말하거나 더 위대한 업적으로 보이는 계몽이라고 말하기보다는) 저술의 부담이 아무리 무거워졌다 하더라도 피할 수 있는 것이 아니라는 말이기도 하다. 더불어 기술이 '방

저자로서의 인류학자

*'불신의 자발적 유예willing suspension of disbelief'는 영국의 시인이자 평론가인 새뮤얼 콜리지가 처음 도입한 문학비평 개념으로, 가상의 현실이 사실이 아니라는 점을 자발적으로 망각하여 이야기에 몰입해 프레임 안의 사건을 현실로 수용하려는 태도를 가리킨다.

법'이라든가 '언어', 공동 저자로 재서술되는('착복당한'이라는 표현이 더 적합하겠지만) '민족 자신'(현재 특히 인기 있는 책략이다)으로 치환될 가능성은 없다. 민족지가 대단히 부당한 행위 또는 실행 불가능한 게임이라는 이해에 맞서려면 그것이 양자역학이나 이탈리아 오페라처럼 상상력을 동원한 작업이라는 것, 단 양자역학보다 덜 지나치고 이탈리아 오페라보다 덜 체계적이라는 사실을 털어놓는 수밖에 없을 것 같다. 민족지에 대한 책임 혹은 민족지의 공적은 다른 누구도 아닌 그것을 생각해낸 몽상가들의 몫이다.

민족지 쓰기에 이야기하기, 그림 그리기, 상징 조합, 수사 배치가 수반된다는 주장(한번 알려지고 나면 대기원근법이나 피타고라스 정리와와 마찬가지로 다시 눈에 띄지 않게 할 수는 없으니 사실상 지적이라고 해야겠다)은 흔히, 때때로 격렬한 저항에 부딪힌다. 이는 최소한 플라톤 이후 서구에 널리 퍼졌던 고질적인 혼동, 상상된 것과 상상의 혼동, 허구와 거짓의 혼동, 사물을 만드는 것과 조작하는 것의 혼동 때문이다. 실재에는 어떤 특정한 표현양식으로 기술되고 싶어하는 성향이 있다는 이상한 생각, 실재의 본성 자체가 우리에게 환상, 무의미한 말, 또 스스로 건 마법을 피하기 위해 논쟁적인 것을 배제하고 (삽은 삽이고 장미는 장미라는 식으로) 발언하기를 요청한다는 생각은, 축자주의를 따르지 않는다면 사실도 놓친다는 더욱 이상한 생각으로 이어진다.

이는 어불성설이다. 그 말이 옳다면 이 책에서 논의된 거의 모든 글은 중요한 글이든 가벼운 글이든 마찬가지로(지금 나와 있는 거의 모든 민족지도) 실재에 대한 언급이 결여되어 있다는 말이 되어버린다. 현지조사 보고서나 주제별 조사를 제외하고, 이건 매, 저건 해오라기라는 식*으로 식별하는 글쓰기는 실제로는 인류학에

*셰익스피어의 희곡 『햄릿』 제2막 제2장에 나오는 햄릿의 대사를 빗댄 것이다. "북서쪽에서 바람이 불어오면 나는 광기가 일거든. 바람이 남쪽에서 불어올 땐 매와 해오라기 정도는 구별할 수 있다네."

서 매우 드물다. 이 분야가 끌었던 일반적인 관심은 그런 식으로 일하는 장인의 작업이 아니라 레비스트로스나 에번스프리처드, 말리노프스키, 베네딕트 같은 사람들이 구축한 빛나는 탑 위에 쌓인 것이다. 마치 한쪽에서만 보이는 스크린을 통해 보듯이 세계를 곧바로 바라본다는 미명, 오직 신이 바라볼 때처럼 타자를 있는 그대로 본다는 미명은 정말이지 굉장히 널리 퍼져 있다. 하지만 그런 미명 자체가 하나의 수사학적 전략이고 설득의 양식이다. 완전히 내다버리기 힘들어 여전히 읽히기도 하고, 전적으로 받아들여지기 힘들지만 여전히 믿어질 수 있는 것이다. 어떤 실화소설faction이, 즉 실제 장소에 실제 시간대에 살았던 실존 인물들에 대한 어떤 상상적인 글쓰기가 정확히 어떤 방법으로 교묘한 조작의 수준을 넘어서게 되는지는 분명하지 않다. 하지만 인류학이 현대 문화에서 지적인 영향력을 이어가려면 그 방법을 알아내야 한다. 노새와 같은 여건(과학이라는 어머니는 떠들썩하게 칭찬하고 문학이라는 아버지는 부정하는)이 반드시 노새처럼 불임이라는 결과로 이끄는 것이 아니라면 말이다.

거의 모든 민족지에 나타나는 '매개자'라는 특징, (이 탐구의 첫 시발점인 기발한 착상으로 돌아가자면)『데이비드 코퍼필드』처럼 저자에 흠뻑 물든 텍스트와「동체의 전자역학」처럼 저자가 부재하는 텍스트 사이의 중재자라는 본질은 여전히 급소이다. 인류학자들이 세계에서 벌어지는 정치적 관계의 방대한 재편성과, '기술記述'이라는 것이 도대체 무엇인지에 대한 그에 못지않게 방대한 재고再考에 함께 붙들려 있는 지금이나, 첫번째 과정이 이제 막 시작되었고 두번째 과정은 시작도 되지 않았던 때나 똑같이, 여전히 급소라는 말이다. 지금도 그들의 과제는 입증하는 것이다. 더 정확히 말해, 실제로 일어나지 않은 사건에 대한 이야기로도 소개되지 않고, 계산 가능한 물리력이 만들어낸 예측 가능한 현상의 보고서로도 소개되지 않은, 다른 사람들이 살아가는 법에 대한 설명이 확신을 줄 수 있음을, 여기 다른 시대에서 다른 수단을 동원하여 입증해내야 한다. 담론의 신화-시적 양식(『신곡』, 『빨간 모자』)과 객관주의 양식(『종의 기원』, 『농부 연감』*)은 그들 자신의 목적에 맞는 고유의 타당성을 지니고 있다. 하지만 몇 가지 이상한 점을 차치한다면, 늘 그렇듯 민족지는 그 재료를 계시적인 환상에 적용하지도 않고, 절대화된 세계에서 자연발생적으로 출현하는 것으로 묘사하지도 않는다.

●

인류학적 소명의 중요한 측면이 문학적인 것이라고 보는 관점에는 위험이 따른다. 그 기획은 언어철학의 한 종류처럼 단어의 의미에 집중하여 그 중심 논쟁을 모두 개념적인 것으로 바꾸고 끝없이 분해하고 미해결된 것으로 영원히 남게 만드는 것으로 보일지도 모른다. 이를테면 다음과 같은 질문처럼 말이다. '문화란 무엇인가(혹은 어디 있는가)?' '사회가 행동의 원인이라 할 수 있는가?' '친족이 존재하는가?' '제도는 사유하는가?' 그 정도로 그 기획은 언어의 유혹으로 여겨지는 것 같다. 지적 상품을 경쟁 시장에서 유통시키기 위해 설계된 수사학적 건축물이라는 식으로 말이다. 아니면, 이것이 가장 일반적인 해석일 텐데, 세계에는 계급적 위선, 허위의식, 비밀 의제 등이 잔뜩 들어차 있는 것 같으니, 그것도 (공평무사한) 과학이라는 가면을 뒤집어쓴 (부패한) 이데올로기일 수 있다는 이야기도 있다. 물론 이는 곧 깨뜨려질 가면이며, 정체가 곧 들통날 사기꾼이다. 또한 스타일이 중요시되고 장르가 강조되는 경우에 항상 그렇듯이 탐미주의의 위험이 있다. 말하자면 민족지 기록자들과 그

*The Farmer's Almanac. 미국 기상국이나 그 밖의 기상사무국이 존재하기 훨씬 전에 자연현상에 대한 점성술적 해석을 바탕으로 장기적인 기상예보를 실시하여, 일기예보·파종일정·별자리표·점성술·요리법·농촌생활에 관련된 여러 가지 재미있는 이야기 등으로 구성한 연감이다. 1792년 미국에서 로버트 B. 토머스가 1793년용 연감으로 창간한 것이 시초이며, 이후 매년 발행되고 있다.

독자들 모두 문신과 마법에 대한 글이 지닌 유용성이 텍스트가 주는 즐거움 속에서 소모되어버린다고 믿게 될 가능성이다. 인류학이 훌륭한 읽을거리로만 여겨지리라는 우려가 생기는 것이다.

하지만 그런 위험은 감수해볼 가치가 있다. 이는 몇몇 중심 사안이 실제로 우리가 어떤 언어 게임을 선택할지를 둘러싸고 돌아가고 있기 때문인 것도 아니고, 결과물의 고도화든 극단적인 논쟁이든 눈에 띄기 위해 점점 더 필사적으로 진행되는 쟁탈전 속에서 전혀 알려지지 않았기 때문도, 협박하는 글쓰기에 반대하는 것만큼이나 즐거움을 주기 위한 글쓰기에 대해서도 말할 만한 뭔가가 있다는 이유 때문도 아니다. 위험을 감수할 가치가 있는 까닭은, 그러다 보면 타인의 생활 형태(의 무엇인가)를 대하는 한 집단의 의식이 열리며 또 그 과정에서 그들 자신의 생활 형태(의 무엇인가)도 개방적으로 보게 되어, 우리의 이해력을 철저히 검토할 수 있기 때문이다. (지금까지는 기껏해야 완전한 실패를 면한 정도 이상으로 해낸 사람이 없었던 과제인) 그것은 현재를 새겨넣는 일, 세계의 젖줄이 흐르는 어느 특정한 장소에 있다는 것이 '어떤 느낌인지'를 언어로 전달하는 일이다. 파스칼의 유명한 말처럼 그곳보다는 이곳을, 그때보다는 지금을 말이다.[7] 민족지가 그 외에 달리 무엇이든—말리노프스키식의 경험 추구일 수도 있고 레비스트로스식의 질서를 향한 열광, 베네딕트식의 문화적 아이러니, 에번스프리처드식의 문화적 자신감일 수도 있다—그것은 무엇보다도 실제의 번역이고 특정한 방식으로 표현된 생명력이다.

(대부분이 학계에 속해 있고, 모두가 적어도 부분적으로는 '현대적'이라고 뭉뚱그려 불리는 특이한 존재 형태에 참여하고 있는) 독자들을 설득하는 능력, 그들이 읽고 있는 글이 어떤 장소에서 어떤 시간에 어떤 집단 속에서 삶이 실제로 진행되고 있는 방식을 직접 알게 된 누군가가 쓴 믿을 만한 설명이라고 설득하는 능력은, 민족지가 추구하는 분석, 설명, 즐겁게 하기, 불편하게 하기, 축하하

기, 기념하기, 사과하기, 놀라게 하기, 전복하기 등이 마침내 자리 잡는 토대다.[8] 인류학이 누군가를 설득하는 힘의 근원과 토대는, 인류학의 '이곳에 있기'와 '그곳에 있기'를 텍스트상에서 연결하는 작업, '기록된 장소'와 '기록된 대상'(앞에서 언급했듯이, 요즘은 다른 사고 틀을 가진 동일 민족인 경우가 많다) 사이의 공동구역을 상상력을 동원하여 구축하는 작업이다. 이론도, 방법도, 교수직의 아우라도 아니다. 그것들이 아무리 잘난 체를 하더라도 말이다.

권력이 동등하지 않은 민족들 사이의 관심사(성별, 인종, 계급, 종교……)가 결국은 하나로 수렴될 것이라는 안일한 가정이 역사적으로 와해되고 무조건적 기술의 가능성 자체가 의문시된 만큼, 그런 공통 기반의 구축은 위계질서가 유지되고 언어에 무게감을 부여하지 않았던 시절처럼 단순한 기획으로 여겨지지 않는다. 민족지를 작업하는 환경의 도덕규범들은 대등하지 않고 논의 또한 복잡하기 때문에, 그것을 다른 삶의 범주 속에서 한 종류의 삶을 나타내려는 것 이외의 다른 어떤 것으로 보려는 시도는 전혀 옹호할 수 없게 된다. 그것으로 충분할 수도 있다. 나 자신도 그렇다고 생각한다. 하지만 그것은 어떤 허세의 종말을 선언한다.

이런 허세는 수없이 많지만, 그것들은 모두 모든 민족지 기술은 집 안에서 이루어진 것이며, 기술하는 자의 기술이지 기술되는 자의 기술은 아니라는, 소문나면 안 되는 사실을 이런저런 방식으로 소문내려는 시도로 귀결되는 경향이 있다.

그런 허세의 하나로 민족지적인 복화술이 있다. 이는 또다른 삶의 형태에 대해 이야기하는 것이 아니라 그 삶의 내부에서 이야기하겠다는 주장이다. '에티오피아인(여성 시인)의 관점'에서 사물이 어떻게 보이는지를, 그런 관점에서 보이는 대로 에티오피아인(여성 시인)이 묘사한 내용으로 표현하겠다는 것이다. 다음으로 텍스트 실증주의가 있다. 말하자면, 에마와이시가 자신의 시를 구술하거나 최대한 공들여서 쓸 수 있다면, 또 그것들이 최대한 충실하게 번역된다면, 민족지학자의 역할은 최소한의 중개 비용으로 사태의 본질을 건네주는 정직한 중개인으로 녹아들기를 바라는 생각이다. 또 확산된 저술dispersed authorship이 있다. 민족지의 논의가 어떤 방식으로든 '이질언어적인' 것이 될 수 있으리라는, 그리하여 에마와이시가 어떤 직접적이고 동등하고 독립적인 방식에 따라 인류학자와 함께 그 내부에서 이야기할 수 있으리라는 기대 말이다. 이곳의 텍스트에 그곳의 존재가 있게 되는 것이다. 또 고백주의가 있다. 민족지 기록자의 대상이 아니라 기록자의 경험을 분석적 관심의 주요한 연구 재료로 채택하고, 에마와이시를 그녀를 만난 사람에게 미친 영향이라는 주제로 그려내는 것이다. 말하자면 이는 이곳-실재의 그곳-그림자이다. 그밖에도 어쩔 수 없이 저자라는 흐릿한 유리를 통해 에마와이시와 그녀의 시들을 보기는 하지만, 그 흐릿한 정도는 '편향'이나 '주관성'에 대한 저자로서의 자기 검열에 의해 최소화되며, 그리하여 그녀와 그들은 직접 맨얼굴로 대면할 수 있게 된다는 간단하고 가장 일반적인 가정이 있다.

이런 온갖 이야기는 곧 세계가 주체에게 보이는 모습의 묘사라든가, 텍스트를 정확하게 파악하고 그것을 현실에 충실하게 번역하기 위한 노력, 텍스트에서 자신들이 묘사한 인물들이 그들 사회의 실제 존재에 상응하는 상상적 존재감을 갖게 만드는 건 아닌가 하는 염려, 현지조사가 현지조사자에게 주는 것과 주지 않는 것에 대한 명시적인 성찰, 자신의 가정에 대한 엄격한 검토 등이 에티오피아식으로 사는 게 어떤 것인지 프랑스식으로 사는 사람에게 말해주고 싶어 안달하는 누군가에게 최고의 가치를 지닌 일이 아니라는 말은 아니다. 그보다는 그렇게 한다고 해서 저술이라는 부담에서 벗어날 수 있는 건 아니라는 말을 하고 싶다. 그 부담은 오히려 심화된다. 에마와이시의 관점을 제대로 표현하는 일, 그녀의 시를 다른 사람들이 알 수 있는 형태로 만드는 일, 그녀의 현실을 지각 가능하게 만드는 일, 그녀가 존재하는 문화적 틀을 밝히는 일은 그것이 어떤 것인지 사람들이 얼마쯤은 이해할 수 있는 지면 안에서 그것들이 충분히 표현되도록 한다는 뜻이다. 이는 당연히 어려운 일이지만 동시에 '토착민', '저자', '독자' 모두에게 (또다른 사람들의 활동을 위한 영원한 희생양인 순진한 방관자들에게도) 중요한 일이기도 하다.

●

모든 문화 제도와 마찬가지로 (법학, 물리학, 음악, 회계학에 비하면 꽤 사소한 분야인) 인류학은 끊임없이 사라지고 있는, 그만큼 끊임없이 새로워지는지는 확실치 않은 하나의 장소와 하나의 시간에 관한 것이다. 처음에는 19세기(유인원을 기원으로 인류를 연구하는 경향이 휩쓸고 있을 때)에, 그러다가 20세기 초반(고립되고 완전한 하나의 결정체로서의 특정 종족들에게 관심을 집중했던 때)에 인류학을 창시했던 에너지는, 흔히 제시되는 것보다는 복잡하기는 해도, 서구 제국의 팽창, 그리고 과학의 힘에 대한 구원론적인 믿음의 고조와 확실하게 관련되어 있다.[9] 이차대전 이후, 식민주의의 해체와 과학에 대한 더욱 사실적인 시각의 등장은 이런 에너지를 얼마간 분산시켰다. 문화 간 중간자 역할도, 유럽과 미국이라는 세계 권력의 중심지와 다양한 이국의 어떤 곳 사이를 왕래하면서 어느 한쪽의 편견과 다른 한쪽의 지역 근성을 중재하는 일도, 특이한 신념과 독특한 사회구조를 일반 법칙으로 분류하는 문화 간 이론가의 역할도, 한때 그랬던 것만큼 손쉽게 인류학자들에게 주어지지 않는다. 그리하여 다음과 같은 물음이 떠오르게 된다. 가능한 것은 무엇인가? 식민지 총독이 사라지고 사회역학이 설득력을 잃은 지금, 다음에 필요한 것은 무엇인가?

물론 이 질문에 한 가지 대답만 있는 것은 아니다. 또 사실이 제시되기 전에, 인류학자들이 실제로 쓰기 전에는 대답을 할 수도 없다. 사전적ex ante 규범적 비평(이건 해야 하고 저것은 하면 안 되는 일이라는 식의 비평)은 독단적 교조를 출발점으로 삼지 않는 다른 지적 기획에서와 마찬가지로 인류학에서도 터무니없다. 시나 가설처럼 민족지도 사후적ex post으로만 판단될 수 있다. 누군가가 그것을 존재하게 만든 뒤에야 그것에 대한 판단이 가능한 것이다. 하지만 그 모든 상황에도 불구하고, 민족지 텍스트가 어떤 용도를 가질 수 있다면, 십중팔구 그 장래의 용도는 점점 더 많은 미묘한 차이를 보이고 더 즉각적이고 더 불규칙적인 것이 되어가는 사회의 경계(민족성, 종교, 계급, 성별, 언어, 인종)를 넘어서서 대화할 수 있게 해주는 일과 관련될 것이다. 그다음에 (적어도 내가 보기에는) 필요한 것은 보편언어인 에스페란토 같은 문화를 구축하는 것도, 공항 문화와 모텔 문화도, 방대한 인력 관리 기술의 발명도 아니다. 그것은 관심사와 외모와 부와 권력 면에서 무척 다르지만 끝없이 연결되어 얽혀 있으며, 점점 더 무관하기 힘들어지는 세계 속 사람들이 이해하기 쉬운 담화의 가능성을 확대하는 일이다.

이 세계, 온갖 차이가 뒤죽박죽으로 섞여 점층적인 스펙트럼을 이루는 이 세계는 장래의 그 어떤 담론성의 창시자라고 해도 지금은 반드시 그것을 다루어야 하고, 또 앞으로도 한동안은 거의 틀림없이 다루어야 할 세계다. 레비스트로스, 에번스프리처드, 말리노프스키, 베네딕트는 훨씬 더 판이한 대상들이 덜 긴밀하게 모여 있는 세계(보로로족, 아잔데족, 트로브리안드 제도 사람들, 주니족의 세계)에서 작업했고, 그들이 대체했던 위대한 박식가들(타일러, 모건, 프레이저 등)은 개선시키는 문명인과 개선 가능한 미개인이라는 엄청난 이분법의 세계에서 작업했다. 그보다 훨씬 덜 고립되고 훨씬 불분명하게 규정되고 훨씬 덜 거창하게(하지만 그에 못지않게 깊이 있게) 대조적인 '그곳'과 '이곳'은 그들의 특성을 또다시 변모시켰다. (알기 쉬운 방식으로 한쪽을 다른 쪽에 연결하는 작업을 만들어내는) 그 업무가 여전히 눈에 띄게 연속적이라 하더라도, 그것의 달성 방법과 달성의 의미는 분명히 변해야 한다. 민족지학자들은 이제 백과사전적 지식으로도, 논문으로도, 세계 조사로도, 부족 연구로도 사실상 감당할 수 없는 현실을 상대해야 한다. 현장과 학계에서 새로운 것이 등장했으니, 종이 위에도 새로운 것이 나타나야 한다.

이러한 사실이 온전히 이해되지는 않았더라도 막연하게나마 받아들여졌다는 신호는 현대 인류학 곳곳에서 찾아볼 수 있다. 또 그렇지 않은 경우가 더 많긴 했지만 몇몇은 인상적이었던 노력, 이러한 사실과 공존하기 위한 노력도 있었다. 현지조사가 처한 상황은 갑자기 무질서해졌고 창의성을 요하는 일이 되었으며 제멋대로인데다 다양해졌다.[10] 하지만 예전에도 그런 상황 속에서 방향을 찾아나갔다. 과거에는 자신의 힘의 연원이 어디인지 알지 못했고, 또 서구 문명의 도덕적·지적 자기 확신의 부추김이 있었으니 알 필요도 없었던 인류학은 이제 그 힘이 어디서 나오는지를 알게 되었다. 그 확신이 흔들린 참이니, 인류학이 번영하고자 한다면 눈을 떠야 한다. 그 효과를 얻는 방법에 대한 관심, 그것들이 무엇인지를 두고 몰리는 관심, 종이 위의 인류학에 대한 관심은 더이상 방법과 이론의 문제에 눌려 위축되고 마는 부차적인 주제가 아니다. 그것, 그리고 에마와이시의 물음은 문제의 핵심에 상당히 가까이 있다.

1 그곳에 있기

1 M. Foucault, "What Is an Author?," in J. V. Harari, ed., *Textual Strategies* (Ithaca, New York, 1979), 149~150쪽.

2 R. Firth, *We, the Tikopia* (London, 1936), 1~2쪽. '여행기'에 나오는 이 단락의 맥락에 대해서는 M. L. Pratt, "Fieldwork in Common Places," in J. Clifford & G. E. Marcus, eds., *Writing Culture: The Poetics and Politics of Ethnography* (Berkeley, California, 1986), 35~37쪽 참조.

3 R. Firth, 같은 책, 488쪽.

4 같은 책, 11쪽.

5 L. Danforth, *The Death Rituals of Rural Greece* (Princeton, New Jersey, 1982), 5~7쪽. 현장에서 사고로 아내를 잃은 개인적 경험에서 형성된, '죽음의 인류학'에 대한 이와 비슷하게 현대적인, 또는 포스트모던적인 불평을 보려면 R. Rosaldo, "Grief and a Headhunter's Rage: On the cultural Force of Emotions," in E. Bruner, ed., *Text, Play, and Story, 1983 Proceedings of the American Ethnological Society* (Washington, D.C., 1984), 178~195쪽 참조. "죽음에 대한 거의 모든 인류학적 연구에서 분석자는 가장 초연한 관찰자의 입장에 서서 그저 감정을 제거하기만 한다. 그들은 자신들의 입장에서 제례를 의무적인 것으로 취급하며, 제의와 일상생활의 관계를 무시한다. 또 제례의 절차와 애도의 과정을 한데 합친다. 일반적으로 보면…… 눈물은 날려버려 닦아내고 짜증스러운 상황은 무시하면서 최대한 사태를 정리해야 한다는 것이 원칙인 것 같다."(189쪽)

6 M. Fortes, *The Dynamics of Clanship Among the Tallensi* (London, 1967), 1쪽.

7 W. Ferris, *Blues from the Delta* (Garden City, New York, 1979), 1쪽.

8 R. Barthes, "Authors and Writers," in S. Sontag, ed., *A Barthes Reader* (New York, 1982), 185~193쪽.

9 M. Foucault, 같은 책, 153쪽.

10 같은 책, 154쪽.

11 R. Barthes, "From Works to Text," in J. V. Harari, ed., 같은 책, 73~82쪽.

12 R. Barthes, "Authors and Writers," in S. Sontag, ed., 같은 책, 187쪽, 189쪽.

13 G. Marcus & D. Cushman, "Ethnographies as Texts," in B. Siegel, ed., *Annual Review of Anthropology*, vol. II (Palo Alto, California, 1982), 25~69쪽.

2 텍스트 속의 세계

1 S. Sontag, "The Anthropologist as Hero," in S. Sontag, *Against Interpretation* (New York, 1961), 69~81쪽.

2 R. Barthes, *Le Système de la mode* (Paris, 1967); H. Gardner, *The Quest for Mind: Piaget, Lévi-Strauss, and the Structuralist Movement* (New York, 1973).

3 A. Becker, "Text Building, Epistemology, and Aesthetics in Javanese Shadow Theatre," in A. Becker and A. Yengoyan, eds., *The Imagination of Reality* (Norwood, New Jersey, 1979), 211~243쪽.

4 R. Jakobson, "Closing Statements: Linguistics and Poetics," in T. Sebeok, ed., *Style in Language* (Cambridge, Massachusetts, 1960), 350~377쪽.

5 C. Lévi-Strauss, *A World on the Wane*, John Russell, trans. (New York, 1961), 31쪽. 레비스트로스가 더 마음에 들어한 웨이트먼 부부의 번역본이 좀더 정확하기는 하지만, 이 글에서 나는 주로 러셀의 번역본을 인용하려고 한다. 그의 번역이 프랑스어의 어감을 영어로 더 잘 살려낸 듯하기 때문이다. 그래도 어쨌든 인용문마다 웨이트먼 부부의 번역본과 원서의 본문 페이지를 함께 언급할 것이다. C. Lévi-Strauss, *Tristes Tropiques*, John & Doreen Weightman, trans. (Harmondsworth, England, 1976), 32쪽; C. Lévi-Strauss, *Tristes Tropiques* (Paris, 1955), 17쪽.

6 Russell, 같은 책, 313쪽; Weightman, 같은 책, 419쪽; 원서, 341쪽.

7 Russell, 같은 책, 58쪽; Weightman, 같은 책, 66~67쪽; 원서, 46~47쪽.

8 사실 『슬픈 열대』는 1942년 무렵에 발표한 논문들에서 이미 윤곽이 드러났다. 그 논문 구절들은 나중에 『슬픈 열대』에 통합된다. 이는 출판 연도 때문에 레비스트로스의 사상 발전 과정을 오독할 수 있다는 내 주장과 일치하는 사실이다. 이 책은 하나의 서론이자 종합 연구서이며, 그가 쓴 고전적 텍스트 대부분은 『슬픈 열대』보다 늦게 나왔다.

9 Russell, 같은 책, 160쪽; Weightman, 같은 책, 229쪽; 원서, 183쪽.

10 Russell, 같은 책, 308쪽; Weightman, 같은 책, 313~314쪽; 원서, 336쪽. 레비스트로스의 저작 전반에 나오는 이 주제에 대한 더 자세한 설명은 C. Geertz, "The Cerebral Savage," in C. Geertz, *The Interpretation of Culture* (New York, 1973), 345~359쪽 참조.

11 Russell, 같은 책, 390쪽; Weightman, 같은 책, 315쪽; 원서, 513쪽.

12 나는 레비스트로스의 이 구절을 러셀의 영역본에서는 발견하지 못했다.
   Weightman, 같은 책, 168쪽; 원서 132쪽 참조.

13 J. Boon, *From Symbolism to Structuralism: Lévi-Strauss and Literary Tradition*
   (Oxford, 1972).

14 Russell, 같은 책, 126~127쪽; Weightman, 같은 책, 153~154쪽; 원서, 121쪽.

15 Russell, 같은 책, 127쪽; Weightman, 같은 책, 154쪽; 원서, 122쪽.

16 Russell, 같은 책, 49~50쪽; Weightman, 같은 책, 55~56쪽; 원서, 37~38쪽.

17 나는 이 점을 「The Cerebral Savage」에서 더 충실하게 발전시켰으므로, 여기서는
   내 주장을 다시 소개하는 것으로 그친다.

18 그렇지만 내 주장의 일부이자 핵심은 당연히 인류학계에서 이해의 예술
   ars intelligendi와 표현의 예술ars explicandi의 관계가 워낙 밀접하다보니
   기본적으로는 불가분적이라는 것이다. 따라서 『슬픈 열대』를 그 주장이 형상화된
   것으로 본다면, 그 주장이 무엇인지에 대한 우리 견해도 바뀌게 될 터이다.

19 Rusell, 같은 책, 62쪽; Weightman, 같은 책, 71쪽; 원서, 50쪽.

20 여기서 나는 웨이트먼의 번역문(436~437쪽)을 사용했다. 그의 번역이 러셀의
   번역문(327쪽)보다 좀더 명료하기 때문이다. 원서는 356~357쪽.

21 다른 사람들에게 지나치게 가까이 다가가는 것을 둘러싼 자신의 양면적 태도에
   대한 최근의 생생한 표현은 C. Lévi-Strauss, *The View from Afar* (New York, 1985)
   특히 서론과 1장 참조. 이런 태도의 도덕적 함의를 검토하고 싶다면 S. McMurrin,
   ed., *The Tanner Lectures on Human Values*, vol. 7(Cambridge, England, 1986),
   253~275쪽에 실린 나의 글 「The Uses of Diversity」 참조.

3 슬라이드 쇼

1 E. E. Evans-Pritchard, *Witchcraft, Oracles, and Magic Among the Azande* (Oxford,
  1937), 1쪽; *Nuer Religion*(New York, 1956), 322쪽.

2 E. E. Evans-Pritchard, "Operations on the Akobo and Gila Rivers, 1940~41," in
  The Army Quarterly, 103, no. 4(July 1973), 1~10쪽. 에번스프리처드와 1928년부터
  수단에 주둔했던 영국 당국과의 약간 미묘한 관계에 대한 전반적인 논의는 P.
  H. Johnson, "Evans-Pritchard, the Nuer, and the Sudan Civil Service," in *African
  Affairs*, 81(1982), 231~246쪽 참고.

3 같은 책, 2쪽.

4 같은 곳.

5 같은 책, 2~3쪽.

6 같은 책, 3쪽.

7 같은 곳.

8 같은 책, 4쪽.

9 같은 곳.

10 같은 책, 4~5쪽.

11 같은 책, 6쪽.

12 같은 곳.

13 같은 책, 7쪽.

14 같은 책, 8쪽.

15 같은 곳.

16 같은 책, 10쪽.

17 같은 곳.

18 D. Donoghue, *Ferocious Alphabets* (Boston, 1981), 12쪽.

19 같은 책, 12~13쪽. '포함 언어학'이라는 언급은 30쪽에 있다.

20 E. E. Evans-Pritchard, *Nuer Religion*, 2쪽.

21 E. E. Evans-Pritchard, *Social Anthropology* (London, 1957), 65쪽.

22 같은 책, 79쪽.

23 같은 곳.

24 같은 책, 84쪽.

25 25) 같은 책, 80쪽.

26 26) 같은 책, 81~82쪽.

27 27) 같은 책, 84쪽.

28 28) 같은 책, 83쪽.

29 E. E. Evans-Pritchard, *The Sanusi of Cyrenaica* (New York, 1949), 63쪽; *The Nuer* (Oxford, 1940), 162쪽;*Witchcraft, Oracles, and Magic Among the Azande,* 81쪽; *Nuer Religion*, 312쪽; *Kinship and Marriage Among the Nuer* (Oxford, 1951), 134쪽.

30 E. E. Evans-Pritchard, *Witchcraft, Oracles, and Magic Among the Azande,* 70~71쪽.

31 E. E. Evans-Pritchard, *The Nuer*, 3쪽, 182쪽.

32 E. E. Evans-Pritchard, *Nuer Religion*, 231쪽.

33 E. E. Evans-Pritchard, "Zande Kings and Princes," in E. E. Evans-Pritchard, *Essays in Social Anthropology* (London, 1962), 215쪽.

34 I. Karp & K. Maynard, "Reading The Nuer," in *Current Anthropology*, 24 (1983): 481~492쪽.

35 M. Douglas, *Edward Evans-Pritchard* (New York, 1980), 135쪽.

36 E. Gellner, "Introduction," in E. E. Evans-Pritchard, *A History of Anthropological Thought* (New York, 1981), xiv~xxv쪽.

37 E. E. Evans-Pritchard, *Nuer Religion*, v쪽.

4 목격하는 나

1 B. Malinowski, *A Diary in the Strict Sense of the Term* (New York, 1967), 30~31, 42~43, 53~54, 69, 77~78, 39쪽. 나는 단락을 축약하고, 개별 문장들을 한데 합치고,

약어를 풀어쓰고, 토착어에 주석을 다는 등 좀더 읽기 쉬운 글이 되도록 몇 군데를 손질했다. 인용한 구절은 모두 책의 첫 부분에서 발췌한 것으로, 결과적으로 4년간 이어질 연대기 중 처음 넉 달간의 일이 담겨 있다. 이런 식으로 이야기 줄거리에서 발췌한 구절이 어떤 부분이든 나타나는 그림은 같을 것이다. 대부분의 사적인 일기처럼, 특히 강박증이 있는 사람의 일기가 모두 그렇듯이, 텍스트 안에서 움직이는 것은 시간 외에는 별로 없다. 일기의 출판은 작가로서의 말리노프스키를 성찰하는 수많은 시도의 자극제 역할을 했다. 이를테면 아래의 글들이 그렇다. C. Payne, "Malinowski's Style," in *Proceedings of the American Philosophical Society*, 125(1981), 416~440쪽; J. Clifford, "On Ethnographic Self-Fashioning: Conrad and Malinowski," in T. C. Heller et al., eds., *Reconstructuring Individualism* (Stanford, California, 1986), 140~162쪽; R. J. Thornton, "Imagine Yourself Set Down," in *Anthropology Today*, 1(Oct. 1985), 7~14쪽.

2 B. Malinowski, 같은 책, xix쪽.

3 낭만주의에 대해서는 I. Strenski, "Malinowski: Second Positivism, Second Romanticism," in *Man*, 17(1981), 766~770쪽 참조. 그 일기가 말리노프스키에 관한 무엇을 '드러내는지'에 대한 내 견해는 "Under the Mosquito Net," in *New York Review of Books* (Sept. 14, 1967) 참조.

4 B. Malinowski, *Argonauts of the Western Pacific* (New York, 1922), 21~22쪽.

5 B. Malinowski, *Crime and Custom in Savage Society* (London, 1926), ix쪽; *The Sexual Life of Savages in Northwestern Melanesia* (New York, 1929), xiv쪽; *Argonauts of the Western Pacific*, 18쪽; *Coral Gardens and Their Magic*, 2 vols. (New York, 1935), vol. I, xx쪽.

6 R. Firth, "Bronislaw Maliniwiski," in S. Silverman, ed., *Totems and Teachers: Key Figures in the History of Anthropology* (New York, 1981), 124쪽; A. Richards, "The Concept of Culture in Malinowski's Work," in R. Firth, ed., *Man and Culture : An Evaluation of the Work of Bronislaw Malinowski* (London, 1957), 17~18쪽; E. E. Evans-Pritchard, *A History of Anthropological Thought* (New York, 1981), 199쪽.

7 B. Malinowski, *Coral Gardens and Their Magic*, xix쪽.

8 B. Malinowski, "Baloma," in *Magic, Science and Religion, and Other Essays* (Boston, 1948, 초판 1916), 238쪽. 강조는 원저자의 것이다.

9 B. Malinowski, *The Sexual Life of Savages in Northwestern Melanesia*, xxiv쪽.

10 B. Malinowski, *Argonauts of the Western Pacific*, 2~3쪽.

11 같은 책, 3~4쪽.

12 K. E. Read, *The High Valley* (New York, 1965), ix쪽. 나는 이 구절의 순서를 바꾸어 인용했다.

13 같은 책, 7쪽.

14 같은 책, 318쪽.

15 같은 책, 20쪽.

16 같은 책, 167~168쪽.

17 같은 책, 318쪽.

18 같은 책, 310쪽.

19 R. Barthes, "Deliberation," in S. Sontag, ed., *A Barthes Reader* (New York, 1982), 479~495쪽, 480~481쪽. 강조는 원저자.

20 같은 책, 481쪽.

21 같은 책, 493쪽.

22 같은 책, 487쪽.

23 예를 들면, G. Marcus & D. Cushman, "Ethnographies as Texts," in B. Siegel, ed., *Annual Review of Anthropology*, vol. II (Palo Alto, California, 1982), 25~69쪽 참조.

24 P. Rabinow, *Reflections on Fieldwork* (Berkeley, California, 1977), 5쪽 참조.

25 같은 책, 148~149쪽.

26 V. Crapanzano, *Tuhami, Portrait of a Moroccan* (Chicago, 1980), 145쪽.

27 같은 책, 4~5쪽.

28 같은 책, 136쪽.

29 같은 책, 134쪽.

30 같은 책, 114쪽.

31 같은 책, 84쪽.

32 같은 책, 83쪽.

33 같은 책, 130쪽.

34 같은 책, 140쪽, 148쪽, 136쪽.

35 K. Dwyer, *Moroccan Dialogues: Anthropology in Question* (Baltimore, Maryland, 1982), xviii쪽.

36 같은 책, xxii쪽, 284쪽, 271쪽, 다시 xxii쪽.

37 같은 책, 280n쪽.

38 같은 책, 58쪽, 144쪽.

39 같은 책, ix쪽.

40 같은 책, 287쪽.

41 P. Rabinow, 같은 책, 129~130쪽.

42 V. Crapanzano, 같은 책, 134쪽.

43 K. Dwyer, 같은 책, 269쪽.

44 Barthes, 같은 책, 494쪽.

45 K. E. Read, *Return to the High Valley: Coming Full Circle* (Berkeley, California, 1986).

46 같은 책, 252쪽.

47 같은 책, 45쪽, 184쪽, 248~249쪽.

48 같은 책, 246쪽.

49 같은 책, 22쪽.

50 '목격하는 나' 스타일의 민족지 중 최근 자료, 래비노, 크라판차노, 드와이어의 저서보다 덜 우울하면서도 그 장르의 고백적 측면을 민족지적 측면과 더 견고하게 연결해 보여주는 다른 사례들을 보려면, J.-P. Dumont, *The Headman and I: Ambiguity and Ambivalence in the Fieldworking Experience* (Austin, Texas, 1978); E. V. Daniel, *Fluid Signs* (Berkeley, California, 1984); B. Meyerhoff, *Number Our Days* (New York, 1978) 참조. 뒤몽의 책에는 내내 어색한 태도를 벗어버리지 못하는 프랑스 학자가 입으로 부는 화살을 사용하는 베네수엘라 인디언들 사이에서 허둥대며 돌아다니는 고급 소극笑劇이 공연되는데, 이는 표준적인 민족지 서술 장치로는 도달할 수 없었을 베네수엘라 인디언들의 삶의 여러 면모를 드러내준다. 대니얼의 책에서는 "스리랑카 남부 신할리즈어를 사용하는 지역에서 남인도 타밀족의 자식으로 태어난 한 타밀족 토착민 화자의 불확정성이 드러난다. 아버지는 영어를 모어로 쓰던 스리랑카 성공회교도 어머니와 결혼하기 위해, 신성한 의미를 담고 있던 자신의 이름을 용감함을 뜻하는 이름으로 바꾸었다."(57쪽) 마이어호프는 한 젊은 동화된 유대인 '여교수'와 남캘리포니아 해변의 마을에서 여생을 보내고 있는 연로하고 전통적인 유대인 공동체의 만남을 문화의 대단원처럼 절박한 필치로 그려냈다.

5 우리/우리 아닌 자

1 R. Benedict, "The Uses of Cannibalism," in M. Mead, *An Anthropologist at Work: Writings of Ruth Benedict*(Boston, 1959), 44~48쪽. 이 단편과 베네딕트 저작에서 울리는 스위프트의 메아리의 관련성은 예전에도 간략하게 지적된 바 있다. J. Boon, *Other Tribes, Other Scribes*(Cambridge, Eng., 1983), 110쪽.

2 R. Benedict, *Patterns of Culture* (New York, 1959, 초판 1932), 96쪽; *The Chrysanthemum and the Sword: Patterns of Japanese Culture* (New York, 1974, 초판 1946), 228쪽.

3 H. Miner, "Body Ritual Among the Nacirema," in *American Anthropologist*, 58(1956), 503~513쪽; T. Gladwin, "Latency and the Equine Subconscious," in *American Anthropologist*, 64(1962), 1292~1296쪽.

4 C. Turnbull, *The Mountain People* (New York, 1972); M. Mead, *New Lives for Old: Cultural Transformation of Manus, 1928~53* (New York, 1956); E. Banfield, *The Moral Basis of a Backward Society* (Chicago, 1958).

5 M. Mead, *Anthropologist at Work*, 153쪽; 날짜는 기록되어 있지 않다.

6 이런 글의 예시 및 그에 대한 오해(지나치게 자전적으로, 실제의 루스를 상상하며 읽으려는 데서 비롯된 오해)에 대해 알고 싶다면, J. Modell, *Ruth Benedict: Patterns of a Life* (Philadelphia, 1983); Mead, *Anthropologist at Work* 참조.

7 R. Benedict, "The Vision in Plains culture," in *American Anthropologist*, 24(1922), 1~23쪽; 인용은 1쪽.

8 R. Benedict, *Patterns of Culture*, 64쪽.

9 R. Benedict, *The Chrysanthemum and the Sword*, 43쪽.

10 주니족의 경우는 T. N. Pandey, "Anthropologist at Zuni," in *Proceedings of the American Philosophical Society*, 116(Aug. 1972), 321~337쪽 참조.

11 R. Benedict, *Patterns of Culture*, 130쪽.

12 같은 책, 79쪽.

13 같은 책, 34쪽.

14 같은 책, xvi쪽, 33쪽.

15 같은 책, 60~61쪽.

16 같은 책, 239~240쪽.

17 E. Williams, "Anthropology for the Common Man," in *American Anthropologist*, 49 (1947), 84~90쪽. 상대주의의 문제(나는 이것이 의사문제pseudo-problem라고 생각한다)에 관한 일반적 논의는 C. Geertz, "Anti Anti-Relativism," in *American Anthropologist*, 86 (1984), 263~278쪽, 그리고 "The Uses of Diversity," in S. McMurrin, ed., *The Tanner Lectures on Human Values*, vol. 7(Cambridge, England, 1986), 253~275쪽 참조.

18 R. Benedict, *The Chrysanthemum and the Sword*, 1쪽.

19 같은 책, 181~182쪽.

20 같은 책, 182쪽.

21 같은 책, 184쪽.

22 같은 책, 188쪽.

23 같은 책, 189쪽.

24 같은 책, 192쪽.

25 같은 책, 192~194쪽.

26 같은 책, 7쪽.

27 같은 책, 167쪽.

28 같은 책, 115쪽.

29 같은 책, 4쪽.

30 G. Gorer, *Themes in Japanese Culture* (Transactions of the New York Academy of Science, 5, 1943), 106~124쪽; R. Benedict, 같은 책, 259쪽. G. Bateson & M. Mead, *Balinese Character* (New York, 1942). G. Gorer, *Japanese Character Structure* (New York, 1943); R. Benedict, 같은 책, 274쪽.

31 M. Mead, *Anthropologist at Work*, 428쪽.

6 이곳에 있기

1 M. Leiris, "Phantom Africa," in J. Clifford, trans., *Sulfur 15* (1986), 43쪽. 첫번째 괄호는 내가 추가한 것이고 두번째 것은 번역자 클리퍼드가 추가한 것이다. 강조는 모두 원저자. 클리퍼드의 책은 M. Leiris, *L'Afrique fantôme* (Paris, 1934) 중 일부만 번역한 판본이다.

2 매우 좋은 것과 매우 나쁜 것, 총명한 것과 건방진 것, 진정으로 독창적인 것과 그저 현란하기만 한 것의 흥미로운 집합에 대해서는 J. Clifford & G. Marcus, eds., *Writing Culture: The Poetics and Politics of Ethnography* (Berkeley, California, 1986) 참조. 다소 숨가쁜 논평은 G. Marcus & M. Fisher, *Anthropology as Cultural Critique: An Experimental Moment in the Human Sciences* (Chicago, 1986)에 실려 있다. 같은 방향성을 보여주는 최근 연구는 다음과 같다. J. Fabian, *Time and the Other: How Anthropology Makes Its Object* (New York, 1983); J. Clifford, "On Ethnographic Authority," in *Representations*, 2(1983), 118~146쪽; J. Ruby, ed., *A Crack in the Mirror: Reflexive Perspectives in Anthropology* (Philadelphia, 1982); T. Asad, ed., *Anthropology and the Colonial Encounter* (New York, 1973); D. Hymes, ed., *Reinventing Anthropology* (New York, 1974; 초판 1969).

3 B. Malinowski, *A Diary in the Strict Sense of the Term* (New York, 1967), 150쪽; J. Clifford, "DADA DATA," in *Sulfur 16* (1987), 162~164쪽.

4 Fabian, *Time and the Other*, 149쪽. 강조는 원저자.

5 W. S. Willis, Jr., "Skeletons in the Anthropological Closet," in Hymes, *Reinventing Anthropology*, 146쪽. 이 인용문에는 단락 나누기가 생략되어 있다.

6 S. Tyler, "Post-Modern Ethnography: From Document of the Occult to Occult Document," in Clifford & Marcus, *Writing Culture*, 130~131쪽. 그다음 단락의 괄호 속 인용문은 134쪽.

7 물론 말로만 그런 것은 아니다. 영화와 박물관의 전시 역시 보조적이기는 하지만 모종의 역할을 한다. 또 각인된 현재가 현대적이고 즉각적이고 이국적일 필요도 없다. 사라진 종족들에게 무슨 일이 일어났는지를 연구한 민족지, 장기간에 걸친 사회 변천을 연구한 민족지, 민족지학자가 속하는 집단을 연구한 민족지는 모두 ('그곳에 있기'와 관련된 다양한 개념을 포함하는) 특수한 문제제기를 하지만 낯설지는 않다. 민족지 글쓰기에 대한 하나의 동기로서, 다른 사람이 되는 것이, 또 그래서 자신이 되는 것이 '어떤 느낌인지'를 이해하는 것에 대한 논의를 보려면 C. Geertz, "The Uses of Diversity," in S. McMurrin, ed., *The Tanner Lectures on Human Values*, vol. 7 (Cambridge, England, 1986), 253~275쪽 참조. '무언가가 되어보면 어떤 느낌일지……'라는 구절은 물론 토머스 네이글Thomas Nagel의 독창적 논문, "What Is It Like to Be a Bat?," in *Philosophical Review*, 83(1979), 435~451쪽에서 인용한 것이다.

8 다시 한번 말하지만, 민족지는 이차적인 연구(레비스트로스와 베네딕트의 연구가

거의 대부분 그랬듯이)이며 따라서 '그곳에 있기' 효과도 파생적인 것일 수 있다는 점이 명백히 지적되어야 한다. 최근에 인기를 얻은 '민족지화'된 역사의 많은 부분들—Emmanuel Le Roi Laudurie, *Montaillou* (London, 1978, 초판 1975); *Carnival in Romans* (New York, 1980; 초판 1976); Robert Darnton, *The Great Cat Massacre* (New York, 1986); Rhys Isaac, *The Transformation of Virginia, 1740-1790* (Chapel Hill, North Carolina, 1982); Natalie Zemon Davis, *The Return of Martin Guerre* (Cambridge, Massachusetts, 1983)—은 그런 효과에 크게 기대고 있다. 그것은 물론 저자가 자신들을 문자 그대로 '그곳에 있었다고' 나타냄으로써가 아니라, 그곳에 있었던 사람들의 경험 표출 분석을 토대로 한 것이다.

9 더 이른 시기를 균형잡힌 태도로 더 상세하게 다룬 연구는 G. W. Stocking, Jr., *Victorian Anthropology* (New York, 1987)에서 볼 수 있다. 관계들이 더 복잡하게 얽혀 있는 20세기를 다룬 비교적 종합적인 연구는 아직 없다.

10 여기서는 더 구체적인 평가를 하기는 온당치 않을 뿐더러 시기상조일 것이다. 현재 이 분야를 전반적으로 돌아본 내 견해는 "Waddling In," in *Times Literary Supplement*, no. 4, 288 (June 7, 1985), 623~624쪽에서 밝힌 바 있다.

겔너, 어니스트Ernest Gellner (1925~1995)

영국의 사회학자. 옥스퍼드 대학에서 철학·정치학·경제학을 공부했고,
런던 정경대학에서 철학 및 과학 방법론을, 케임브리지 대학에서
사회인류학·역사학·철학을 가르쳤다. 유럽과 이슬람, 러시아를 아우르는
연구를 바탕으로 민족주의 분야에서 탁월한 학문적 성과를 냈으며,
좌우를 가리지 않고 폐쇄적인 사고 체계에 맞섰다.

그리올, 마르셀Marcel Griaule (1898~1956)

프랑스의 민족지학자. 마르셀 모스를 통해 인류학에 입문했으며, 1927년
에티오피아 현지조사를 시작으로 아프리카의 여러 지역, 특히 도곤족
사회를 연구했다. 1942년 소르본 대학에서 프랑스 최초로 개설된 인류학
강의를 진행했고, 1947년에는 프랑스연합 고문으로 활약하면서 인류학
발전에 공헌했다.

글럭먼, 맥스Max Gluckman (1911~1975)

남아프리카 출신의 영국 사회인류학자. 옥스퍼드 대학에서 인류학을
공부했다. 남아프리카의 줄루족 사회와 잠비아의 바로체족 사회에 머물며
현지조사를 진행했다. 1949년에 맨체스터 대학 교수로 임용되었다.
사회체계를 정적인 것보다 동적인 운동 속에서 균형을 지향하는 것으로
파악하고, 이를 바탕으로 '반항의 의례' 연구를 수행해 많은 인류학자에게
자극을 주었다.

195

댄포스, 로링Loring M. Danforth (1949~)

미국의 인류학자. 1978년부터 미국 베이츠 대학에서 인류학과 인식론을
가르치고 있다. 마케도니아, 그리스, 오스트레일리아, 민족주의 등과
관련해 여러 편의 저서를 썼다. 대표적인 저서로『그리스 농촌의 장례
의식』,『마케도니아인의 갈등: 초국적 세계에서의 종족 민족주의』등이
있다.

더럴, 로런스Lawrence Durrell (1912~1990)

인도 태생의 영국 작가. T. S. 엘리엇, 헨리 밀러, 아나이스 닌의 주목을
받으며 등단했고, 이후 희곡, 비평서, 번역문, 여행기, 시집, 외교사절
시절의 일화 등 폭넓은 저작 활동을 펼쳤다. 대표작으로『알렉산드리아
사중주』4부작이 있다.

뒤르켐, 에밀Emile Durkheim (1858~1917)

프랑스의 사회학자. 콩트의 실증주의를 발전시켜 이른바 객관적인
사회학을 수립해 현대 프랑스 사회학의 주류를 이루었다. 사회의 집단적
심의心意에서 종교 도덕의 기원을 설명하고자 했으며, 인류학·통계학 등을
응용해 사회학의 객관주의를 확립했다. 대표적인 저서로『사회 분업론』,
『사회학적 방법의 기준』,『자살론』,『종교생활의 기본 형태』등이 있다.

라플라스, 피에르Pierre S. Laplace (1749~1827)

프랑스의 수학자, 천문학자. 다섯 권 분량의 『천체역학』(1799~1825)에서
뉴턴 이래 천체역학을 집대성하여, 태양 등 천체와 관련된 많은 현상을
해명했다. 태양계 기원에 대한 이론인 성운설을 칸트보다 약간 늦게
완성시켰다.

래드클리프브라운, 앨프리드Alfred R. Radcliffe-Brown (1881~1955)

영국의 사회인류학자. 벵골 만의 안다만 제도, 오스트레일리아 서부,
아프리카 토착민 사회와 아메리칸인디언 사회 등에 머물며 현지조사를
했다. 민족문화는 하나의 전체로서 사회생활을 통합하는 역할을 하며,
개개의 제도나 관습은 다른 제도와 상호적인 관계를 맺는다고 보고,
이러한 문화의 의미와 관련성의 일반법칙을 해명하려고 했다.

래딘, 폴Paul Radin (1883~1959)

폴란드 출신의 미국 문화인류학자, 민속학자. 경제·사회구조·종교·
철학·심리학에 기초를 둔 원시사회의 역사적 모델을 발전시키는 데
기여했다. 또 문화와 인성 연구, 자서전적 기록 같은 인류학의 주요 분야를
개척했다. 언어학에도 능통했던 그는 북미의 아메리칸인디언 언어에 대해
기술했으며 언어의 통일성을 강조하는 분류법을 제시했다.

래비노, 폴Paul Rabinow (1944~)

미국의 인류학자. 캘리포니아 대학 버클리 캠퍼스 인류학과 교수.
인류학이 관찰과 로고스에 의한 해석으로 구성되어 있는 학문이라면
지식의 상호 생산적인 관계, 사유, 권력 관계의 이동 내에서 주의가
형성되는 과정에 몰두해야 한다는, '이성의 인류학'을 발전시켜 명성을
얻었다. 연구 대상이나 연구 양식의 현대성을 넘어 방법론적인 변화를
추구했다.

레드필드, 로버트Robert Redfield (1897~1958)

미국의 인류학자이자 시카고학파 커뮤니티 연구의 대표 학자. 멕시코
나우아족의 마을 테포츨란과 유카탄 반도 및 과테말라에서 현지조사를
진행했다. '소규모 공동체'와 '민속문화' 및 사회·문화 변용에 대한 개념을
정립했고, 마야에 대한 민족지 기록을 남겼다.

레비스트로스, 클로드Claude Lévi-Strauss (1908~2009)

벨기에 태생의 프랑스 인류학자. 파리 대학 시절 철학과 법학을
공부하면서 임상심리학과 정신분석학에도 흥미를 보였다. 1935년
브라질 상파울루 대학 사회학 교수로 부임한 뒤, 브라질의 토착민
지역을 답사하면서 본격적으로 민족지 연구를 시작했다. 1938년부터
남비콰라족과 투피카와이브족이 사는 지역에 머물며 현지조사를
진행했다. 이 시기의 연구결과를 정리 및 발표하기 위해 1939년 프랑스로
돌아왔지만 1940년 나치가 프랑스를 점령하면서 계획을 접어야 했다.
유대인인 그는 동료 연구자들의 도움을 받아 미국으로 망명했고 이후
8년간 뉴욕에 있는 신사회조사연구원에서 문화인류학 연구를 계속해

나갔다. 망명 당시 만난 구조주의 언어학자인 로만 야콥슨과의 학문적 교유를 통해 구조언어학 방법론을 습득했다. 이들의 공동연구는 「언어학과 인류학의 구조적 분석」(1945)이라는 논문으로 결실을 맺기도 했다. 종전 후 귀국해 1948년에 박사학위를 받았고 이듬해에 학위논문 『친족의 기본 구조』를 출판하면서 큰 주목을 받았다. 1950년부터 파리 고등실천연구원 연구지도교수를 지내는 동안 『슬픈 열대』(1955), 『구조 인류학 I』(1958) 등을 발표하면서 화제를 모았다. 『슬픈 열대』가 자서전 형식으로 쓰인 책이라면, 『구조 인류학 I』은 민족지학에서의 구조주의 방법론이 체계적으로 설명되어 있다. 1959년 콜레주드프랑스의 교수가 되었다. 1962년 발표한 『오늘날의 토테미즘』과 『야생의 사고』는 원시사회에 대한 새로운 시각을 보여주었다. 이후 『신화학』 1, 2, 3, 4권을 잇달아 발표하면서 레비스트로스 신화학의 체계를 완성해냈다. 1974년 아카데미프랑세즈 회원이 되었다. 레비스트로스는 문화생활의 형태를 규정하는 무의식의 구조를 탐구한, 이른바 구조주의의 선구자로 평가받는다. 문화체계를 이루는 요소들의 구조적 관계라는 관점에서 문화 체계를 분석하는 구조주의는, 20세기 인류학과 인문학 전반에 큰 영향을 끼쳤다.

로위, 로버트Robert H. Lowie (1883~1957)
오스트리아 출신의 미국 인류학자. 보아스의 제자로, 평원의 아메리칸 인디언 사회에서 현지조사를 여러 차례 수행했다. 친족, 정당성, 재산, 통치 등 여러 주제를 폭넓게 다루면서 문화전파 개념을 중요하게 여겼다. 심리학에도 관심이 지대해 이를 자세히 다루었고, 종교와 신화가 생물학적인 근거가 있는 꿈으로부터 생겨난다는 이론을 주장했다.

로티, 피에르Pierre Loti (1850~1923)
프랑스의 항해자, 작가. 해군 장교로 세계 각지를 떠돌았으며, 이를 토대로 이국적인 정서가 깃든 서정적인 소설을 다수 집필했다. 그의 소설은 근대 문명을 거부하고 미지의 세계에서 잠정적 환락을 구하는 우울한 시인의 인상기라는 평을 받았다.

루이스, 오스카Oscar Lewis (1914~1970)

미국의 문화인류학자. 컬럼비아 대학에서 인류학 박사학위를 받았고, 일리노이 대학의 교수를 지냈다. 1943년 처음 멕시코를 방문한 이래 멕시코 농부와 도시 빈민을 집중적으로 연구하는 한편, 멕시코, 푸에르토리코, 인도 등을 돌며 방대한 현장연구 기록을 남겼다. 빈곤을 빈곤문화의 결과로 여기는 관점 때문에 비판을 받기도 했다.

리드, 케네스Kenneth E. Read (1917~1995)

오스트레일리아 출신의 미국 인류학자. 이차대전 시기에 군인 신분으로 오스트레일리아 중부지역 및 뉴기니에서 현지조사를 수행했다. 시드니 대학과 런던 정경대학에서 인류학을 공부했고, 이후 뉴기니 고산 계곡을 탐방해 탁월한 민족지 기록을 남겼다. 도덕적 상대주의 관점에서 진행된 그의 연구는 뉴기니 고산지대 연구의 시초로 평가되고 있다.

리치, 에드먼드Edmund Leach (1910~1989)

영국의 문화인류학자. 케임브리지 대학에서 수학과 공학을 전공했지만 말리노프스키의 영향으로 인류학 공부를 시작했다. 보르네오, 스리랑카에서 현지조사를 진행한 뒤, 종교 상징주의 및 친족 일반론에 대해 집필했다. 레비스트로스의 영향을 받았으며, 영국의 인류학자들이 레비스트로스의 저작을 재평가하게 했다는 평가를 받는다.

마르티알리스, 마르쿠스Marcus V. Martialis (40?~103?)

에스파냐 출신의 고대 로마 풍자시인. 로마 사회의 여러 가지 사건과 인물상을 사실적이고 풍자적으로 묘사함으로써 외양 속에 숨겨진 거짓과 악덕을 단도직입적으로 들추어낸 열네 권의 『에피그램집』을 남겼다.

말리노프스키, 브로니슬라프Bronisław K. Malinowski (1884~1942)

폴란드 태생의 영국 문화인류학자. 1908년 폴란드에서 수학과 물리학으로 박사학위를 받았다. 1910년 영국으로 건너가 런던 정경대학에서 인류학 공부를 시작했고, 1914년부터 6개월 동안 뉴기니 투론 섬에서 현지조사를 수행했다. 이 조사를 토대로 한 논문으로 1916년 박사학위를 받은 뒤,

다시 트로브리안드 제도로 떠나 2년간 현지조사를 계속했다. 첫 조사에서 많은 시행착오를 겪었던 그는 트로브리안드 토착민의 실생활과 언어를 완전히 체득하며 제반 문제를 극복했는데, 이 시기의 복잡다단한 심경을 담은 일기가 말리노프스키 사후에 발견되어 출간되기도 했다. 현지조사는 『서태평양의 항해자들』(1922), 『북서 멜라네시아 미개인들의 성생활』(1929), 『산호섬의 경작지와 주술』(1935) 등으로 결실을 맺었고, 민족지 조사에서 참여 관찰을 중심적인 것으로 내세운 업적을 높이 평가받으며 인류학의 주요 인물이 되었다. 1927년 런던 정경대학의 인류학 교수로 취임했고, 이후 미국의 코넬 대학을 거쳐 예일 대학의 교수로 임용되었다. 말리노프스키 이전 인류학에서 문화는 주로 역사적인 측면에서 부각되었으나, 말리노프스키는 추상적인 역사적 탐구를 거부하고 직접 관찰할 수 있는 시점에서 문화의 기능을 규명하고자 했다. 그에게 문화는 인간의 욕구를 만족시키기 위해 존재하는 것이며, 공리적이고 적응적이며 기능적으로 통합되어 있다. 이러한 그의 이론은 심리적 기능주의로 명명된다. 그는 인류학 역사상 가장 깊이 있고 폭넓은 현지조사를 수행했고, 인지인류학 및 생태인류학에 지대한 영향을 미친 민족지학자로 평가된다. 한편 그의 이론은 문화적 행위의 기능을 인지하는 작업을 전적으로 인류학자의 능력에 의존하고, 모든 종류의 행동을 간단한 효용성의 개념으로 단순히 환원한다는 이유로 비판을 받기도 했다.

매카시, 메리Mary T. McCarthy (1912~1989)

미국의 소설가. 지식인이 저지르는 갖가지 어리석은 일들, 결혼 문제, 여성의 사회적 역할을 날카롭게 파헤쳤다. 대학을 졸업한 상류계급 여성 여덟 명의 생활을 그려낸 『그룹』(1963)으로 명성을 얻었다.

머독, 조지George P. Murdock (1897~1985)

미국의 문화인류학자. 예일 대학에서 인류학 교수를 지냈다. 가족유형론을 중심으로 한 사회구조론을 전개했고, 부부 중심의 핵가족과 대가족의 개념을 처음으로 사용했다. 또한 통문화적 연구방법을 제창하여 인간 사회에 관한 기존 문헌을 항목별로 정리 및 조직화하는 방대한 사업을 벌였다.

모건, 루이스Lewis H. Morgan (1818~1881)

미국의 문화인류학자. 아메리칸인디언 사회를 실증적으로 연구해 인류
사회의 진화설을 주장했다. 그의 대표 저서인『고대사회』(1877)는
엥겔스의『가족, 사유재산, 국가의 기원』(1884)의 바탕이 되었다.

모스, 마르셀Marcel Mauss (1872 ~ 1950)

프랑스의 인류학자, 사회학자. 뒤르켐의 후계자로, 뒤르켐 학파의 확립에
공헌했다. 구체적인 관심 분야는 에스키모, 종교적 계율, 증여의 중요성,
그리고 사회학과 심리학의 관계에 대한 연구였다. 그는 민족지적 방법을
엄밀하게 발전시키고, 표상과 실천, 관념과 행위 등의 개념을 구분해, 이를
구체적인 민족지학적 자료들과 연계해서 설명하고자 했다.

뮐러, 프리드리히Friedrich M. Müller (1823~1900)

독일 출신의 영국 동양학자, 언어학자. 서구에서 인도학 분과를 창시한
사람 중 한 명으로, 1846년 산스크리트 문학을 연구하기 위해 옥스퍼드로
이주한 뒤 영국에 귀화했다. 1850년부터 옥스퍼드 대학 교수로 재직하며,
인도·유럽 비교언어학·비교종교학 및 비교신화학의 과학적 방법론을
확립했다.

미드, 마거릿Margaret Mead (1901~1978)

미국의 문화인류학자. 베네딕트와 함께 미국 문화인류학에 심리학적
방법을 도입했으며, 특히 인격 형성과정에서의 문화의 영향을 중시하는
입장에서 연구했다. 사모아, 뉴기니, 발리 섬 등에서 현지조사를
진행하면서 청소년 시기의 특수성과 성적 행동에 대한 이론을 정립해,
미국사회의 육아 및 교육, 여성운동에 영향을 주었다.

바르트, 롤랑Roland Barthes (1915~1980)

프랑스의 문예이론가. 신비평의 대표적 인물로서 사회학·정신분석·
언어학의 성과를 활용한 대담한 이론을 전개하였다. 특히 신화의 해체를
목적으로 삼아, 프티부르주아계급 사회의 판에 박힌 양식이나 통설 등을
예리하게 비판했다.

버크, 케네스Kenneth Burke (1897~1993)

미국의 문학비평가이자 언어학자로, 20세기 후반 미국 비평계를 이끈 인물이다. 인간을 자의적이고 관습적인 상징 체계를 통해 인식하는 동물로, 인간 언어의 사용을 상징적 행위로, 문학을 언어 사용의 전형으로 파악한 상징론으로 유명하다.

베네딕트, 루스Ruth F. Benedict (1887~1948)

미국의 문화인류학자. 사회과학자로 유명해진 최초의 여성 중 한 명이다. 배서 대학에서 영문학을 공부한 뒤 교사와 시인으로 활동하다, 1920년 신사회조사연구원을 거쳐 1921년부터 컬럼비아 대학에서 인류학을 연구했다. 인류학자 프란츠 보아스의 지도로 1923년 박사학위를 받았고, 이후 컬럼비아 대학에 교수로 임용되었다. 1920년대 중반부터 1931년까지 네 차례에 걸쳐 미국 남서부 지역 현지조사에 참여했고, 이 시기의 연구를 바탕으로 1934년 『문화의 패턴』을 발표했다. 이 책에서 베네딕트는 포천이 조사한 도부족 사회, 보아스가 조사한 북서 연안 인디언 사회, 베네딕트 자신이 조사한 푸에블로 주니족 사회를 민족지 자료에 입각해 일반화한 정보를 내세워 대비함으로써 문화 간 차이를 보여주고 있다. 또한 세 가지 다른 사회를 표현하기 위해 니체의 아폴론적 접근과 디오니소스적 접근을 차용한다. 이 책은 베네딕트의 저작 중 가장 큰 이론적 파급효과를 거두었을 뿐 아니라, 미국의 생활을 통제하던 빅토리아풍의 엄격한 관습의 힘을 약화시키는 등 미국 사회의 패러다임 변화에 영향을 주었다. 한편 베네딕트는 이차대전 때 미국 정부의 요청으로 다른 문화에 대한 '먼 거리 문화 연구'를 수행해 전쟁정보국에 도움을 주기도 했다. 그중 우리에게 잘 알려진 『국화와 칼』은 일본 사회의 핵심 가치와 그러한 가치가 전쟁중이나 전쟁 후 미국 점령시 일본인의 행동에 미치는 영향을 탐구한 저서로, 일본에 대한 미국의 정책 결정에 영향을 미쳤다. 베네딕트는 문화적 차이란 사회의 핵심 가치들의 다면적 표현이며 인성이 환경보다는 문화를 통해 주로 형성되는 것이라고 주장한, 문화상대주의 및 문화와 인성 연구의 기틀을 마련한 인류학자다.

베블런, 소스타인Thorstein B. Veblen (1857~1929)
미국의 경제학자. 산업 정신과 기업 정신을 구별하여, 전자는 최소의 비용으로 최대의 생산량을 올리는 것이지만, 후자는 이윤의 추구를 목적으로 기업합동·판매우선에 집중해 정부와 소유계급의 낭비를 초래한다고 주장하며 배격했다. 또한 유산계급의 두드러진 소비는 사회적 지위를 과시하기 위하여 자각 없이 행해진다며, 이들의 과시적 소비를 지적한 학자이기도 하다.

베이트슨, 그레고리Gregory Bateson (1904~1980)
영국 출신의 미국 문화인류학자. 연구 초기에 뉴기니의 이아트멀족 사회를 연구하며 개체에 앞서 관계가 있다는 주장을 골자로 한 '관계성' 이론을 펼쳤고, 이후 부인인 마거릿 미드와 함께 발리 사회를 연구했다. 인류학뿐 아니라 인공두뇌학, 유전학, 정신의학, 병리학, 생태학 등 여러 분야에서 연구 성과를 남겼다.

보아스, 프란츠Franz Boas (1858~1942)
독일 출신의 미국 문화인류학자. 미국 인류학의 창시자로 불린다. 북극해의 배핀 섬과 아메리칸인디언 사회에서 현지조사를 수행했다. 역사주의적인 입장을 중시하면서 문화를 통합적 전체로서 고찰했으며, 문화영역·주변영역·부족유형 등의 개념을 안출하여 뒷날의 기능주의적 연구를 위한 선구적 역할을 했다.

볼스, 폴Paul Bowles (1910~1999)
미국의 소설가, 여행가, 작곡가. 어렸을 때 베를린과 파리에서 음악을 공부하면서 작곡 활동을 했다. 1949년『극지의 하늘』을 발표한 이래 작가로 활동했으며, 오랫동안 모로코에 거주한 경험을 바탕으로 다수의 소설을 집필했다. 특히 아프리카에서의 서구인의 행동을 냉철한 문체로 표현해 현대인의 불안, 고독, 사랑의 불모성 등을 드러냈다는 평가를 받는다.

사피어, 에드워드Edward Sapir (1884~1939)

독일 출신의 미국 인류학자, 언어학자. 프란츠 보아스의 작업을 이어 아메리칸인디언 언어 연구를 쇄신했으며, 후에 '문화와 인성'으로 알려진 분야를 구상했다. 다른 언어는 다른 지각 체계를 나타내며, 각 사회의 상이한 문화 행위는 언어 의미구조에 의해 전달되고 그 구조 내에서 정보화된다는 '사피어-워프 가설'은 이러한 연구의 이론적 토대다.

서버, 제임스James G. Thurber (1894~1961)

미국의 유머 작가이자 만화가. 어린이책을 비롯해 수필, 희곡, 단편소설, 사회시평, 만화 등 많은 책을 썼다. 그가 유머로 덧씌운 환상 세계는 20세기 '회색의 집단 문명'의 다른 얼굴로 해석되며, 특히 기계문명 시대를 사는 개인의 우수, 공포, 고독을 날카롭게 묘사했다는 평을 받았다.

셀리그먼, 찰스Charles G. Seligman (1873~1940)

영국의 의사, 민족지학자. 스리랑카의 베다족과 수단의 실루크족에 대한 연구로 명성을 얻었다. 런던 정경대학 교수로 지내면서 말리노프스키, 에번스프리처드, 마이어 포티스 등 저명한 인류학자들을 배출했으며, 이들에게 큰 영향을 미쳤다.

스위프트, 조너선Jonathan Swift (1667~1745)

영국의 소설가, 시인, 성직자. 대표작으로 『걸리버 여행기』가 있다. 일찍이 풍자와 논쟁의 재능을 인정받아 정치 저널리즘에 등장할 기회가 주어졌으나, 주변 상황으로 인해 곧 정치적 야심을 접었다. 이후 더블린에서 성직자로 지내면서도 사회에 저항하는 태도를 잃지 않았으며, 평생 번민에 쌓여 있으면서 남과 어울리기 싫어했다. 그의 통렬한 풍자는 이러한 기질을 바탕으로 형성된 것이다.

에번스프리처드, 에드워드Edward E. Evans-Pritchard (1902~1973)

영국의 사회인류학자. 옥스퍼드 대학에서 근대사를, 런던 정경대학에서 인류학을 공부했다. 1926년 영국과 이집트의 공동통치령이었던 수단에서 아잔데족 사회를 조사했고, 이 연구를 토대로 1927년 박사학위를 받았다.

그후로도 2년 가까이 아잔데족과 함께 생활했고, 1932년부터 이차대전이 발발하기 전까지는 옥스퍼드 대학 사회학 강사로 활동했다. 전쟁중에는 게릴라 부대를 이끌고 수단-에티오피아 국경에서 이탈리아군과 맞서 화제를 모으기도 했는데, 이 시기의 상황을 담은 글이 「아코보 강 및 길라 강 작전, 1940년에서 1941년까지」이다. 1945년 영국으로 돌아온 뒤 옥스퍼드 대학 사회인류학 교수가 되었다. 생애 말년까지 왕성한 저술 활동을 펼쳐, 현재 그는 가장 많은 출판물을 남긴 민족지 저자 중 한 명으로 손꼽힌다. 그가 이끌던 시기의 옥스퍼드 대학 사회인류학과는 세계적으로 명성을 얻었고, 이러한 공을 인정받아 1971년에는 영국 여왕으로부터 기사 작위를 받았다.

　초기에 에번스프리처드는 『아잔데족의 주술, 신탁, 마법』(1937)이나 『누에르족』(1940) 같은 사회관계의 구조와 기능을 강조한 고전적 민족지를 주로 발표했다. 그러다 객관적 학문으로서의 사회학이 위기를 맞자, 다른 문화에 대한 인류학자의 진술이 개인적 차원의 인식을 넘어설 수 있는가라는 근본적인 문제로 고민하게 되었다. 그가 찾은 길은 영국 사회인류학의 전통과 정면충돌하는 방향, 과학적 방식이 아닌 인문주의적 인류학, 사회사社會史로서의 인류학을 추구하는 것이었다. 즉 그는 주관적 경험과 동떨어진 일반 명제를 거부하고 지역적 현실을 토대로 이론을 추론하고자 했으며, 개인과 제도를 연결하는 고유의 지역적 구조 및 합리화 과정을 식별해냄으로써 문화를 연구할 수 있다고 믿었다. 민족지적 설명을 지역적 논리 안에 포함시키려는 그의 논의는 많은 인류학자에게 반향을 불러일으켰다.

웨스터마크, 에드워드Edward Westermarck (1862~1939)
핀란드의 사회학자, 철학자. 헬싱키 대학 및 런던 대학의 사회학 교수로 재직했다. 모건의 원시난혼설을 부정하고, 심리학적 견지에서 혼인과 도덕의 비교사회학적 연구를 발전시켰다. 유·소아기에 함께 자란 이들은 상대방에 대한 성적 흥미를 잃는 경향이 보인다는 '웨스터마크 효과'는 그의 이론에서 비롯된 것이다.

재럴, 랜들Randall Jarrell (1914~1965)

미국의 시인, 소설가, 동화작가, 평론가. 여러 대학에서 문학을 가르치며 꾸준히 작품 활동을 했다. 초기에는 주로 유년기를 다룬 시를 썼고, 전쟁의 경험을 담은 시집들도 발표했다. 그의 시집은 당시 '대학에 있는' 시인의 작품에서는 찾아보기 어려운 감정적인 표현이 나타나 있다고 평가된다. 자신의 경험을 녹여 풍자적으로 묘사한 『어느 대학 풍경』(1954)은 그의 유일한 소설이다.

크로버, 앨프리드Alfred L. Kroeber (1876~1960)

미국의 인류학자. 사회란 그 구성원인 개인의 유기체적 상태와 관계없이 그 자체로 생성되고 발전하고 지속한다는 초유기체론을 펼쳤다. 캘리포니아 지역의 아메리칸인디언 사회에 머물며 연구했고, 인도, 동남아시아, 중국, 한국, 일본, 그리고 인도네시아에서 현지조사를 진행했다. 과학소설의 거장 어슐러 K. 르귄의 아버지이기도 하다.

타일러, 에드워드Sir Edward B. Tylor (1832~1917)

영국의 인류학자. 문화인류학의 창시자로 일컬어진다. 다윈의 생물학적 진화론의 영향을 받아 원시문화와 현대문화 사이의 점진적인 관계에 대한 이론을 발전시켰다. 모든 인종이 육체적·정신적으로 단일한 종에 속하는지의 여부를 두고 정치적·신학적 논쟁이 벌어졌던 시대에 타일러는 모든 인류가 육체적·정신적으로 통일되어 있음을 주장했다.

트롤럽, 앤서니Anthony Trollope (1815~1882)

영국의 소설가. 한평생 우체국에서 일하며 틈틈이 소설을 썼다. 이지적이고 담담한 서술 속에 순수한 예술성과 리얼리즘이 엿보인다고 평가된다. 대표작은 가공의 공간인 바셋 주의 풍속을 그린 여섯 편의 연작소설 『바셋 주 연대기』이다. 19세기 중엽의 영국사회를 냉정하게 풍자한 이 사실적 작품의 가치는 근년에 와서 재평가되었다.

파슨스, 탤컷Talcott Parsons (1902~1979)

미국의 사회학자. 1940년대부터 1960년대까지 미국 사회학에 지배적이었던 기능주의 학파를 이끌었다. 그의 이론은 미시적 단계의 행위 이론과 거시적 단계의 사회시스템 이론으로 구성되는데, 이 사회 시스템을 분석한 이론이 구조 기능주의이다. 그의 분석은 사회학의 이론을 사회시스템 이론으로 확립했다고 평가된다.

퍼스, 레이먼드Raymond W. Firth (1901~2002)

뉴질랜드 출신의 영국 사회인류학자. 말리노프스키의 제자로 그의 영향을 강하게 받았다. 티코피아족 사회에서 현지조사를 진행하면서 사회구조·종교·상징을 조사했다. 기능주의 관점에서 마오리족과 티코피아족의 경제 조직을 조사해 경제생활이 문화 요인에 의해 규제된다는 이론을 펼쳤다.

포티스, 마이어Meyer Fortes (1906~1983)

남아프리카 출신의 영국 사회인류학자. 1934년부터 1937년까지 가나에서 현지조사를 진행했고, 1950년에 케임브리지 대학 사회인류학 교수로 임용되었다. 아프리카의 기니 연안에 있는 나라를 중심으로 아프리카의 친족제도를 연구했으며, 그밖에도 정치인류학과 아프리카·중국·일본의 조상 숭배에 관심을 보였다.

푸코, 미셸Michel Foucault (1926~1984)

프랑스의 철학자, 역사학자, 문헌학자. 구조주의의 대표적인 사상가로, 과학이나 철학과 다른 '무의식적 문화'의 체계를 바탕으로 인간 사고의 기저에 몰두했다. 서구 문명의 핵심인 합리적 이성의 독단적 논리성을 비판하고, 소외된 비이성적 사고, 즉 광기의 진정한 의미와 역사적 관계를 파헤쳤다.

프레이저, 제임스 조지Sir James George Frazer (1854~1941)

영국의 사회인류학자. 1869년부터 1874년까지 케임브리지 대학에서 동서고금의 원시민족 풍속을 공부했고, 1890년부터 그의 대표작인 『황금가지』를 출판하기 시작했다. 이 책은 유럽 문명의 사료와 아프리카 및 멜라네시아 등 미개 문명의 사료를 바탕으로, 인류의 주술과 종교 제도를 비교 연구한 열두 권 분량의 방대한 저술이다.

해든 앨프리드, Alfred C. Haddon (1855~1940)

영국의 인류학자, 민족지학자. 대학에서 동물학을 공부했고, 토러스 해협에서 산호초 형성에 대해 조사하면서 민족지 연구에 뛰어들었다. 이후 인접 분야의 동료 학자들과 다시 토러스 해협으로 떠나 다학문적인 조사를 실행한다. 새로운 매체와 계보적인 방법론을 활용한 이 조사는 영국 인류학의 전환점으로 평가되고 있다. 현지조사라는 용어를 처음으로 사용한 인류학자로 추정되기도 한다.

1926	8월 23일, 미국 캘리포니아 주 샌프란시스코에서 태어난다.
1932	양친 이혼 후 캘리포니아 시골 지역에 사는 먼 친척에게 양육된다.
1943	이차대전 때 해군에 자원하여 복무한다.
1946	종전 후 제대군인 보상 장학금을 받아 안티오크 칼리지에 입학한다. 처음에는 영문학을 공부했으나 이후 철학과로 옮긴다.
1948	힐드리드 스토리와 결혼한다.
1950	철학 전공으로 문학사를 취득한 뒤, 하버드 대학 대학원 사회관계학과에 진학한다. 탤컷 파슨스와 클라이드 클럭혼, 코라 듀보이스의 지도 아래 인류학자로 훈련받는다.
1951	인도네시아 조사계획에 참여한다.
1952	포드 재단과 MIT의 후원을 받아, 1954년까지 자바의 모조쿠토에서 동료 사회과학자들과 함께 현지조사를 진행한다.
1956	인도네시아 현지조사를 토대로 한 논문 「모조쿠토의 종교: 복잡 사회에서의 제의적 신앙 연구Religion in

Modjokuto: A Study of Ritual Belief in a Complex Society』로
박사학위를 받는다.

저자로서의 인류학자

1957	1958년까지 인도네시아 발리 섬과 수마트라 섬에서 현지조사를 진행한다.
1958	스탠퍼드 대학 행동과학연구소의 연구원으로 일한다.
1959	버클리 대학 조교수로 임용된다.
1960	시카고 대학 조교수로 임용된다. 박사논문을 편집하여 『자바의 종교 The Religion of Java』를 출간한다.
1963	『농업의 내향적 정교화: 인도네시아의 생태적 변화 과정 Agricultural Involution: The Process of Ecological Change in Indonesia』 및 『행상인들과 왕자들: 인도네시아 두 지역의 사회 발전과 경제 변화 Peddlers & Princes: Social Development and Economic Change in Two Indonesian Towns』를 출간한다.
1964	시카고 대학 정교수로 임용된다. 이해부터 1970년까지 국립 정신건강의학회 NIMH의 선임 연구원을 겸임하는 한편, 1966년까지 모로코에서 현지조사를 진행한다.
1965	『인도네시아 도시의 사회사 The Social History of an Indonesian Town』를 출간한다.
1968	『이슬람 관찰: 모로코와 인도네시아의 종교 발전 Islam Observed: Religious Development in Morocco and Indonesia』을 출간한다.
1970	프린스턴 대학 교수로 임용된다.
1973	『문화의 해석 The Interpretation of Cultures』을 출간한다. 이 저서를 계기로 '상징인류학의 일인자'라는 명성을 얻는다.
1975	부인이자 동료 연구자인 힐드레드 기어츠와 『발리의 친족 Kinship in Bali』을 출간한다.

1980	『극장국가 느가라: 19세기 발리의 정치체제를 통해서 본 권력의 본질Negara: The Theatre State in Nineteenth Century Bali』을 출간한다.
1981	힐드리드 기어츠와 이혼한다.
1983	『지역적 지식: 해석인류학의 후속 연구들Local Knowledge: Further Essays in Interpretive Anthropology』을 출간한다.
1987	캐런 블루와 결혼한다. 아시아연구협회AAS에서 수여한 아시아연구 관련 특별공헌상을 수상한다.
1988	『저자로서의 인류학자Works and Lives: The Anthropologist as Author』를 출간한다.
1989	『저자로서의 인류학자』로 전미도서비평가협회 문예비평 부문에서 수상한다.
1995	『사실 이후: 두 나라, 사십 년, 한 인류학자After the Fact: Two Countries, Four Decades, One Anthropologist』를 출간한다.
2000	퇴임 후 프린스턴 대학 명예교수를 지낸다. 『자연광: 철학적 주제에 대한 인류학적 성찰Available Lights: Anthropological Reflections on Philosophical Topics』을 출간한다.
2006	10월 30일, 심장수술 후 합병증으로 세상을 떠난다.
2010	프레드 잉글리스가 편집한 저서 『인류학에 잠긴 삶과 그 밖의 에세이들Life Among the Anthros and Other Essays』이 출간된다.

일반적으로 인류학자가 되기 위해 필요한 조건은 두 가지다. 장기간 현지조사를 나갈 것, 그리고 그 현지조사에서 축적한 경험의 의미를 전달 가능한 것으로 만들고 그것의 의미를 이끌어낼 것. 지금까지 이러한 현지조사 방법은 숱하게 기술되어왔지만, 그 방법을 둘러싼 문제, 즉 어떤 저자를 어떻게 읽어야 하는지, 어떻게 저자가 되는지에 대해서는 논의된 바가 없다. 클리퍼드 기어츠는 이런 해석의 문제를 짚어낸 단연 뛰어난 인물이다.

해석인류학과 상징인류학을 발전시킨 대표적 인류학자 기어츠는 1926년에 미국에서 태어났다. 학부 시절 인류학이 아닌 영문학과 철학을 공부한 그는 자신이 견지해온 가치가 경험 연구를 지향한다고 생각해 인류학 연구를 결심하게 된다. 이후 1950년대에 자바와 발리 등 인도네시아에서 현지조사를 수행했고, 이를 토대로 '자바의 종교'를 주제로 한 논문을 완성해 박사학위를 받았다. 1960년대는 모로코에서 현지조사를 수행하기도 하는 등 다른 나라들의 인류학적 문제에도 폭넓은 관심을 보였다. 시카고 대학 인류학과 조교수, 프린스턴 대학 고등학문연구소 교수를 지내는 한편 활발한 저술활동을 하며 인류학의 여러 분야에 지적 활기를 불어넣었던 그는 지난 2006년 심장수술로 인한 합병증으로 세상을 떠났다.

기어츠는 생전에 사회생활에서 드러나는 의미와 상징의 역할을 밝힘으로써 사회 질서, 특히 근대화를 겪는 사회의 질서 변화를 이해하고 설명하는 일에 일관된 관심을 보였다. 1950년대 이후 자바와 발리, 모로코 등지에서 현지조사를 진행한 기어츠는 민족지 연구 및 경험적 연구를 중시했으며, 현지인의 시각에서 그들을 관찰하고자 했고, 추상적 이론보다 구체적 인간 행위의 관찰에 뿌리를 둔 연구를 수행했다. 하지만 그의 관심은 민족지적 사실 기술이나 설명에 그치지 않고, 인간 본성과 문화 및 사회의 관계가 어떻게 이해되고 설명될 수 있는가 하는 문제로 향한다. 나아가 서구사상과 타자로 호명되는 지역문화의 관계를 다루는 작업을 통해, 에드워드 사이드로부터 과거의 인류학자들이 빠지곤 하던 오리엔탈리즘의 병폐를 극복했다는 평가를 받기도 했다. 그는 또 사회과학적 지식의 철학적 배경 문제에도 관심을 보였다. 1988년 전미도서비평가협회National Book Critics Circle Award 문예비평 부문 수상작인 이 책도 그러한 범주에 포함된다고 볼 수 있다.

생애 후반인 1988년에 쓴 이 저서의 분석 대상은 일차적인 현지조사 자료가 아니라 그것을 바탕으로 한 인류학 저술들이다. 기어츠는 인류학에 관심 있는 이들이 아니어도 이름을 들어보았을 만한 저명 인류학자인 레비스트로스, 에번스프리처드, 말리노프스키, 베네딕트의 저술을 한 편씩 표본으로 삼아, 인류학자가 자신의 경험을 어떤 식으로 재생해냈는지를 분석해나간다. 롤랑 바르트, 미셸 푸코, 로만 야콥슨 등의 문학이론에서 가져온 도구와 비평적 심리를 현대 인류학 거장들의 저술에 적용하여, 인류학 저술 작업 자체만이 아니라 저술 방식, 그리고 그것을 대하는 우리의 독해 방식을 명료하게 드러내고자 한 것이다. 이 장치를 통해 네 명의 인류학자-저자로부터 기어츠가 찾아낸 공통점은 '무엇을 쓰는가'가 '어떻게 쓰는가' 속에 녹아들어가 있다는 점이다. 쓰는 방식, 말하는 방식이 곧 집필 주제의 일부, 말하는 내용이 된다. 그리하여 주관성을 비과학적인 요소로 거부할 것이 아니라 주관적일 수밖에 없는 자신들의 경험에 관심을 기울임으로써 현지조사 작업에 생기를 불어넣으라고 요구한다.

'그곳', 즉 인류학자의 작업현장과 '이곳', 즉 그가 원래 살고 있는 본국의 생활무대 사이에는 거리가 있고, 그 거리 때문에 긴장이 생긴다. 기어츠의 핵심적인 통찰은 이곳에서 그곳을 연결하는 문제가 사실은 문학적인 영역에 속한다는 것이다. 이는 바르트의 '저자 author' 개념을 적극 받아들인 배경에서 도출된 주장이다. 우리는 인류학 텍스트가 문학적 성격을 지닌다는 점을 받아들여야 한다. 인류학자가 곧 소설가나 비평가라는 말은 아니다. 하지만 민족지 기술의 방법론적 쟁점은 경험적인 문제나 인식론적인 문제만이 아니라 서사의 문제와 중요한 관련이 있다. 네 인류학자-저자의 글을 문학작품으로도 읽어야 한다는 기어츠의 주장은 이러한 맥락에서 이해되어야 한다.

이 책에서 기어츠는 인류학이라는 용어를 민족지 분야에 국한된 의미로 사용하고 있으며, 인류학이란 저자가 현지조사에서 얻은 경험을 실제처럼 생생하게 설명하는 과정이라고 본다. 민족지는 특정한 장소에서 특정한 종족이 실제로 살아가는 생활방식을 직접 겪어서 잘 아는 누군가가 쓴 진정한 설명을 독자인 자신들이 읽고 있다고 그들을 믿게 하는 능력을 토대로 힘을 얻는다. 그리고 독자들에게 자신의 글이 진실이라고 설득하는 인류학자의 힘의 근원은 과학적 자료를 제공하는 것이 아니라 자신이 조사한 종족들과 지냈던 경험을 재생해내는 능력에 있다. 인류학 텍스트와 독자 사이의 거리는 인류학자의 재생산 능력을 가늠할 수 있게 한다. 인류학자와 그들이 연구한 종족이 유연하지 못한 기준에 따라 인위적으로 구분되면, 독자들에게 연구 집단은 낯설고 이국적이고 원시적인 종족으로 보이게 된다. 독자들에게 거짓 이미지가 전달되는 것이다. 그런 사태를 막으려면 인류학자들은 자신의 글에 자기경험의 참여적 측면을 녹여넣을 수밖에 없다. 레비스트로스, 에번스프리처드, 말리노프스키, 베네딕트는 자신의 글에 담긴 그러한 특징을 누구보다 의식했던 저자로서의 인류학자들이다.

기어츠에게 레비스트로스는 『슬픈 열대』에서 자기가 조사한 토착민의 일상생활을 그려 보여주는 대신 자신이 받은 문학적 인상을 그리는 데 초점을 맞춘 저자다. 그는 영국과 미국의 인류학자가 지지하는 것 같은 직접적인 '그곳에 있기'는 불가능하다고 본다. 그것은 공허한 자기기만일 뿐이다. 경험과 실재 간의 연속성이라는 개념은 거짓이고, 실재에 도달하려면 경험을 부정해야 한다. 그들 속에 직접 들어간다고 해서 '그곳에 있기'가 달성되지 않는다. 오직 그들의 문화적 생산물을, 낯설게 보이는 특이한 삶의 면모를 보편적으로 해석하여, 직접성을 해체함으로써 그 낯섦을 사라지게 해야 한다.

에번스프리처드의 글에는 그가 겪은 모험의 두 가지 방식, 행동자로서 참여하는 방식과 관찰자로서 개입하는 방식이 모두 보인다. 그는 우리가 당연시하는 제도가 부재한 사회에서, 우리가 당연시하는 인간생활의 기초가 어떻게 존재할 수 있는지에 대해 관심을 기울인다. 그의 연구는 우리에게 있는 어떤 것이 다른 문화에는 없음을 발견하는 데서 시작한다. 그리고 연구의 끝은 다른 어떤 것이 그런 것을 대신하여 충분히 잘 작동하고 있음을 아는 것이다. 다른 종족은 다른 존재가 아니라 다르게 사는 존재이며, 그들이 우리와 다르게 보이는 것은 중요하지 않은 점들에서 기인한 것일 뿐이다. 그들과 우리의 차이가 대단해 보일지라도 결국은 별로 중요하지 않다. 다르게 보이는 종족들도 자기 장소에서는 '정당한' 존재감을 지니고 있다. 에번스프리처드 앞에 나타난, 현재 우리 앞에 놓여 있는 '이곳'의 문제는 인식론적 우울증이라 할 만한 불확실성이다. 다른 생활방식에 대해 우리가 말하는 것이 실제로 그런지 어찌 알 수 있는가 하는, 확신 없는, 극심한 내면적 불안감이 팽배해 있다. 그것이 바로 현재 민족지학이 직면한 위기다.

말리노프스키는 자신이 그곳에 있었다는 사실만이 아니라 자신이 참여적 관찰자였으며 그 종족의 일원이 되어 지냈음을 보여준다. 말하자면 말리노프스키는 '그곳에 있기'의 원형을 직접 수행했던 것이다. 그는 현지조사자가 '그곳'의 상황에 직접 가담하는 편이 좋다고 보았다. 그들에 대한 이해는 직접적인 경험 속에서 자신을 잃고 영혼까지 잃어야 간신히 얻어질 수 있는 것이다. 참여묘사는 필수적이다. 말리노프스키의 특징적 면모에서도 기어츠에게 중요한 것은, 그곳에서 겪은 것을 이곳에서 소용되는 말로 옮겨오는 경로의 문제는 심리학이 아니라 문학적인 문제라는 것이다. 그런 점에서 말리노프스키의 방법론은 독특한 텍스트 구축 전략을 제시한다. 당신 자신을 스스로 문제 삼고 스스로 믿을 만한 사람으로 만들어 당신의 설명을 믿을 수 있게 하는 것, 즉 고백을 통한 텍스트 구축에 몰두하는 것이다. 롤랑 바르트는 이런 고백 방식을 '일기병'이라고 풍자하기도 했지만 어쨌든 그럼으로써 '목격하는 나' 방식의 민족지가 이루어졌다.

베네딕트에게 '그곳에 있기'는 더욱 성찰적인 방향으로 흘러간다. 베네딕트의 전략은 반어법 속에 진심을 담는 것이다. 이것이 풍자다. 풍자는 기호를 바꿈으로써 낯선 것을 친숙하게 그려내는 전략, 익숙한 것과 낯선 것의 자리를 뒤바꾸는 병치 전략이다. 이로써 멀리 있고 낯선 것이 오히려 가깝고 친숙한 것이 되어버리는 상황이 가능해진다. 멀고 낯선 것이 오히려 가깝고 익숙하던 것을 당황하게 만든다. 그의 집필 기술이 가장 잘 드러나 있는 『국화와 칼』은 현지조사의 결과물이 아니라 문헌조사와 인터뷰를 통해 만들어진 결과물이라는 특징을 지니고 있다. 일본은 낯섦의 모델이며 진정한 타자다. 베네딕트는 일본과 일본인이라는 수수께끼를, 괴상한 사람들과 괴상한 장소라는 인상을 완화하는 것이 아니라 강화함으로써 풀고자 한다. 우리가 알고 있는 우리와 상상 속 그들 간의 대비를 극대화하고, 미국적인 것과 일본적인 것의 첨예한 대비법을 적극적으로 활용하는 것이다.

이상의 인물들이 연구하고 저술하던 시대와 지금은 또 다르다. 그들이 다루었던 '그곳'은 빠르게 변하고 있거나 이미 변하여 사라졌다. 식민지였던 곳들은 주권국가가 되었고, 토착민은 시민이 되었다. 세계 각지에서 고립된 장소는 줄어들었고 연결통로가 많아졌으며 격리 정도도 낮아졌다. 고립되고 순수한 토착민 같은 것은 이제 거의 없다. 그리하여 이제 다음과 같은 문제가 제기된다. 제국주의의 종말은 곧 인류학의 종말로 이어지는가. 인류학은 이 '위기'를 넘길 수 있는가. 다시 말해 '그곳'이 아직 존재하는가 하는 문제, 그리고 '이곳'에서의 표현이 과연 그런 것이라고 주장할 수 있는지 하는 문제. 이를 둘러싼 의문이 커지고 있다. '그곳'이 변하고 '이곳'에 있는 목격자의 자신감이 사라진 현재에도, 인류학적 텍스트가 계속 만들어질 수 있는 이유는 무엇인가. 이것이 바로 기어츠가 직면한 질문이며, 파고들었던 문제의식이다.

기어츠의 문장은 마치 말리노프스키식의 현지조사처럼 네 인류학자-저자의 글 속에 직접 빠져들어 직접 체험하고 분석하게 만든다. 그는 그런 글에 대한 분석, 체험을 통해 인류학 저술의 역할, 의미, 인류학 연구의 본성을 서술한다. 그는 민족지 쓰기에도 상상력의 측면과 수사법, 이야기 기술, 상징 등의 기법이 필요하다고 주장한다. 세계를 있는 그대로 바라본다는 주장 자체도 하나의 수사학적 전략이고 설득의 양식이다. 인류학이 계속 살아남으려면 실화소설faction이든 신화적 형식이든 객관주의적인 과학 저술이든 각자 목적에 맞는 고유한 타당성을 지니고 있음을 인정하고, 설득력을 얻는 방법을 알아내야 하는 것이다.

인류학적 소명의 중요한 측면이 문학적인 것이라고 보는 관점에는 물론 위험이 있다. 하지만 기어츠의 입장에서 그런 위험은 감수할 가치가 있다. 문학적인 독해를 통해 집단 차원에서 타자에 대한 이해를 높이고, 그에 따라 열린 시각을 지닐 수 있고 자기 이해도 폭넓어지기 때문이다. 그렇게 함으로써 살아 있는 것들의 세계 속 어떤 지점에 있다는 것이 어떤 느낌인지를 언어로 전달할 수 있으며, 그 현재를 각인시킬 수 있기 때문이다. 실재하는 것의 표현, 말로 나타낸 생명력인 것이다.

인류학의 글은 그 내용의 진실성을 두고 독자를 설득할 수 있는 능력 그 자체가 되어야 한다. '이곳에 있기'와 '그곳에 있기'를 텍스트 상에서 연결하는 작업, 쓰인 장소와 쓰인 대상 간의 공동구역을 상상 속에서 구축하는 작업이 인류학 저술이 가진 설득력의 근원이다. 자신들과 다른 삶의 형태에 대해서가 아니라 그 삶의 내부에서 타자의 관점을 제대로 표현하고, 다른 사람들이 알 수 있는 형태로 나타내는 것, 타자의 현실을 지각 가능하게 만드는 것, 타인들이 그 속에서 살아가는 문화적 틀을 밝히고 충분히 표현할 수 있도록 만드는 일, 그것이 바로 모든 것이 달라진 시대에 존재하는 인류학 텍스트의 목적인 것이다.

이제 민족지 텍스트의 용도는 점점 더 미묘해지는 차이와 더 즉각적이고 불규칙적인 것이 되어가는 사회의 노선들을 넘어 대화할 수 있게 해주는 데 있으며, 무척 다르지만 서로 무한히 관련되어 있고 또 무관해지기도 힘들어지는 사람들 사이에서 소통/담화 가능성을 확대하는 데 있다.

기어츠 본인은 낯선 이들 사이의 담화 가능성을 믿었겠지만, 얼핏 평이한 텍스트로 여겨지는 그의 저서를 낯선 독자들이 제대로 읽어내는 일은 무척 어렵기도 하다. 처음 접할 때는 네 인류학자에 대한 친절한 소개처럼 보일 수도 있지만, 인류학계의 포스트모더니스트라는 일각의 평가가 무색하지 않을 만큼 풍부한 상징과 개념을 능숙하게 다루는 그의 글을 읽으려면 관련된 문학적 배경에 대한 이해가 어느 정도는 필요할 터이다. 나 또한 친절한 소개문처럼 보이는 첫인상에 홀려 이 얇은 책을 접했다가 번역하는 동안 그 어떤 두꺼운 책의 번역 못지않게 고된 씨름을 했던 것 같다. 독자의 이해를 위해 세심하게 각주를 달아가며 옮기면서도, 제대로 번역해놓

앑을지 걱정이 앞선다. 하지만 이 작은 책이 낯선 문화를 대하는 방식을, 타인의 글과 그 속에 담긴 여러 층의 의미를 이해하는 방법을, 문화라 불리는 복잡한 상징체계를 헤치고 들어가는 길을 친절하게 안내해주리라고 자신할 수는 있다. 문학동네 편집부의 허정은 님과 여러분의 수고가 아니었더라면 이만큼이라도 형태를 갖추기 힘들었을 것이다. 감사를 전한다.

2013년 12월
김병화

찾아보기

저자로서의 인류학자

레비스트로스, 에번스프리처드, 말리노프스키, 베네딕트

초판 1쇄 발행 ¦ 2014년 1월 15일　　　기획 ¦ 고원효
초판 4쇄 발행 ¦ 2021년 6월 11일　　　책임편집 ¦ 허정은
　　　　　　　　　　　　　　　　　편집 ¦ 김영옥 송지선 고원효
지은이 ¦ 클리퍼드 기어츠　　　　　디자인 ¦ 슬기와 민
옮긴이 ¦ 김병화　　　　　　　　　저작권 ¦ 김지영 이영은
　　　　　　　　　　　　　　　　　마케팅 ¦ 정민호 이숙재 우상욱 정경주
　　　　　　　　　　　　　　　　　홍보 ¦ 김희숙 김상만 이소정 이미희 함유지
　　　　　　　　　　　　　　　　　김현지 박지원
　　　　　　　　　　　　　　　　　제작 ¦ 강신은 김동욱 임현식
　　　　　　　　　　　　　　　　　제작처 ¦ 영신사(인쇄) 경일제책(제본)

펴낸곳 ¦ (주)문학동네　　　　　　펴낸이 ¦ 염현숙
출판등록 ¦ 1993년 10월 22일 제406-2003-000045호
주소 ¦ 10881 경기도 파주시 회동길 210
전자우편 ¦ editor@munhak.com
대표전화 ¦ 031-955-8888
팩스 ¦ 031-955-8855
문의전화 ¦ 031-955-3578(마케팅) | 031-955-7973(편집)
문학동네 카페 ¦ http://cafe.naver.com/mhdn
문학동네 트위터 ¦ @munhakdongne
북클럽 문학동네 ¦ http://bookclubmunhak.com

ISBN 978-89-546-2363-6 93300

문학동네
인문 라이브러리

세상은 언제나 인문의 시대였다.
삶이 고된 시대에 인문 정신이 수면 위로 떠올랐을 뿐.
'문학동네 인문 라이브러리'는 인문 정신이 켜켜이 쌓인 사유의 서고書庫다.
오늘의 삶과 어제의 사유를 잇는 상상의 고리이자
동시대를 이끄는 지성의 집합소다.
살아 움직이는 유기체적 지식을 지향하고, 앎과 실천이 일치하는
건강한 지성 윤리를 추구한다.